融合型·新形态教材
复旦学前云平台 fudanxueqian.com

幼儿保育专业系列教材

# 幼儿游戏活动指导

YOUER YOUXI HUODONG ZHIDAO

主　编　刘美琴　崔梅

副主编　吕媚媚

编　委（按姓氏笔画排序）

马玲玲　王美凤　刘美琴　刘小燕　吕媚媚

李海青　李炎霞　钟燕茹　崔　梅

复旦大学出版社

# 内容简介

本教材依据国家"三教"改革精神，创新教材形态，吸纳幼儿保育行业最新知识，对接幼儿保育主要工作任务，充分开发融媒体资源，图文并茂、深入浅出，是一本符合现代职业教育要求的立体式教材。

围绕幼儿园保教人员游戏指导的内容，本教材分为游戏概论、建构游戏、角色游戏、表演游戏、智力游戏、音乐游戏、体育游戏及感统游戏八个模块，每个模块分别从任务情境、任务要求及核心内容等方面进行编写。教材密切对接幼儿游戏活动指导的典型工作任务，精简理论知识，强化实践性教学内容，并且设计了多样化的学习栏目，如"模块导读""学习目标""任务情境""任务要求""知识加油站""思考与练习""聚焦考证"等，有助于使用者结合本书内容进行实际运用和操作。

为方便师生使用、提升学习效果，书中配备了丰富的资源，每个任务均配有游戏情境视频、微课、教学课件、教案、练习题及参考答案等，可登录复旦学前云平台（www.fudanxueqian.com）查看、获取。其中，教案仅限授课教师获取。

## 复旦学前云平台
### 数字化教学支持说明

为提高教学服务水平，促进课程立体化建设，复旦大学出版社学前教育分社建设了"复旦学前云平台"，为师生提供丰富的课程配套资源，可通过"电脑端"和"手机端"查看、获取。

### 🖥 【电脑端】

电脑端资源包括 PPT 课件、电子教案、习题答案、课程大纲、音频、视频等内容。可登录"复旦学前云平台"www.fudanxueqian.com 浏览、下载。

**Step 1** 登录网站"复旦学前云平台"www.fudanxueqian.com，点击右上角"登录 / 注册"，使用手机号注册。

**Step 2** 在"搜索"栏输入相关书名，找到该书，点击进入。

**Step 3** 点击【配套资源】中的"下载"（首次使用需输入教师信息），即可下载。音频、视频内容可通过搜索该书【视听包】在线浏览。

## 【手机端】

PPT 课件、音视频、阅读材料：用微信扫描书中二维码即可浏览。

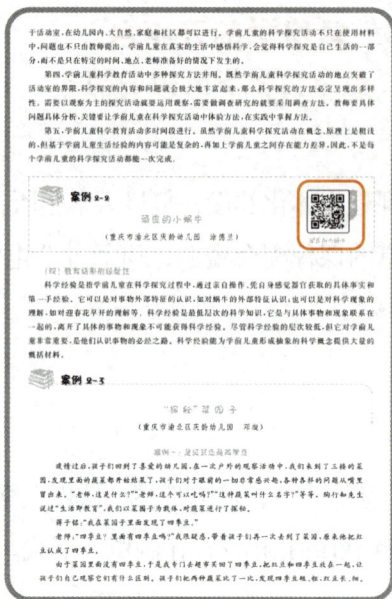

扫码浏览

## 【更多相关资源】

更多资源，如专家文章、活动设计案例、绘本阅读、环境创设、图书信息等，可关注"幼师宝"微信公众号，搜索、查阅。

平台技术支持热线：029-68518879。

"幼师宝"微信公众号

## 【本书配套资源说明】

1. 刮开书后封底二维码的遮盖涂层。

2. 使用手机微信扫描二维码，根据提示注册登录后，完成本书配套在线资源激活。

3. 本书配套的资源可以在手机端使用，也可以在电脑端用刮码激活时绑定的手机号登录使用。

4. 如您的身份是教师，需要对学生使用本书的配套资料情况进行后台数据查看、监督学生学习情况，我们提供配套教师端服务，有需要的老师请登录复旦学前云平台官方网址：www.fudanxueqian.com，进入"教师监控端申请入口"提交相关资料后申请开通。

# 前 言

　　2021年,教育部印发新版《职业教育专业目录(2021年)》,中职学前教育专业停止招生,中职学校学前教育专业转设幼儿保育专业。为了满足幼儿保育专业人才培养的需求,迫切需要一批高质量的专业教材引领本专业及教师的发展。游戏作为幼儿园活动的基本形式,其价值日益被重视,"幼儿游戏活动指导"作为幼儿保育专业的核心课程,是幼儿保育专业学生的重要学习内容。本教材依据国家"三教"改革精神,吸纳幼儿保育行业最新知识,以幼儿园游戏组织工作过程为主线,根据完成游戏组织典型工作任务所需要的知识、能力和素养选取教学内容,构建八个模块化教学内容,创新教材形态,充分开发融媒体资源,图文并茂、深入浅出,是一本符合现代职业教育要求的立体式教材。为贯彻落实《幼儿园保育教育质量评估指南》的内容与要求,本教材根据其中有关游戏活动的评估指标,强调在游戏活动中保教人员(教师和保育员)要支持幼儿自主选择游戏材料、同伴和玩法。注重保教人员对幼儿游戏行为的观察、记录与分析,并提供有针对性的支持,不急于介入或干扰幼儿的活动。本书紧密贴合党的二十大报告精神,坚持立德树人,坚持党的方针政策,旨在使学习者习得专业知识与树立正确、崇高的理想信念并举。

　　本教材共分为幼儿游戏概述、建构游戏的组织与指导、角色游戏的组织与指导、表演游戏的组织与指导、智力游戏的组织与指导、音乐游戏的组织与指导、体育游戏的组织与指导及感觉统合游戏的组织与指导八个模块,每个模块分别从任务情境、任务要求及核心内容三个方面进行编写。首先运用任务情境,对游戏指导中的常见问题进行介绍和分析,吸引学生的学习兴趣;再通过丰富的案例、视频、图片等帮助学生更好地理解和掌握游戏的理论、游戏环境的创设、游戏的组织与指导、评价等知识与技能。书中精简了理论知识,强化了实践性教学内容,分解了保教人员组织游戏活动的主要工作任务,因此内容针对性强、精准性高。本书的第八模块为"感觉统合游戏的组织与指导",是教材内容的特色创新部分,旨在提高保教人员对感统相关知识的认识。教材中设计了多样化的学习栏目,如"模块导读""学习目标""任务情境""任务要求""核心内容""知识加油站""思考与练习""聚焦考证"等,有助于提高使用者结合本书内容进行实际运用和操作的能力。每个任务都有配套的游戏情境视频、微课、课件、教学设计,能为使用者提供丰富的教学和学习资源,具有鲜明的时代特征。本书模块一由李海青老师编写,模块二由王美凤老师编写,模块三由刘小燕老师编写,模块四由钟燕茹老师编写,模块五和模块八由刘美琴老师编写,模块六由吕媚媚老师编写,模块七由马玲玲老师编写,李炎霞老师负责部分立体资源的开发,崔梅、刘美琴、吕媚媚负责统稿。

本书的编写特别感谢广东省职教专家、广东省中等职业教育与体育指导委员会的专业指导与帮助,对教材的方向作出了明确的指引;感谢复旦大学出版社编辑无微不至的鼓励与帮助,为我们在教材编写中解疑答惑;最后,感谢各位编委对教材的用心钻研,教材的一字一句都凝聚着每位编委的心血。

编　者

# 目 录

# 模块一

## 幼儿游戏概述

教学课件

## 模块导读

自从人类社会产生以来,游戏就形影不离地伴随人类。游戏是符合幼儿天性的活动,在幼儿园中,以游戏为基本活动的理念已经达成共识。游戏是幼教工作者都熟悉的一个词语,游戏活动也发生在保教人员和孩子们每一天的生活中。然而,并不是每位保教人员都能准确清楚地说出什么是游戏,游戏的本质特征是什么。本模块中,详细梳理游戏的基本理论,幼儿游戏的概念及特点,幼儿游戏的分类及对幼儿发展的教育作用,幼儿园户外游戏环境、室内游戏环境的创设要点,观察与分析幼儿游戏活动的目的、意义、方法等。

## 学习目标

1. 知识目标
(1) 了解游戏的基本理论,知道幼儿游戏的概念及特点;
(2) 掌握幼儿游戏的分类及教育作用;
(3) 知道幼儿游戏环境创设的要点;
(4) 了解、观察与分析幼儿游戏的目的与意义。
2. 能力目标
(1) 能初步运用所学游戏理论指导实践工作;
(2) 能够根据户外、室内游戏环境布置的基本要求创设各年龄阶段的室内游戏场地、户外游戏场地;
(3) 能够根据游戏观察的基本方法进行有效观察、记录,并在观察的基础上采用适合的策略指导游戏行为。
3. 情感目标
形成正确的儿童观、教育观、游戏观。
4. 思政目标
(1) 尊重科学,尊重知识,尊重生命;
(2) 做事认真细致,形成精益求精的工匠精神。

## 内容结构

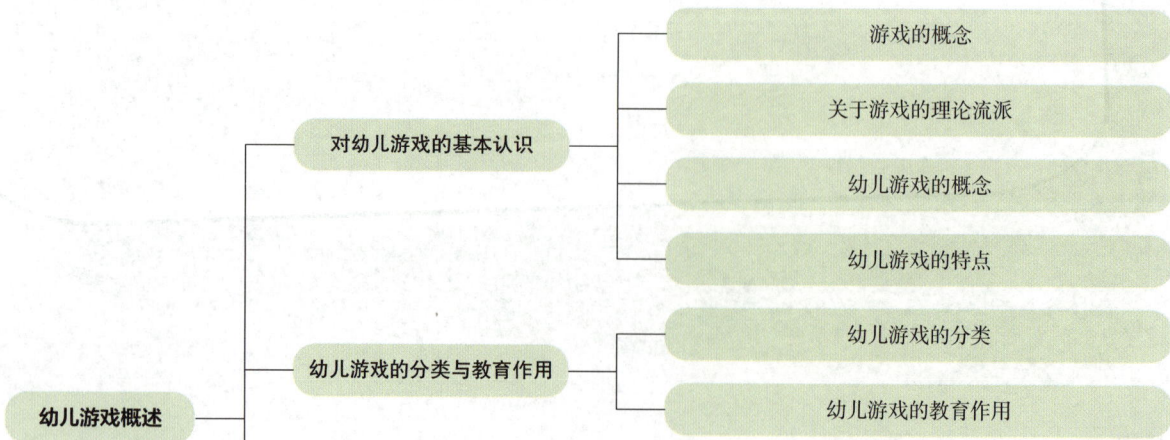

```
                                    ┌─────────────────────────┐
                    ┌────────────┐  │     户外游戏环境的创设     │
                    │ 幼儿游戏环境的创设 │──┤                         │
                    └────────────┘  │     室内游戏环境的创设     │
                                    └─────────────────────────┘

                                    ┌─────────────────────────┐
                                    │   观察与分析幼儿游戏的目的   │
                    ┌────────────┐  ├─────────────────────────┤
                    │ 幼儿游戏观察与分析 │──┤   观察与分析幼儿游戏的意义   │
                    └────────────┘  ├─────────────────────────┤
                                    │观察与分析幼儿游戏活动的要点与方法│
                                    ├─────────────────────────┤
                                    │幼儿游戏观察记录的整理、分析及结果的解释与运用│
                                    └─────────────────────────┘
```

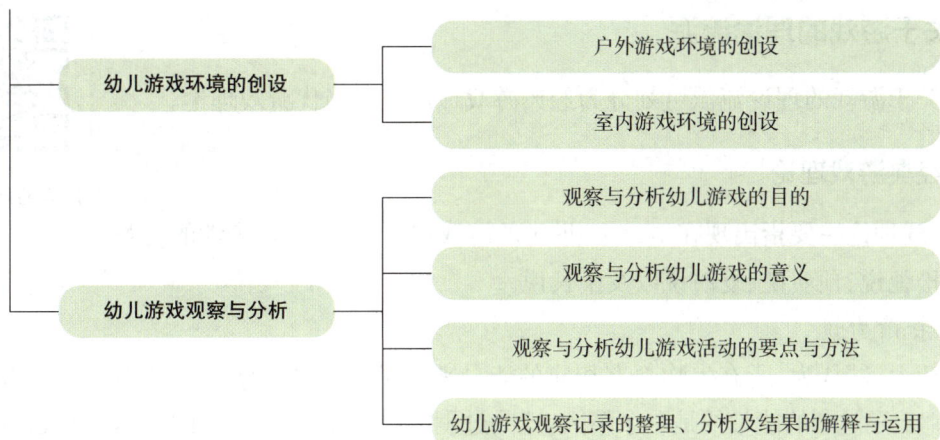

## 任务一　对幼儿游戏的基本认识

### ▶▶ 任务情境

在自然界中,人们经常能看到动物的游戏,如斗鸡、小猫玩球等。而在日常生活中,一个婴儿不停地摇摆拨浪鼓,一群男孩伏在地上打玻璃球,一个女孩为她的玩偶准备丰富的晚宴,一个蹒跚学步的小家伙高兴地从妈妈怀里往外跑,一群女孩在跳绳,一个男孩正拿着他的奥特曼玩具又说又演、手舞足蹈……

思考:这些都是游戏吗? 它们有什么样的共同特征? 游戏有什么独特之处?

### ▶▶ 任务要求

通过这一任务的学习了解游戏的概念及基本理论,掌握幼儿游戏的概念及特点,结合教材案例理解游戏对幼儿身心发展的重要作用。

### 一、游戏的概念

英国教育家沛西·能曾经说过:"游戏的精神是一个不可捉摸、巧于规避的幽灵,它的影响可以在最难预料的一些生活角落里找到。"那么游戏到底是什么? 对于这个问题,相信不同的人会有不同的答案。游戏作为一种古老的社会文化现象,可以说自从有人类起就有游戏,目前还没有公认的概念界定。

荷兰学者胡伊青加在《人:游戏者》一书中,通过对各类语言中与"游戏"一词相当的词语所涵盖的概念出发进行探讨,进而对游戏概念进行界定:他认为游戏是一种自愿的活动或消遣,这种活动或消遣是在某一固定的时空范围内进行的;其规则是游戏者自由接受的,但又有绝对的约束力;它以自身为目的并又伴有一种紧张、愉快的情感,以及对它"不同于日常生活"的意识。

刘焱在《幼儿园游戏与指导》一书中明确指出,游戏是自主自由、使个体获得愉快满足、非功利性的行为的总称,所包含的行为非常广泛。

## 二、关于游戏的理论流派

微课

游戏的理论流派

目前,关于游戏的理论流派可划分为经典游戏理论与现当代游戏理论。

### (一)经典游戏理论

经典游戏理论主要指出现在18—19世纪的游戏理论,较为有代表性的有剩余精力说、松弛说、预演说、复演说以及生长说。

**1. 剩余精力说**

"剩余精力说"认为,所有生物都有相应的能量来满足其各自生存的需求,在满足生存需求(吃、喝等)的基础上还过剩的能量便是剩余精力,这些过剩能量积累起来会产生压力,必须通过某种方式将其消耗掉。而游戏则是消耗这种过剩能量的一种重要途径,并且这些消耗都是不以生活为目的的。

"剩余精力说"认为,幼儿不必为自己的生存操心,所以精力过剩,他们便将全部的精力都用于游戏,游戏几乎就是他们的全部生活。

**2. 松弛说**

"松弛说"指出,有机体在连续工作尤其是高强度工作之后会丢失大部分的精力。因此需要有一个可以让有机体松弛从而使失去的精力得到再次恢复的活动,而这种活动就是游戏。也因此,游戏被认为是可以让失去的精力得以重新恢复的一种活动。

"松弛说"解释了休闲活动在促进长时间工作后的精神恢复作用。在幼儿教育中,此理论有助于让幼儿的生命处在动静相间、张弛有序的环境之中。

**3. 预演说**

"预演说"将儿童的游戏活动看作对未来生存做好准备的预先练习,并指出儿童游戏活动是其将来需要承受的更成熟和高级活动中的最低级形态,游戏内容决定了其将来成年后的主要活动内容,而儿童自觉地把自己处于这样的主要活动之中,目的是为未来的生存做好准备。

预演说强调了游戏为将来生活做准备的实践意义,强调了游戏中的学习,将游戏与儿童的发展联系起来。但因其过度重视"本能"的概念,从而把动物的游戏和人类幼儿期的游戏等量齐观。中国著名的儿童教育家陈鹤琴先生就曾说过:"试问,儿童做狗、做猫的化妆游戏时,是否将来准备也做狗做猫?"此外,预演说的观点也很难说明成年人虽已不需为生活作准备,但成年人仍有游戏的需求并继续玩游戏。

**4. 复演说**

"复演说"认为,游戏是对人类祖先生活的回忆,是在重现人类祖先的动作与活动,同时重演了人类祖先演进的历程。通过游戏的重复,人类个体逐渐脱离了最初的本能动作状态,以为当代更复杂的人类活动做好准备。复演说的主要代表人物是美国心理学家霍尔。

霍尔认为儿童游戏是对人类祖先进化活动的重演,并将人类进化的过程分成了五大阶段:动物阶段、原始阶段、游牧阶段、农耕氏族制度阶段和部落阶段。从儿童游戏中,能够发现每个阶段人们活动对应的表现形式。比如:上树、荡秋千对应于动物阶段祖先的行为表现;追逐游戏、捉迷藏游戏对应原始阶段人们的行为表现;驯养小动物对应游牧阶段人类行为的表现;玩沙、玩土对应农耕氏族制度阶段人类行为的表现;分组、合作类游戏对应部落制阶段人类行为的表现。

复演说是用了一个很抽象的理论说明了儿童的游戏,显然有其特定的合理性,为一些貌似正常的社会问题作出了必要的解释。人们可以把幼儿的动作表象思维设想成和原始民族相似,这样其游戏活动所呈现的原始稚拙的样子也就可以理解了。但是这个观点并没有可靠的理论根据,在动物演化的问题上又缺乏明确的限定范围,所以也就无法理解一些需要较高难度技术的幼儿游乐活动(如骑马、开车等),复演的是祖先什么时候的动作和活动。

### 5. 生长说

"生长说"由美籍研究者阿普利登(Appleton)所提出,他指出游戏是儿童能力发展的一种模式,是机体锻炼技能的一个重要手段,成长的最终结果便是游戏,而游戏又是学习成长的内驱力,儿童必须通过游戏才能得以成长。

早期经典的儿童游戏理论已经基本上确立了游戏是儿童的一项主要活动,是儿童心理发展的主要动力,这对彻底改变人类长期以来所产生的忽视儿童游戏文化的传统和习惯是有着重大意义,而且理论本身也都试图从各个侧面对影响游戏文化形成的重要因素加以解释说明,对后来儿童游戏的研究也产生了很大影响。但理论本身也较多地受达尔文生物进化论的影响,基本上都来源于人类本能、愿望,从生物性的视角来理解和分析游戏,有一定的片面性。并且,这些学说还存在着一定的思辨性,缺乏科学的基础。

### (二) 现当代游戏理论

现当代的游戏理论主要指 20 世纪 20 年代后期所产生的游戏理论,包括精神分析学派的游戏理论、认知发展学派的游戏理论、社会文化历史学派的游戏理论、游戏的"唤醒"调节理论和元交际游戏理论等。

#### 1. 精神分析学派的游戏理论

精神分析学派认为任何生物中都存在着一种与生俱来的原始冲动和欲望,但人的原始冲动和欲望在人类社会中是备受压抑无法随意直接表达的,而这些压抑一旦寻找不到一个出路便会产生精神分裂。游戏就是人们解决自身心理问题与矛盾的途径。该流派的学说主要兴起于 20 世纪 40 年代至 60 年代,代表人物有弗洛伊德(S. Freud)、埃里克森(Erikson)、伯勒(Burlough)、蒙尼格(Menninger)等。

这一学派的游戏理论建立在弗洛伊德人格学说的基础之上。弗洛伊德认为,人格是由"本我""自我""超我"三个部分组成的,儿童游戏的直接动机就是唯乐原则,此原则如果反映到游戏中,就体现为能够帮助儿童自由实现自己的意志,从而有利于不良情绪的发泄。

(1) 游戏满足儿童"做大人"的愿望

在幼儿眼里,成人是拥有超强能力的个体,而幼儿因身心发展不完善使得他们希望自己快点成长,并做大人可以做的事。而这种愿望在现实中是无法实现的,所以幼儿只能通过游戏来寻求满足。因此,女孩们非常喜欢通过穿着妈妈的高跟鞋、短裤等方式进行角色扮演,来实现自己"长大成人当妈妈"的心愿。

伯勒发现,儿童对角色有一定的选择性:通过模仿他们所喜欢、爱戴、崇拜的人,满足"和成人一样"的愿望;通过模仿他们惧怕或恐惧的人或者事物,来征服对其的恐惧;通过扮演"低于他们身份的人",如猫、狗、小婴儿等,来满足他们在现实生活中想做而不能做的事情的愿望。

(2) 游戏帮助儿童应对创伤性事件和宣泄敌意冲动

儿童的"自我"结构还不完善,心理防卫机制还没得到完全发展,儿童还无法有效对抗来自现实生活中的各种危害,如果这些伤害无法及时排解,对儿童的伤害是无法预估的。儿童可以通过玩产生不愉快体验的游戏,来了解和应对创伤性事件。弗洛伊德认为,儿童在游戏中重复不愉快的体验是"强迫重复"现象。通过"强迫重复",儿童可以把不愉快的体验转嫁到他物上,实现对环境的控制及宣泄不良情绪。例如,现实生活中,去医院看病打针会给儿童带来不愉快甚至是痛苦的体验,成人(医生)凭借权威"伤害"儿童,儿童的紧张、愤怒等情绪无处宣泄,而通过角色扮演游戏,儿童在"小医院"中把不愉快的体验转嫁到替身(娃娃)上,从而成为环境的"掌控者"。因此,游戏对于儿童人格的正常发展具有重要作用。

精神分析学派强调早期经历中情绪情感、社会需要和动机对健康的成年生活的重要影响,也重视儿童游戏对健全人格、心理健康发展的重要意义,对激发人们关注游戏和儿童的早期经历都有着重大意义。

2. 认知发展学派的游戏理论

认知发展学派认为,游戏的实质是同化超过了顺应。游戏活动的发展受智力发展水平的制约,并与认知发展阶段相对应,游戏帮助儿童解决情感冲突。这一游戏理论学派的代表人物为让·皮亚杰。

(1) 游戏的本质是同化超过了顺应

因为儿童的认知结构发展还不完善,所以常常无法保持同化与顺应间的平衡。这种不平衡主要有两种情况:一种是当顺应作用大于同化作用时,主体就会复制范型对象(人或物)的动作,这时就会形成模仿;而另一种则是当同化作用大于顺应作用时,因为主体自己的需求占据了主导,所以较少顾及对外界事物的需要,而只为实现主体自身的需求,这时就会产生游戏。

### 知识加油站

同化和顺应是皮亚杰从生物学中借用的两个概念,指机体适应外界的两种基本机能。同化意味着接纳和整合,即主体用自己已有的动作图式去整合外部事物,从而加强和丰富自己的动作。顺应就是主体改变自己原有的动作图式以适应环境的变化。

(2) 儿童游戏的类型与发生发展

皮亚杰认为儿童游戏的发生、发展反映着儿童认知发展水平的变化,他将儿童和青少年的认知发展划分为四个阶段:感知运动阶段、前运算阶段、具体运算阶段、形式运算阶段。

认知水平决定着儿童游戏的类型,所以在儿童所处的不同认知发展阶段中,游戏的类型也是有所不同的,皮亚杰将儿童游戏活动区分成感知运动游戏、象征性游戏和规则性游戏三个水平。

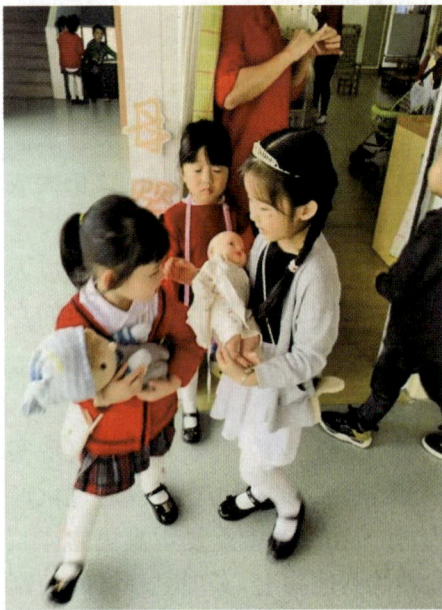

图1-1-1 象征性游戏"抱娃娃"[①]

① 感知运动阶段游戏的产生与发展。

感知运动游戏发生的年龄段在0～2岁,因为这个阶段的幼儿认识世界的方式是利用感知觉及动作,故也称为练习性游戏。这种游戏由重复的运动组成,是对刚刚学会但还不熟练的动作技能进行练习,是为了获得满足身体某种生理需要而重复习得的活动。

② 前运算阶段游戏的发生与发展。

象征性游戏通常出现的年龄段在2～7岁之间,是前运算阶段幼儿游戏的经典形式。随着语言的出现,这个阶段的幼儿练习性游戏活动日渐减少,甚至由于增加了表征物而变成了象征性游戏。这种游戏活动主要是幼儿利用替代物重现不在眼前的事件和场景的活动,如张开胳膊跑假装"开飞机",扮演"妈妈抱宝宝"(图1-1-1)。同时,象征性游戏有助于幼儿在虚构的世界中满足许多在现实生活中无法完成的愿望,也是帮助幼儿解决情感冲突的有效途径。

---

① 本模块图片均来自英德华粤艺术幼儿园。

③ 具体运算阶段游戏的发生与发展。

规则性游戏主要出现的年龄在 7～12 岁,是具体运算阶段儿童游戏的典型表现形式。这种游戏有助于儿童认识社会规则的重要性,同时也有助于儿童"去自我中心化",以及有利于帮助儿童发展概括、判断、推理等思维能力。

皮亚杰认为结构游戏是伴随着象征性游戏与规则游戏而产生的,是"象征性游戏与非游戏活动之间的一种过渡"。最初的结构游戏还带有象征性游戏的特征,后来逐渐发展为真正的智力适应活动。

皮亚杰的游戏理论开辟了从儿童认知发展的新视角思考儿童游戏的新途径,冲击了"游戏-学习对立观",并认识到了游戏对儿童认知发展的重要价值。儿童尚不健全的心理机能在游戏中通过训练可以得到巩固和加强,进而得到进一步的丰富和发展;同时,游戏还可以帮助儿童克服与解决情感冲突,实现现实生活中所无法实现的愿望。

### 3. 社会文化历史学派的游戏理论

社会文化历史学派的理论风行于 20 世纪 60 年代至 90 年代,是儿童游戏研究的突破阶段,代表人物有维果茨基、列昂节夫、鲁利亚等。这一学派的游戏理论强调在成人的教育与引导下,掌握以语言符号系统为载体的社会文化历史经验在儿童心理发展中的重要作用。

（1）游戏是学前期的主导活动

"主导活动"的概念来自维果茨基的"最近发展区"理论,在儿童发展的不同阶段,其主导活动的类型是各不相同的,如 3～6 岁儿童的主导活动是游戏,特别是有主题的角色扮演游戏。在游戏中,儿童总是表现出超越其年龄的能力。

（2）强调游戏的社会性本质

儿童的游戏起源于社会历史,而不是生物学。游戏是一种有目的、有意识的社会实践活动,儿童游戏发展的动力乃是他们与周围环境的相互作用。

（3）强调成人的教育作用

社会文化历史学派的游戏理论强调,个体的成熟以及与有知识的社会成员的交往共同促进着游戏发展。该理论认为,游戏活动不会自然而然地发展,孩子也不是天生就会玩游戏,没有成人的教育影响,游戏就不会产生,甚至会停滞不前。

在社会文化历史学派游戏理论的影响下,苏联幼儿园教育非常重视游戏的社会性,尤其重视成人在儿童游戏中的参与、指导作用。但这种过分重视教师角色而忽略儿童在游戏中主体性、独立性与创造性的做法,也是值得深刻反思的。

### 4. 游戏的"唤醒"调节理论

游戏的"唤醒"调节理论主要试图解释游戏的生理机制,也可称为内驱力理论,其代表人物有博莱恩、艾利斯、亨特、费恩等。这一理论认为,游戏是由于外界刺激引发学习的内驱力而形成的产物。

第一,环境刺激是唤醒(也称"觉醒")的第一重要源泉;第二,机体具有维持自我体内平衡过程的自动调节机制。在新异刺激下,觉醒水平会升高,随之产生探究行为;如果缺乏新异刺激,觉醒水平处于低下水平,游戏行为随之产生。这一理论启示我们应当重视幼儿园教育环境的合理组织:一方面,应当为儿童提供丰富的环境;另一方面,也要注意环境刺激的合理性与适宜性。

### 5. 元交际游戏理论

人类的交际不仅局限于语言的交际,也有意义含蓄的交际,这种意义含蓄的交际就是元交际,它常表现为"言外之意""不言而喻"的隐喻,这一理论由人类学家贝特森(Bateson)提出。

元交际理论认为,游戏是儿童通往人类文化和表征世界所必需的技能与重要途径。贝特森认为元交际过程是游戏活动得以开展的基础。游戏双方能够识别对方的游戏意图是游戏活动得以顺利开展的前提。

**案例链接**

　　冬日雪后的一个上午，一个幼儿在雪地里抓了一把雪，用手捏成形状后突然向另一个幼儿扔过去，然后停下来，笑着等待对方的反应。被雪击中的幼儿面对突如其来的事情先是吃了一惊，刚要恼怒，但当他看到同伴的表情，似乎一下子明白了什么，随即把书包往地上一放，也笑嘻嘻地抓起一团雪向对方扔去。于是，两个幼儿便开心地玩起了打雪仗的游戏（图1-1-2）。

图1-1-2　"打雪仗"游戏

　　现当代游戏理论从不同视角进一步丰富了人们对游戏的认识，逐步摆脱了以纯生物学解释游戏的不足，关注了游戏的社会性本质，并尝试着把游戏与儿童的人格发展、认知发展等相联系。同时，逐渐将理论研究与幼儿园教育实践结合起来，推动着学前儿童游戏理论研究和教学实践的不断进步。

### 三、幼儿游戏的概念

　　游戏活动是幼儿的基本活动，活动是幼儿发展的基础和源泉。我国幼儿教育之父陈鹤琴先生曾说："小孩子生来是好动的，是以游戏为生命的。"[①]

#### （一）游戏是幼儿喜爱的活动，是幼儿日常生活的主要内容

　　如果我们仔细观察身边的孩子，或者回忆一下自己的童年生活，会不难发现，每天除了进食、睡眠、排泄等满足基本生存需要的活动外，绝大多数时间幼儿都是在游戏中。即便是学习、劳作等活动，幼儿也常常是以游戏的形式来进行的，任何事情都可以变成他们快乐的游戏。例如，他们可以将洗澡变成玩水游戏，甚至吃饭也可以变成他们的游戏。

#### （二）游戏符合幼儿身心发展的需要

　　游戏是最适合幼儿身心发展特点的活动。幼儿神经系统发展的特殊性，决定了他们容易产生

---

① 陈鹤琴. 家庭教育[M]. 上海：华东师范大学出版社，2006.

疲劳和厌烦，无论是长时间呆坐不动还是长时间保持同一个动作都会使幼儿感到倦怠和厌烦，所以这导致了幼儿好动的特点。此外，幼儿认知过程形象性强和有意性弱的特点决定了幼儿喜欢具体和形象的游戏活动。在游戏中，有可摆弄操作的玩具和游戏材料、丰富多彩的游戏内容和形式、灵活多样的游戏活动，这些都适应了幼儿身心发展的年龄特征，也能够适应其身心发展的需要。

此外，幼儿好模仿，渴求参加成年人的社会实践活动。但是由于其认知经验不足、能力有限，还没有办法进行良好的自我控制，所以幼儿渴求参加成年人社会实践活动的强烈需求与其自身认知经验和能力水平之间形成了矛盾冲突，而游戏是解决这一矛盾冲突的最佳形式。

在游戏活动中，幼儿可以尽情通过假想装扮各种人物或动物角色，进行各种活动，来满足他们参加社会实践活动的强烈愿望，从而在满足心理需求的基础上促进心理的成长。

### （三）游戏是幼儿特有的一种学习方式

对于幼儿来说，游戏不仅仅只是一种消遣，与此同时还是幼儿主要的学习方式（图1-1-3）。那种将游戏与学习完全对立，甚至认为游戏是"不务正业或不正经的事"的观点是完全错误的。幼儿通过游戏学习，在游戏中身心获得健康成长，游戏的过程本身就是幼儿学习的过程。

与人们一般认为的学习不同，在游戏中幼儿的学习完全是一种自发、自主自觉的学习。学习的动机完全来源于幼儿自身，纯粹是为了满足自身好动、好奇以及与人交往等方面的需要，而不是为了迎合别人，是否游戏完全是由幼儿的内部动机推动的，如兴趣、爱好、探究欲望等。幼儿在游戏中的学习没有明显的外在目的，游戏的目的在于游戏活动本身，是为了好玩而游戏。在游戏中的学习没有明显的学习目标，例如，幼儿搭积木的目的并不是因为他们知道搭积木能发展想象力、锻炼小肌肉、发展数学能力等。但这并不是说游戏中的学习没有目标，只要幼儿能够积极、主动地投入游戏中，游戏中的学习目标会自然而然实现。

图1-1-3 玩中学

## 四、幼儿游戏的特点

### （一）游戏是幼儿主动的、自愿的活动

游戏的本质是"我要玩"而不是"要我玩"；是主体自主选择、决定并自发自愿进行的活动，而不是被别人要求或强迫参加的活动；是由自身内在动机而不是外在动机驱使下进行的活动。在游戏中，幼儿可以自主决定游戏如何玩，自主选择游戏小伙伴和需要的游戏材料，依据自己的意愿想法和经验调整游戏的进程、改编游戏的情节。所以有学者认为蒙台梭利学校的某些"工作"其实不属于游戏，因为在那里幼儿所使用的材料是成人规定好的，操作材料的方法也是依据成人演示的方法

来做。例如，蒙氏教具中的粉红塔只能用来进行排序活动而不能拿来当作积木玩。

### （二）游戏是在假想的情境中反映周围的生活

游戏是幼儿把现实生活与想象活动进行结合的有效手段。无论是游戏活动内容的来源、游戏情境的建构，还是游戏角色的确定以及游戏玩具材料的使用都离不开幼儿现实生活的经验，同时加上假想和虚构，实现创造性地反映现实生活的目的。例如，幼儿经常玩的"医院游戏""超市游戏"和"娃娃家游戏"等都是幼儿通过模仿和想象，通过以人代人、以物代物，在假想的情境中创造性地反映着现实生活。借助想象，幼儿在游戏中能够把"假的"当作"真的"，但是他们又明确知道二者之间的界限。比如："我是爸爸，但只是在假装爸爸，我不是真的爸爸。"正是通过游戏将这种想象与现实进行和谐统一，帮助幼儿实现在现实生活中不能实现的愿望。案例"我就是那只死鸭子"展现了幼儿通过以人代人、以物代物，在假想的情境中创造性地反映着现实生活。

**案例**

#### 我就是那只死鸭子

一天，4岁的小姑娘在厨房看见了放在案板上的一只已经处理好、准备烹饪的死鸭子，她很替那只鸭子难过。傍晚时分，爸爸走进书房发现小姑娘身体直直地躺在沙发上，双手紧贴身体放着。书房里暗暗的，没有开灯。爸爸问："你怎么啦？为什么躺在这儿？"小姑娘说："我就是那只死鸭子！"[①]

### （三）游戏是幼儿"重过程、轻结果"的非功利性活动

法国学者米舍莱曾说："游戏显然是一种无偿的活动，除了它本身带来的娱乐外，没有其他目的。"幼儿游戏是为了满足自身内在的需要而不是为了寻求外在的奖励、担忧或惩罚。例如，幼儿可能因为喜欢搭积木而去自由搭积木，也有可能因为想要从妈妈那里得到奖励而去搭积木。很明显前者是游戏，后者不是游戏。幼儿游戏的目的在于"玩"本身，而不是为了外在的奖惩，游戏过程本身就能使幼儿得到满足。幼儿可以根据自己的能力、经验和兴趣自主选择与决定游戏的场景、内容、材料、玩伴等。幼儿真正关注的是游戏是否"好玩"，除此之外没有其他目的，游戏也不能创造社会实用价值。

### （四）游戏伴随着积极愉悦的情绪体验

游戏是幼儿自主、自发、自愿的活动，在游戏过程中幼儿能够根据自己的能力和兴趣爱好控制自己所处的环境、游戏材料，从而获得成就感和自豪感。同时，在游戏的假想中幼儿能够实现自己在现实生活中难以实现的愿望以及释放自己在现实生活中的消极情绪，缓减压力，从而获得积极愉悦的情绪体验。

---

① 刘焱.幼儿园游戏与指导[M].北京：高等教育出版社，2012.

## 任务二  幼儿游戏的分类与教育作用

### ▶▶ 任务情境

在"娃娃家"游戏中,几个小朋友发生了这样的对话:

小英:宝宝看起来饿了,我们弄点东西给他吃。

小明:好。

小英(向小华):你要哭,并且说你饿了。

小华:但是我不饿。

小英:你要假装你饿了。

小华(用娃娃似的声音):我饿了。

小英(向小明):爸爸,我们晚上吃什么?

思考:从这个案例中,我们可以看到游戏对于幼儿的发展有什么作用?

### ▶▶ 任务要求

通过这一任务的学习,了解幼儿游戏的不同种类,理解并掌握游戏对于幼儿发展的教育作用。

### 一、幼儿游戏的分类

依据不同的维度,游戏可以有多种分类。通过梳理各种不同维度下游戏的分类,可以比较全面地了解幼儿园游戏的种类,从而在实际工作中更好地指导和设计游戏。

微课
幼儿游戏的分类

#### (一)从认知发展理论的角度对游戏进行分类

皮亚杰的理论是以认知发展为依据进行游戏分类的主要代表,该理论认为游戏水平与认知发展水平有一定的关联,不同水平游戏形式的出现是受不同认知发展水平影响的。按认知发展水平的不同,可以把游戏分为练习性游戏、象征性游戏和规则性游戏三种。

1. 练习性游戏(0～2 岁)

练习性游戏是个体发展过程中最先出现的、对刚习得但还不熟练的动作进行练习的游戏活动形式,主要出现在 2 岁前。例如,婴儿喜欢丢东西,成人帮他捡回来递到他手中,他会再次把东西丢出去,如此多次重复而且还乐此不疲。不理解的成人会误认为他是在无理取闹,但其实这是婴儿在玩练习性游戏,通过不断重复丢的动作,婴儿的手臂动作技能得到了练习,同时可以获得对环境的掌控感,可以发现自己的动作和周围物体变化之间的关系(图 1-2-1)。

1 岁左右,练习性游戏占据了婴幼儿的全部游戏,大约 6～7 岁时就较少出现了。也就是说,练习性游戏是随着年龄的增长而逐渐减少的。但是练习性游戏会伴随我们的一生,即便是成人,在刚刚获得一项新技能的时候,都会经历一个"练习性游戏"阶段。

2. 象征性游戏(2～7 岁)

象征性游戏是学前儿童的典型游戏形式,一般在 2 岁后开始出现,3～5 岁为高峰期,又称"想

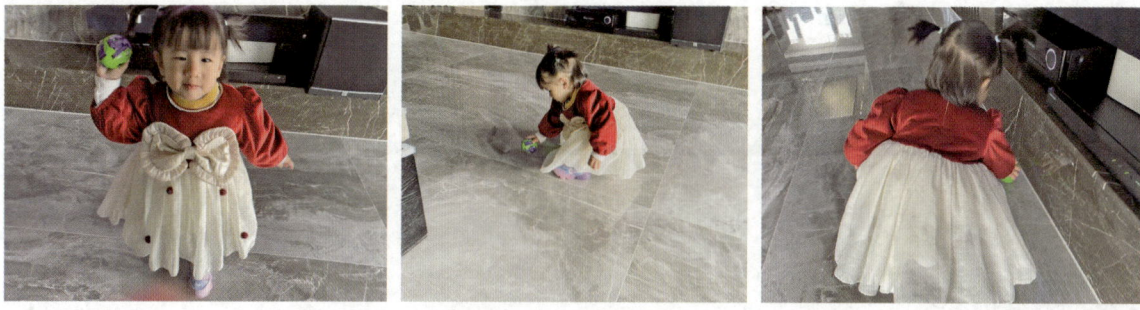

图 1-2-1 练习性游戏

象游戏""假装游戏"等,是指幼儿以代替物(自己的肢体动作、语言、身体或其他物品)为中介,在假想的情境中对现实生活体验进行表现和反映的游戏活动。例如,幼儿曾经有过去医院打针的经历,在角色游戏中则把自己想象成护士,给布娃娃打针。象征性游戏可以满足幼儿在现实生活中不能实现的愿望要求,因此它具有对幼儿内心状态进行诊断及治疗的作用。

3. 规则游戏(7~12 岁)

这种游戏是指那些被某种规则约束,并且需要用规则来组织的游戏。7~12 岁的幼儿开始逐渐对象征性游戏失去兴趣,取而代之并逐渐占主导地位的是带有自发性规则的游戏,即规则游戏。规则游戏指至少两个人参加,且有明确的规则和奖罚措施,以输赢为结束标志的游戏类型(图 1-2-2),如打牌、下棋、跳房子、老鹰捉小鸡等。"规则"是规则游戏的核心要素,它规定了动作的次序以及被许可和被限制的动作。规则游戏有助于幼儿"去自我中心",从而促进其社会性的发展,因为在规则游戏中,幼儿可以更好地理解和体悟规则的意义,学会遵守规则。

图 1-2-2 规则游戏

**(二)以幼儿社会性发展水平为依据对游戏进行分类**

以幼儿社会性发展水平为依据对游戏进行分类,可以分为以下 6 类,反映了幼儿在游戏中与同伴的关系。

**1. 偶然的行为(或称无所事事)**

偶然的行为表现是幼儿无所事事、缺乏目标、东游西逛、不参加游戏,会注意吸引他关注的物体,或捣鼓自己的身体,在桌子上爬上爬下,到处乱转,又或是坐在同一个地方发呆或东张西望。这些行为严格来说不是真正意义上的游戏,但是却为真正的游戏发生奠定了基础。

**2. 旁观行为**

处于旁观行为游戏水平的幼儿,大多数时间里都在观看他人游戏,偶尔与别人互动,甚至有时会出现向观看对象提问或提建议的行为,但没有通过行动介入别人的游戏。旁观行为与无所事事有本质上的区别,旁观者会针对特定的群体进行观察,而不是漫无目的;旁观行为可能不是游戏,也可能是游戏。但旁观者一旦对被观察的游戏特别投入,甚至会帮别人出主意,替别人担心,这种情况下,幼儿的情绪实际上已经被卷入了旁人的游戏过程。因此对旁观行为要做具体分析,不能一概而论。

**3. 独自游戏**

独自游戏是幼儿在一定交谈距离范围之内的同伴旁边专注地玩与同伴不同的玩具,但不和附近的同伴进行交流,也没有试图接近其他幼儿的意愿。虽然独自游戏是幼儿游戏发展的初级阶段,但并不代表独自游戏是幼儿社会性发展不成熟的标志。例如学前后期的大班幼儿也常常愿意独自玩,他们非常专注地进行独自游戏,这对于发展幼儿的专注力、主动性、独立性及形成他们的兴趣爱好具有正面积极的意义。

**4. 平行游戏**

处于平行游戏阶段的幼儿玩着与周围同伴相同或相似的玩具,却各玩各的。他们能够感觉到周围伙伴的存在,也可能会出现模仿他们动作的行为,但没有发生交流,也没有要一起玩的意愿,且无意通过介入去影响或改变他人的游戏活动(图1-2-3)。例如,在医院主题的角色区中扮演病人的某老师被扮演护士的6个幼儿打了整整6针。平行游戏常常出现在3岁的幼儿身上。

平行游戏是社会性游戏的初级形式,保教人员可以采用适宜的方式方法来引导和促进处在平行游戏阶段的幼儿学习和同伴交往与合作的技巧。

**图1-2-3 平行游戏**

**5. 联合游戏(协同游戏)**

联合游戏阶段,幼儿在一起玩,有"我们一起玩"的共同活动意识,因为发生玩具、材料的借入借出而彼此有沟通,也可能发生动作的自发配合(例如,一个接一个地玩接龙搭火车游戏)。但彼此之间缺乏明确的分工与合作,缺乏对材料的分配使用,对活动目的和结果也缺乏共同的计划和组织。

如果一个幼儿退出游戏,其他人还可以不受影响地继续游戏。在联合游戏中,小组成员的变动非常频繁。这种游戏主要出现在3~4岁幼儿中。

联合游戏出现在平行游戏之后,保教人员可以通过适当的引导,帮助幼儿学习合作的具体方法,从而培养幼儿的合作意识。

**6. 合作游戏**

处于合作游戏阶段的幼儿围绕着同一主题,有合作且分工明确。对于材料的使用、活动的目标和结果有共同的计划与组织,活动中有明确的角色分工,组内成员关系一旦确定可以维持比较长的时间。例如在"商店主题"游戏中,有的幼儿当"收银员",有的幼儿当"导购员",有的幼儿当"顾客"。做"收银员"的负责收银,做"导购员"的负责导购,做"顾客"的负责拿东西缴费等。又如图1-2-4中,幼儿在区域主题游戏中合作搭建通水渠道。

图1-2-4 合作游戏

合作游戏是幼儿社会性游戏发展的高级阶段,对于幼儿的发展有重要意义。保教人员要为幼儿合作游戏创造良好适宜的条件,引导鼓励他们开展合作游戏。

游戏的社会性分类反映了幼儿在游戏中与同伴的关系,在练习性游戏、象征性游戏、主题角色游戏、表演游戏、建构游戏和规则游戏中,都可以游戏的社会性分类方法为依据来对幼儿与同伴的关系进行观察,如表1-2-1。

表1-2-1 幼儿游戏的分类

| 认知分类 | 创造性分类 | 社会性分类 |
| --- | --- | --- |
| 练习性游戏 | — | 偶然的行为 |
| 象征性游戏 | 表演游戏 | 旁观行为 |
| — | 主题角色游戏 | 独自游戏 |
| 建构游戏 | 建构游戏 | 平行游戏 |
| 规则游戏 | | 联合游戏 |
| | | 合作游戏 |

注:"—"代表无内容。

**(三) 从我国教育实践的角度分类**

依据我国《幼儿园教育指导纲要(试行)》(以下简称《纲要》)有关游戏内容的规定,根据游戏创造性水平的高低可以把游戏分为两大类,即创造性游戏和有规则游戏。创造性游戏包括角色游戏、结构性游戏和表演游戏;有规则游戏包括智力游戏、体育游戏和音乐游戏。其中创造性游戏反映了幼儿心理发展水平,是保教人员观察、了解幼儿的最好途径,而有规则游戏是幼儿园进行教学的主要游戏形式。

以上从不同角度对游戏进行的分类,基本上概括了绝大部分儿童游戏,它们之间有交叉也有对应。

## 二、幼儿游戏的教育作用

游戏可以有效促进幼儿身体、认知、社会性和情感等方面的发展。人们普遍认为,游戏对于婴幼儿而言,"它的重要意义仅次于母亲乳汁哺育和母爱",由此可见游戏对幼儿发展的重大意义。游戏对幼儿的教育作用可以从以下四个方面来分析。

### (一)游戏能促进幼儿身体的发展

幼儿身体的健康发展可以为其全面发展奠定基础,幼儿年龄越小,身体的发展对其心理发展产生的影响越明显。游戏是幼儿最热衷的自发性运动,幼儿的身体健康和运动能力的发展直接受其影响,因为游戏能够使幼儿身体的各项器官都活动起来。例如,活动量大的全身运动,如跑、跳、爬行、攀登等,这类运动可以使儿童的大肌肉得到锻炼,同时进一步促进其血液循环和新陈代谢;也有活动量较小的局部运动,如搭积木、剪纸、插塑、穿珠子等,这类运动可以发展儿童手部肌肉与手眼协调能力,从而为小学以后的书写奠定基础;还有可以使儿童接触到新鲜空气的户外运动性游戏,这类游戏可以有效增强幼儿对环境的适应能力以及对各种疾病的抵抗力,如"切西瓜""吹泡泡""踩影子"以及玩水、玩沙游戏,这些都利用了阳光、水、空气等自然因素,来促进幼儿身体的健康发展。可以说,几乎所有的游戏都含有动作或运动的成分,游戏天然地具备促进儿童身体运动能力发展的潜能。

游戏为幼儿带来快乐和满足,愉悦的情绪情感是幼儿身体健康所必需的。情绪与人的身体健康有密切的关系,幼儿在游戏中能够得到快乐与满足,从而有益于其身心健康。

### (二)游戏能促进幼儿认知的发展

游戏是帮助幼儿认识各种事物的一种重要途径,在游戏中幼儿会用到丰富多样的游戏材料和玩具,在使用这些游戏材料与玩具的过程中对各种物体的特性(如软和硬、粗和细、冷和热、粗糙和光滑等)和用途有了进一步的感知与认识,在感知的过程中积累了丰富的经验,从而使感知觉能力得到进一步的发展。在游戏中可以了解事物之间的相互关系,从而获得初步的自然科学的知识。例如幼儿在玩沙水游戏时,能够掌握沙水的特性以及了解沙与水的关系。

游戏对幼儿思维的发展具有良好的促进作用。能否有效解决问题是衡量人的思维能力发展水平的重要标准,而游戏为幼儿思维能力的发展提供了机会,因为游戏中有大量需要幼儿解决的问题。游戏开始之前,首先需要幼儿根据游戏的需要进行合适玩具或游戏材料的选择,进而不断探索材料或玩具的新玩法。重要的是在游戏过程中,会遇到很多问题:比如:去超市却没有购物的货币了、球打到房顶上了、球滚到洞里了、绳子不够长了、没有打针用的注射器了等,为了确保游戏能够顺利进行,幼儿势必会自己或者和小伙伴一起积极动脑筋商量解决问题的办法。游戏活动始终伴随着幼儿积极的思维活动,从而为幼儿思维的发展提供机会和条件。

**案例链接**

案例:小花想用娃娃的小被子把娃娃包裹起来。可是,如果横着包娃娃,则被子的长度不够,娃娃的脚会露在外面;但如果竖着包,则被子不够宽,娃娃的一部分身体会露在外面,怎么办呢?小花探索着,尝试着各种方法······十多分钟过去了,小花终于发现了一个将娃娃包裹起来的最佳方法,即将被子斜着放置,用被子的对角线作为长度把娃娃包起来,这样娃娃的全身就都被包进去了。小花包好娃娃之后,如释重负般地长长出了一口气。

分析

促使幼儿发现问题并能够主动解决问题是游戏的重要方面,游戏能吸引幼儿喜爱的魅力正是源于它对幼儿各方面能力(包括思维能力)构成的挑战性。在游戏过程中,幼儿既可以通过手脑并用学会解决问题的策略和手段,又可以在克服困难的过程中锻炼自己的意志力。尤为重要的是在问题解决的过程中,幼儿可以发现与体验自己的能力,从而产生胜任感与成就感,与此同时自信心与进取心得到了培养。如果小花不是通过自己动脑筋,而是由老师来告诉她怎么解决问题,她可能就体验不到解决问题之后产生的那种轻松愉快的感觉。

游戏可以促进幼儿想象力的发展,而想象又是创造的基础和源泉,游戏为幼儿的创造和想象提供了充分的空间。特别是在角色游戏中,幼儿需要将现实生活中的情景迁移到假想的情景中,需要以物代物,把一种物品当作另一种甚至几种物品来使用:一块积木可以被幼儿当作电话,也可以当作小汽车,还可以当作小人;借助想象,幼儿可以去做现实生活中不能做的事情。如在"超市"游戏中,用树叶或纸片代替人民币用来购物,扮演顾客的可以任意购买自己想要的物品;在"医院"游戏中,可以像医生那样"给病人打针"。游戏的内容越丰富,想象力也就越活跃。游戏会使幼儿展开想象的翅膀,在自己创造的世界中任意翱翔。

游戏对幼儿语言的发展也具有良好的促进作用。语言是思维的工具,语言的发展也有利于思维的发展。语言是在运用中获得发展的,而游戏为幼儿语言的运用提供了大量的机会。在游戏中幼儿要运用语言与同伴进行思想交流,要一起制订计划,商讨各种问题解决的办法,在互动交流中学习理解他人的语言和运用语言表达自己的想法,这个过程对促进幼儿语言的发展具有重要意义。

### (三)游戏能促进幼儿情绪情感的发展

游戏是能够让幼儿的情绪情感得到愉悦体验,进而得到发展的活动。游戏自发自主的特点,决定了幼儿在游戏中可以自己选择需要的游戏材料、游戏玩伴、游戏方式等。游戏使得幼儿进入到自己假想的世界里,没有任何压力,自我得到充分的放松,体验到满足、兴奋、放松等各种积极情绪,同时释放消极情绪。

游戏有利于丰富和深化幼儿的正面积极情感。在游戏中,幼儿可以体验到成就感从而增强自信心。例如,幼儿利用积木搭成一座"房子"、把掉到洞里的球想办法拿出、学会一个新技能或想到一个好点子等,都会使他们体验到自己的能力,从而获得成功的快感。游戏还可以发展幼儿的美感,游戏是幼儿感知美、欣赏美和创造美的特殊审美活动。例如,角色游戏和表演游戏可以使幼儿辨别善恶、美丑行为的能力得到增强。在游戏中,幼儿的同情心也可以获得发展,因为角色游戏为幼儿提供了站在他人角度考虑问题、体验他人情感的机会。例如,当"妈妈"的要关心、照顾小宝宝。这些在游戏中获得的情感体验,会对幼儿产生潜移默化的影响,使他们的同情心得到发展,并有利于幼儿"去自我中心"。

游戏有助于幼儿释放消极情绪。幼儿情绪发展的重要目标是使幼儿学会调节和控制情绪,从而经常保持积极的情绪状态。当幼儿在现实生活中有了消极情绪时,游戏可以帮助幼儿转移注意力,有效地从消极情绪状态中摆脱出来。同时,游戏还可以帮助幼儿宣泄和释放负面情绪。例如,在角色游戏"医生与病人"中,幼儿自己扮演医生或护士,给娃娃打针,把在现实中被打针时的恐惧、伤心、愤怒的痛苦情绪体验发泄到娃娃身上,自己从被动的承受者变为主动的掌控者,从而有助于转移、消化负面情绪，在下次真实的打针中消极情绪就会得到有效缓解。对于心理防御机能还未成熟的幼儿来说，这是他们应付各种创伤性事件的常见和有效方式。通过游戏，幼儿的负面情绪能够得到释放，有助于其尽快走出消极情绪状态，从而促进其身心健康发展。

### （四）游戏能促进幼儿社会性的发展

学前期是幼儿由"自然人"向"社会人"转变的重要时期，是其社会性发展的关键阶段。游戏作为幼儿这一时期的基本活动，是促进幼儿社会性发展的重要途径。

游戏在扩大幼儿社会交往范围的基础上为幼儿提供了大量社会交往的机会，从而发展了幼儿的社会交往能力。在游戏过程中，幼儿认识了更多的同伴，慢慢学会站在他人角度上思考问题和接纳他人的观点，逐渐摆脱自我中心。当然，在游戏中幼儿也会遇到成人在社会交往中同样会遇到的各种人际交往或社会性问题。例如，如何加入其他伙伴的游戏、如何解决游戏中的冲突和纠纷等。要想使游戏顺利开展，幼儿就要学会与他人进行交流、协商和合作，平等地解决游戏中遇到的问题，懂得相互尊重、谦让和平地交往，学会轮流、分享、合作等亲社会行为。游戏会让幼儿变得更加合群，并在掌握人际交往技能技巧的基础上不断提高社会交往能力。

游戏有助于幼儿形成一些好的社会品质。很多游戏是在集体中进行且是有规则的，通过游戏幼儿会逐渐认识到规则是通过小伙伴一起协商后形成的，规则一旦建立，自己就需要主动约束自己的行为认真遵守，如果有小伙伴不遵守规则，游戏就难以进行下去。而遵守规则有利于幼儿学习控制自己的冲动行为，从而有利于其自我控制能力的培养。另外还有助于锤炼幼儿的意志，因为学会通过自我控制来遵守规则本身需要比较强的意志力。

**知识加油站**

#### "哨兵站岗"实验

苏联心理学家马努依连柯曾做了一个"哨兵站岗"的实验，要求幼儿在空手的情况下保持哨兵持枪的姿势。一种情境是非游戏情境，其他幼儿在一边玩，要求被试在一边站着；另一种情境是游戏情境，其他幼儿是糖果厂的"工人"在包糖果，被试现在是"哨兵"，在为糖果厂站岗放哨。结果发现，在扮演角色的游戏情境下，幼儿坚持站立不动的时间远远超过非游戏情境下站立不动的时间，如表1-2-2。

表1-2-2  幼儿在不同情境下站立的时间

| 年龄 | 非游戏情境下站立的时间 | 游戏情境下站立的时间 |
| --- | --- | --- |
| 4～5岁 | 41秒 | 4分17秒 |
| 5～6岁 | 2分55秒 | 9分15秒 |

综上所述，游戏对幼儿各方面的发展都有正面积极的促进作用，是保教人员对幼儿实施全面发展教育的有效手段。作为保教人员，应树立正确的游戏观，在认识游戏重要意义与价值的基础上充分发挥游戏对幼儿的积极教育作用，使游戏真正成为幼儿的基本活动。但也要认识到游戏绝不是教育的唯一手段，保教人员要发挥其他教育活动的功能，有意识地将游戏与其他教育活动有机结合起来。

## 任务三　幼儿游戏环境的创设

### ▶▶ 任务情境

在某幼儿园的大型活动室里，有间面积比较大的房间被分成了若干个游戏区，有"饭店""医院""娃娃家""银行""商店""理发店"等。

在用不锈钢、有机玻璃制成的"挂号台"后，端端正正坐着一位"小护士"，在长达半个多小时的时间里，因为没有"病人"来挂号看病，"小护士"一直呆坐在那里，直到游戏活动结束。

在"娃娃家"里，孩子们有的摆弄各种逼真精美的"食物"，有的抱着"娃娃"走来走去。"饭店"里，"服务员"在等待"客人"上门……

思考：为什么在同样的空间中会出现这样不同的现象呢？

### ▶▶ 任务要求

了解幼儿游戏的环境创设要求，能够根据幼儿的年龄特点及发展需要，有效创设幼儿园户外游戏环境和室内游戏环境。

游戏是最符合幼儿身心发展需要的活动，是幼儿最基本的学习方式，也是他们在幼儿园生活的基本内容。幼儿园的游戏环境是幼儿在幼儿园生活所必需的基本条件。为幼儿创设丰富的、能够激发幼儿探究兴趣、想象和思考的游戏环境，就是在为幼儿创设有利于幼儿发展的学习环境。幼儿园的环境，可以分为户外游戏环境和室内游戏环境。

### 一、户外游戏环境的创设

户外游戏活动是幼儿在幼儿园生活必不可少的重要内容，《纲要》中明确指出，幼儿每日户外活动时间不少于 2 小时，寄宿制幼儿园不少于 3 小时。所以科学地为幼儿提供户外游戏场地，创设良好的户外游戏环境，是幼儿园环境设计中的重要内容。

幼儿园户外游戏
环境创设

#### （一）户外游戏场的类型

游戏场地发端于 19 世纪末的欧洲和美国，经过百余年的发展，逐渐形成了不同类型的游戏场地。弗罗斯特等把游戏场地分为传统、现代、冒险性和创造性四大游戏场类型。

1. 传统游戏场

传统游戏场的一大特征就是将可供幼儿活动的器械，如滑滑梯、跷跷板、秋千、平衡木、攀登架等置于平坦的地面上。这种游戏场的主要功能是为了满足幼儿大肌肉运动的需要，幼儿可进行练习性游戏。考虑到持久性与耐用性，器械和设备往往以铁制为主，且不方便移动，通常会忽略绿化和美化。传统游戏场虽然在满足幼儿大肌肉活动需要方面有优势，但是在刺激幼儿的想象力和创造力及进行各种不同类型的游戏活动方面却存在不足，因此受到人们的诟病。有人甚至说这种游戏场地是为好动的小猴子而不是为富有想象力和创造力的人类幼儿设计的。由于传统游戏场缺乏可探索性，所以难以使幼儿长时间保持对这些器械的兴趣，因此会出现较高空置率。此外，坚硬的地面及金属材质的器械也存在比较大的安全隐患。传统游戏场的这些缺点催生了现代游戏场和冒险性游戏场。

2. 现代游戏场

现代游戏场是由专门设计人员或建筑师设计,非常强调材质的安全与设计的美感,在设计上力求克服传统游戏场的不足。

为了克服传统游戏场将游戏设备与器械分开独立且随意置放在地面上的缺陷,现代游戏场注重大型器械设备的组合性,通过把单独的器械或设备组合在一起,可以增加器械与设备的趣味性与可探索性,从而为幼儿多样化的活动创造了机会与提供了可能。器械和设备的材质也得到了改善,从环保和安全的角度出发,通常由木质材料和经过挑选的金属物件所制成,包括木质的滑梯、攀登架、平衡木、秋千、拱桥等,这些器械和设备是可以根据需要移动的,如图 1 - 3 - 1。

图 1 - 3 - 1  户外攀爬桥

同时,为了达到通过支持和丰富幼儿不同种类游戏和学习的需要从而获得多样化的游戏和学习经验的目标,现代游戏场往往包括不同的活动区域,主要包括三个区域:第一个区域为车道,为幼儿提供骑或推各种有轮子的车,有单轮、双轮、三轮和四轮车等,车道的地面必须要保持坚硬;第二个区域为大型组合游戏器械区,为将意外发生时对幼儿的伤害降到最低,其周围的地面一般没那么坚硬,一般铺上沙土、塑胶等比较松软的材质;第三个为自然区、养殖区和沙水区,方便幼儿亲近自然。为了满足幼儿建构的需要,现代户外游戏场一般会留出足够的空地供幼儿开展临时搭建活动,搭建活动之后空地会及时得到恢复。

3. 冒险性游戏场

严格来说,冒险性游戏场算不上正式的游戏场。它的主要特点是利用自然的环境与废弃物开展活动。幼儿在围着篱笆或有围墙的区域内,在受过专业训练的游戏指导员的督导和协助下,利用游戏场内的各种废弃物或原材料来建构属于自己的游戏世界。冒险性游戏场起源于"二战"后的丹麦,残酷的战争为这座城市留下了许多废墟,却成了最受幼儿喜爱的"游戏场"。丹麦的著名风景画画家索伦森及其助手发现幼儿在这些废墟中利用废弃物,很严肃认真地在搭建每一个东西,他们马上意识到这些活动可以帮助幼儿从战争的创伤中摆脱出来。为了使远离农村大自然生活的孩子们有亲近大自然的机会,同时帮助他们了解祖先以前生活的内容及了解他们生活的技能,他们便为幼儿申请保留了一片可以用作游戏场的废墟。在冒险性游戏场中,幼儿可以自由探索,在探索的过程中其创造力得到了极大的激发,幼儿是这里真正的"主人"。在这里,幼儿的想法与观点能够充分得以表现,而且可以付诸实践。他们的主人翁感、责任感和成就感在这里可以得到充分的体现。在其中,幼儿可使用大自然(水池、花园、防空洞等)、原始材料(如泥土、木材、轮胎、绳索等)、废弃物(如汽车、木板、盒子等)以及工具(如锤子、钉子、锯子等)来建造和玩耍。他们能够完成施工、拆除、挖掘等各种活动,能够建立自己心目中的房屋,甚至可以饲养动物、种植农作物。但这种活动往往是被成人认为是"危险的"或不被允许的[①]。

根据幼儿爱玩好动的天性我们不难想象,同时也有研究报告显示,冒险性游戏场因其为幼儿提供丰富多样及富有挑战性的活动而大受幼儿欢迎。但是出于安全及高额花费的原因,冒险性游戏场主要流行于欧美国家。

4. 创造性游戏场

大量的调查结果显示,幼儿游戏环境质量的高低直接决定了幼儿所进行的游戏活动的类型。在低质量的游戏环境中,幼儿所进行的主要是功能性和重复性的游戏活动,而高质量的游戏环境则为幼儿进行建构性的游戏活动创造了条件。创造性游戏场的特点决定了它可以为幼儿创设高品质的游戏环境。

创造性游戏场与现代游戏场的区别主要在于器械设备不同。创造性游戏场强调为幼儿提供多样性和低结构化的游戏器材,如废弃轮胎、纸箱、旧家具、废弃管道等,方便幼儿根据自己的需要与兴趣自主选择游戏活动器械与材料进而获得多层次的游戏体验。在创造性游戏场,木板、积木、沙、水、土、植物是必不可少的。为充分体现学校"以儿童为本"的教育理念,创造性游戏场通常是在游戏专家的帮助下,因地制宜,由父母、保教人员和幼儿自行规划和建造,所建成的游戏场因其经济适用和注重对幼儿创造力的培养而深受大家推崇,设计理念比较适合于幼儿园的户外游戏场。实际上,从目前国内幼儿园的类型来看,大多数仍然属于传统的游戏场,部分为现代游戏场,游戏场本身缺乏设计,对自然的重视不够,游戏场的娱乐功能大于锻炼功能。

在中国城镇化高速发展的大背景下,怎样给幼儿创造并保持亲近大自然、回归自然的机会和条件,充分发挥幼儿游戏场在推进幼儿的全面发展尤其是幼儿身体素质发展过程中所应有的意义与功能,是幼儿教育工作者要格外重视的一项重大问题。

### (二) 户外游戏场的基本区域

户外游戏场主要由大型组合器械区、车道、种植区、养殖区、建构区和自然区等构成,如图1-3-2。

---

① 刘焱.儿童游戏通论[M].福州:福建人民出版社,2015.

图1-3-2 幼儿园户外游戏场

### 1. 大型组合器械区

大型组合器械是户外游戏场地的主要设备,幼儿可以在大型组合器械区练习各种基本动作,进而发展大肌肉动作。

对于正处于身体成长发育关键期的幼儿来说,借助户外大型组合器械可进行的各项运动活动,包括攀登、爬行、走平衡木、走独木桥、荡秋千、爬坡、骑车等。通过开展这些活动,幼儿不论身体运动能力还是运动的灵活性、灵敏性、协调性及身体的力量、耐力和速度等都会得到提升。因此,大型组合器械区应为幼儿提供可进行较为剧烈活动的设施,如顶层有大平台的滑梯,有条件的可以把滑梯安装在山坡上;可以用多种方式来玩的秋千;可供幼儿攀爬的大树(水平放置或成熟的死树)等。同时要有足够的空间可以同时容纳比较多的幼儿,有多个入口、出口和多种高度,能够为幼儿提供多种练习的机会和挑战性。户外运动时安全性是首要考虑的因素,例如,秋千应设置在安全的区域,周围应该要有围栏;大型组合器械下面一定要铺设柔软的地面材料,如塑胶、沙、木屑、树叶树皮等。

### 2. 车道

骑车运动可以促进幼儿身体动作的协调以及对动作与速度控制能力的发展,增强幼儿反应的灵敏性及自信心。除此之外,如果是骑两轮、三轮、四轮车等,可以促进幼儿社会交往能力的发展,如沟通、协作、分享、合作和轮流以及解决问题能力的发展。设置车道的地面应具备坚硬的特点,车道可以沿着游戏场的地形修建,最好有高低不同的坡度及弯曲度,同时可在车道上设置桥面,以增加骑行的挑战性与趣味性。

### 3. 玩水区

幼儿天生喜欢玩水,所以在户外游戏场中须设有可供幼儿玩水的区域和设施设备,如喷泉、瀑布、水车工作系统、池塘、游泳池(图1-3-3)等。利用水池、沟渠和瀑布可以把不同的玩水区联结起来,这样幼儿一方面可以观察到水的流动,另一方面可以通过修建水坝来控制水流的速度及流量的大小。夏天,游泳池可以用来游泳、嬉戏打水仗,也可以在里面投放小鱼、小虾等动物,让幼儿体验捕捞的乐趣;冬天,北方的游泳池结冰后幼儿可以骑坐滑轮车玩滑轮游戏。

玩水区可以使幼儿获得丰富的科学概念,如

图1-3-3 泳池玩水游戏

干－湿、沉－浮、冷－热、重－轻、满－空、干净－脏、固体－液体等。同时,也可以使一些害怕水的幼儿喜欢上水。

图 1-3-4　沙水游戏

### 4. 玩沙区

无论是成人还是幼儿,通常都非常喜欢沙水。幼儿不仅在玩沙水中可以体验到游戏的乐趣,也可以获得非常有益的学习经验。

沙子有趣的物理特性让幼儿为之着迷,他们可以在玩沙游戏中利用工具进行各种动作的练习,比如铲、推、挖、拍、灌、筛等,从而有利于精细动作的发展。与此同时玩沙的过程还可以促进幼儿对沙子物理特性的认识,基于此,应该为幼儿玩沙提供多种器皿和工具,便于他们利用沙水进行创造性表达(图 1-3-4)。

### 5. 种植、养殖和自然区

种植区(图 1-3-5)、养殖区可以为幼儿提供观察与体验动植物生长发育全过程的机会与资源,感受生命成长的奥妙,比如一粒种子从播种、施肥、浇水到开花结果的全过程,了解植物生长发育与外界环境的关系。同时,通过观察、饲养小动物,幼儿可以产生对生命的敬畏与保护之心。除了提供种植、饲养区之外,幼儿园应该为幼儿提供一个更为自然的自然区,幼儿可以在其中观察各种鸟类和昆虫等,进而帮助幼儿学习并产生对自然环境的保护之心。

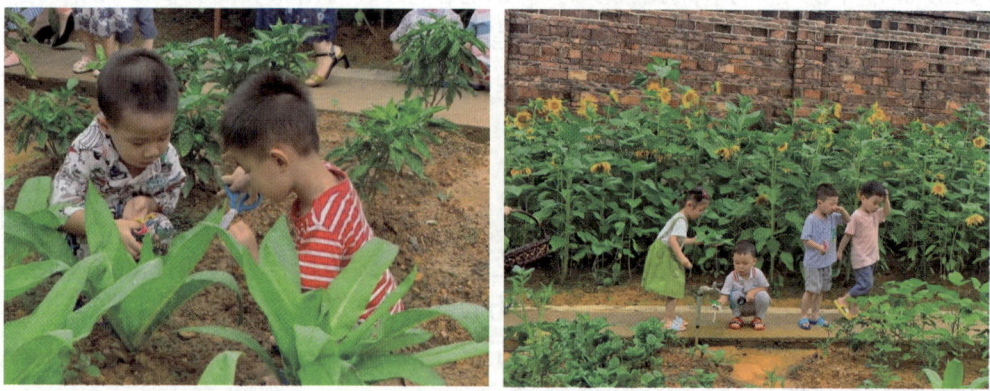

图 1-3-5　种植区

### 6. 角色游戏和表演游戏区

角色游戏与表演游戏是幼儿自由表现自我的独特方式,幼儿园应该为幼儿提供角色游戏与表演游戏的空间和机会,这能有效促进幼儿的社会性、情绪情感、语言表达以及想象力等方面的发展。保教人员需要通过在角色游戏区和表演游戏区提供相应的游戏材料来支持幼儿的游戏。

### 7. 游戏小屋

游戏小屋对于促进幼儿社会性发展有重要作用,同时也可以满足幼儿独自游戏或一两名幼儿相处交往的需要。独处对于幼儿的心理健康是很有意义的,游戏小屋在设计时应注意门与窗要敞开,以便保教人员能够看到里面的幼儿,防止意外发生。如条件不具备,可将大的纸箱设计成游戏小屋来使用。

### 8. 美工区

户外也可以作为幼儿进行美术创作与表达的重要场所,保教人员可以把画架、桌子和美工活动材料移到户外来为幼儿创设户外美工活动区,可以搭一个简易的棚子,以防下雨天。户外美工区可以开展扎染、陶艺等活动,也方便幼儿画"大画"(图1-3-6)。户外的环境也为幼儿提供了观察自然的机会和条件,保教人员可以和幼儿一起观察、表现自然界中的各种事物和现象,如不同季节、不同天气的天空、植物、昆虫等。

图1-3-6 户外美工室

除以上提到的传统意义上的几大户外游戏区域外,户外游戏也可以借鉴"安吉游戏"的户外游戏材料进行设置。"安吉游戏"户外游戏材料可以帮助保教人员更好地满足幼儿的个性化需求,梯子、积木、木板、木箱、滚筒等是"安吉游戏"的代表性材料。可以看出这些材料大多是低结构,甚至是无结构的,这些材料幼儿可以自由移动、任意组合。正是由于游戏材料的这一特点,幼儿的自发性、自主性在游戏中可以得到充分的发挥,他们可以根据自己的兴趣和需要通过组合发挥游戏材料多样化的功能进而形成多样化的游戏,这样的游戏幼儿百玩不腻。

## 二、室内游戏环境的创设

室内游戏环境与幼儿学习和发展密切相关,《3—6岁儿童学习与发展指南》(以下简称《指南》)中明确提出幼儿保教人员要为幼儿创设丰富的教育环境,最大限度地支持和满足幼儿通过直接感知、亲身体验和实践操作获得经验的需要。为幼儿创设良好的游戏活动条件,支持并满足幼儿各种游戏活动的需要,是幼儿园保教人员应该具备的基本专业技能。

活动区是室内游戏环境的重要组成部分。创设室内游戏环境也就是根据活动区的形式和功能来组织室内游戏环境。根据活动区功能的不同,通常将活动区划分为积木区、美工区、阅读区、角色游戏区、表演游戏区、益智玩具区、阅读区等[1]。

### (一)活动区材料提供的注意事项

活动区的特点是保教人员指导的间接性与幼儿选择的自主性相结合。保教人员通过创设活动区,将自己的教育意图与教育期望物化在所提供的材料与所创设的环境中。幼儿可以根据自己的兴趣和需要选择活动区、材料、玩伴、玩法等,在与环境和材料的互动中获得发展。所以保教人员在活动区创设及材料提供方面要全方位考虑,要研究不同年龄阶段幼儿发展需要什么样的支持条件,本地区、本班甚至本幼儿园有哪些可以利用的材料,这些材料在与幼儿互动的过程中可以为幼儿的发展提供什么样的价值。

所提供的材料一定要具有可操作性,幼儿可以在操作中获得直接经验,要符合低结构、多功能、

① 刘焱.儿童游戏通论[M].福州:福建人民出版社,2015.

多用途的特点。生活中的一些废旧用品,如奶粉盒、饼干桶、纸盒、纸杯等,以及常见的积木、拼插积塑等,这些材料可以多次利用且可以随意改造它们的用途,幼儿百玩不厌,在玩的过程中可以获得多种经验,往往正是这些材料真正会对幼儿的学习产生影响。一些高结构材料,比如各种各样娃娃家的梳妆台、衣柜、厨灶,对幼儿学习与发展的意义较低结构材料差,功能有限甚至固定,造成资源浪费且会固化幼儿的游戏。

总之,保教人员为幼儿创设的环境一定是能够促进其发展的支持性环境,保教人员在提供材料的时候一定要对材料进行分析:幼儿拿到此材料可能会用来做什么? 可以开展什么样的活动? 这种活动将会带给幼儿什么样的学习经验? 如果只有一种用途,那么此材料是不合适的? 切忌盲目地为幼儿提供一些会固化其游戏的材料。

### (二)各类活动区的组成与材料

#### 1. 积木区

积木因其可以自由变换组合的低结构特点而广受幼儿欢迎。在积木区,幼儿既可以玩安静的游戏,也可以玩比较吵闹的游戏。有条件的幼儿园可以在户外同时设置积木区,方便幼儿玩赛车等比较吵闹的游戏,同时可以满足幼儿在户外有充分的空间玩大型积木建构游戏,如图1-3-7。室内积木区适合幼儿搭建的积木以形状丰富多样的原木中型单元积木为佳,而积木区的设置则宜远离通道以便幼儿不受干扰地专心开展建构活动;积木区可以紧邻角色区,方便角色区的幼儿使用积木。为了减少积木摆放过程中发出的噪音,积木区应铺设地毯,同时有助于将积木区和其他活动区进行区分。

**图1-3-7 建构区**

#### 2. 美工区

在幼儿园,美工区是幼儿进行自由感知、欣赏和创作的重要场所,是幼儿感受美、欣赏美、表现美与创造美的"小天地"。在美工区幼儿可以自由操作各种材料,比如涂鸦绘画类、手工类和泥工类等,在材料的操作与互动中,幼儿表达着自己的情感及对周围世界的理解、想象和愿望。

有条件的幼儿园会单独设置一间美工室,如图1-3-8。美工区活动以操作为主,幼儿在操作过程中可以锻炼自己的手眼协调能力,所以美工区应设置在自然采光良好的地方;由于美工活动中常常有许多幼儿的作品需要展示,故应安排在容易清洗又有墙饰的地方;美工区中的绘画活动需要用水,所以应设置在靠近水源的地方。

美工区材料的投放一定要丰富,比如手工类的撕纸、贴物、剪纸、折纸、废旧材料、装饰物制作等,各种绘画用笔与工具,泥工类的各种材料与用具,并且每一种类的数量应充足,以满足幼儿的多种需要。同时要注意材料的投放应具有层次性,以满足幼儿不同发展阶段教育目标和同一阶段下

图 1-3-8 美工区

不同水平幼儿的多种需要;材料的投放应具有动态性,以期达到帮助幼儿保持兴趣与注意力的目的。由于美工区的材料大多属于消耗性的,所以可以考虑家园合作,充分利用家庭资源,让幼儿从家里带来各种可用的材料并分类存放好,以方便幼儿取用。

3. 角色游戏区

角色游戏是幼儿期非常具代表性且非常受幼儿欢迎的游戏。无论在哪个时代还是在哪个国家,以"娃娃家"为代表的角色游戏是很多人童年的美好回忆。因为"娃娃家"反映的是幼儿自身熟悉的生活内容,所以很容易开展。"娃娃家"为幼儿提供了安全、熟悉的环境,幼儿在其中可以感受到亲切与温馨。角色游戏对幼儿语言、社会性以及情绪情感的发展意义重大,有研究表明童年期角色游戏水平直接与将来的叙事文写作水平呈正相关。

"娃娃家"游戏以家庭生活为基础,因此在设置"娃娃家"的过程中要注意适当的私密性与半封闭性,因为"开放式"的"娃娃家"很容易使幼儿的游戏受到干扰。"娃娃家"的布置应接近家的温馨并富有童趣。在场地布局上,为了保证私密性最好用小屏风或积木将"娃娃家"进行功能分区,比如厨房、客厅、卧室等,以便于活动的开展。

在不同的功能区投放不同的材料,比如在"厨房"投放"餐具","卧室"里放置"家具",有条件的话铺上地毯,看起来更加温馨。"娃娃家"所投放的材料,应是幼儿在家常见的物品,最好投放一些真实的家务用品和工具(如削水果皮器、打蛋器、漏勺、量杯、塑料刀、米等),安排各种真实的家务劳动(如叠衣服、扣扣子等),使幼儿在游戏过程中习得日常生活技能,锻炼手部肌肉力量。同时,可以在一些家庭生活用品上贴上标签,有助于幼儿文字符号意识的发展。

随着幼儿年龄的增长和生活经验的丰富,可以在"娃娃家"游戏的基础上,逐步扩展角色游戏的主题和内容,以进一步拓展幼儿对周围社会生活的认识与理解,促进其进一步成长。

4. 表演游戏区

表演游戏也称戏剧性游戏,是深受幼儿喜爱的一种活动,它是幼儿根据童话故事、文学作品的内容和情节,通过角色扮演,运用语言、动作和表情进行创造性的表演,再现文学作品的一种游戏形式。角色游戏与表演游戏的区别在于,角色游戏的内容主要来源于幼儿的现实生活,而表演游戏的内容主要来源于文学作品。

### 5. 益智玩具区

在幼儿园通常还有一些益智类的玩具,比如各种棋类、拼图等。这些益智类玩具一般包含一定的任务和要求,幼儿需要在遵守规则的前提下才能解决问题与完成任务,这类游戏属于典型的教育性玩具。益智游戏对发展幼儿的感知觉、思维力、想象力、创造力以及解决问题的能力意义重大。

益智区应设置在阳光充足的地方,另外,幼儿在益智区需要比较安静的环境进行思考,所以在设置时应远离积木区、表演区等偏"动"的区域,可与美工区、阅读区等偏"静"的区域相邻。为满足幼儿多样化的需求,益智区应为幼儿提供充足且丰富多样的材料;同时要考虑所提供材料的层次性,从儿童"最近发展区"的角度出发考虑材料的投放,从而确保每一个幼儿根据自己的兴趣和发展水平选择适合自己的材料及操作方法进行操作探索,进而有效地促进每一个幼儿在原有水平上得到发展。

材料的投放要注重激发幼儿的好奇心和求知欲,根据3～6岁幼儿的具体形象思维特点,要为其提供具体、生动直观、可操作的材料,通过对材料的摆弄从而使一些枯燥乏味的认知活动变得更加生动有趣。同时,益智区材料的投放要符合幼儿的审美需求,要选择符合幼儿年龄特点的色彩,要注意材料质地类型的多样性、新颖性和审美价值,从而激起幼儿欣赏、触摸、使用的愿望(图1-3-9)。

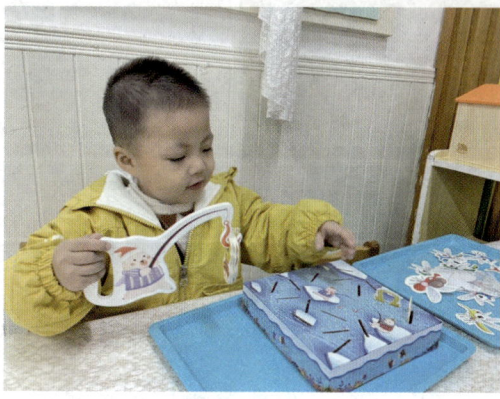

图 1-3-9　益智区

### 6. 阅读区

通过阅读培养幼儿的阅读兴趣、帮助幼儿掌握阅读技能、形成良好的阅读习惯对于幼儿后续学习甚至终身发展意义重大,所以幼儿园应重视阅读区的创设。

阅读区需要设置在安静、自然采光良好的地方,整体的色调要营造出宁静舒适的阅读环境;阅读区需要保持相对安静,所以在设置上应远离比较吵闹的区域及水源,可设在美工区的附近;在阅读区中应为幼儿设计各种各样的座位,如沙发、坐垫、地毯、加宽的窗台等,且色彩、造型、材质、软硬度、尺寸应多样化,以适应不同幼儿的需要;可以进行不同的空间分隔,以满足幼儿的阅读需求;应根据幼儿的年龄特点和认知发展水平,为幼儿提供具体、形象、生动的读物,可以是绘本,也可以是手工制作的图书、杂志或相册等,但应以绘本为主。在摆放图书时要注意平放,且封面朝上,方便幼儿根据图画选择自己心仪的读物(图1-3-10)。

图 1-3-10　阅读区

## 任务四 幼儿游戏观察与分析

### ≫ 任务情境

幼儿园自选游戏时间,天天和浩浩共同进入了"娃娃家",两个人都想当"娃娃家"的爸爸,但谁都不让步,游戏陷入了僵局。是否需要介入幼儿的游戏?何时介入比较合适?用什么样的方法介入最好?这些问题都需要保教人员运用专业知识进行判断和思考,以提升幼儿的游戏水平和交往水平。

思考:作为未来的幼教工作者,游戏的观察包括哪些方面?有哪些观察方法?如何根据游戏观察和记录对幼儿游戏活动进行分析、指导和评价?这些问题将在本任务中得到解答。

### ≫ 任务要求

了解观察与分析幼儿游戏的目的和意义,掌握正确观察与分析幼儿游戏活动的方法及策略,初步具备对幼儿游戏活动进行观察和记录的能力,能对幼儿游戏的观察结果进行分析、解释及运用。

对幼儿游戏进行观察是指导幼儿游戏的前提,但"为什么观察""观察什么"以及"如何观察"是保教人员常常感到困惑的问题。要回答这些问题首先要了解观察与分析幼儿游戏的目的和意义。

### 一、观察与分析幼儿游戏的目的

在幼教领域,观察作为一种在课程框架内对不同年龄段幼儿进行评价的工具,越来越受到人们的重视。然而,把观察作为幼儿早期阶段的一项有效评价工作还没有得到广泛认同。在实践中很多保教人员会把幼儿自由游戏的时间看作自己休息或者从事其他工作的时间,在此期间只需保证幼儿的安全即可。保教人员往往因对幼儿游戏的过程缺乏系统、科学的观察,导致不能很好地意识到游戏对幼儿身心发展的意义与价值。

#### (一) 认识并了解幼儿的游戏发展水平

为了更加全面地了解幼儿的发展水平以及发展潜能,需要在游戏中观察幼儿的行为。读懂幼儿游戏行为的前提是观察幼儿游戏的过程,通过观察才能对游戏形成正确的认识和评价,对幼儿游戏的状况及游戏的水平有大概的了解,知道游戏存在的问题,进而有针对性地找到解决问题的方法。为了避免出现凭主观臆断而对幼儿进行不切实际的说教,保教人员对幼儿的评价必须建立在对幼儿游戏行为观察的基础上。

#### (二) 关注并满足幼儿发展需要

幼儿游戏的过程就是学习的过程,游戏能够促进幼儿的学习和发展,所以对幼儿游戏的观察绝不会浪费时间。唯有通过观察,保教人员才能关注到幼儿的需要,特别是对于特殊儿童(即发展低于或高于正常水平的儿童),须通过有目的的观察才能了解他们的需求是否得到满足。在观察中,保教人员需要密切注意幼儿在游戏中的各种状态,读懂幼儿的需求,并能根据幼儿的需要适宜地介入指导,促进每个幼儿在原有的水平上得到发展。

### （三）促进保教人员的专业成长

美国幼儿教育专家丽莲·凯茨认为,观察能力是帮助保教人员从新手成长为专家的必要途径和重要途径。保教人员可以从观察记录中了解幼儿的个性差异及所处的发展阶段,通过环境创设、材料提供等的调整来满足幼儿的个体差异。保教人员需要不断学习相关教育理论,夯实自己的专业基础,才能对观察收集到的资料进行分析,这一过程不仅能促进幼儿游戏水平的提高,而且可以有效帮助保教人员实现专业成长。

## 二、观察与分析幼儿游戏的意义

观察与分析既是保教人员指导幼儿游戏的前提基础和保证,也是保教人员能否顺利参与到幼儿游戏中的中介;通过观察与分析,在幼儿游戏不能顺利开展的情况下保教人员可以确定是否介入以及介入的合适时机。

### （一）对游戏的观察与分析是了解幼儿的最佳途径

游戏是幼儿最喜爱的活动,在游戏中幼儿可以无拘无束、自由自在地进行自我表达。保教人员通过观察幼儿在游戏中的行为,可以对幼儿的各种能力进行有效评价,如分类能力、形状颜色匹配能力、识别大小与粗细的能力,确认因果关系的能力、问题解决能力、言语表达能力、社会交往能力、冲突解决能力、利用工具发展基本操作技巧的能力等。

另外,通过观察幼儿的游戏,保教人员可以了解到幼儿的人格与社会化发展。在游戏中,有的幼儿总是喜欢独自游戏,缺乏融入同伴之中的能力;而有的幼儿在游戏中会出现明显的破坏或攻击他人的行为,导致没有幼儿愿意与之合作;有的幼儿抗挫折能力比较弱;有的幼儿总需要成人的关注;有的幼儿与人分享的意识比较弱等,有以上这些行为的幼儿或多或少都有某种心理障碍。在"娃娃家"游戏中,幼儿对家庭成员的角色扮演为我们了解其与父母或兄弟姐妹之间的关系提供了重要参考依据。

### （二）观察与分析是对游戏实施有效指导的前提

通过观察读懂幼儿的行为,是了解和理解幼儿的前提。通过观察,我们才可以了解幼儿在游戏中的表现、游戏的进程及水平,从而确定以何种方式指导儿童的游戏。

### （三）观察与分析是下次游戏计划制订的依据

保教人员在制订游戏计划时,绝对不能单凭自己的主观想象,因为这样做的后果是保教人员眼中只有自己的经验和要求,而没有儿童。因缺乏对幼儿兴趣、需要、实际发展水平和经验的考虑,最终的结果是导致游戏流于形式,并不能真正引发幼儿对游戏的积极参与及真正享受游戏中的快乐。为了避免这种情况的发生,保教人员眼中必须有幼儿,及时分析幼儿在游戏中的行为表现并发现他们在游戏中存在的问题,以作为下一次游戏计划制订的依据。唯有这样才能避免在游戏中出现"游戏儿童""盲目导演"等重结果轻过程体验的现象。

## 三、观察与分析幼儿游戏活动的要点与方法

### （一）制订观察计划的必要性

作为观察者在观察前首先要对观察活动的时间、对象、步骤、记录方法、使用仪器、表格设计等预先进行充分的考虑和准备。提前制订详细、周密的观察计划是观察能否顺利进行的重要保障。

观察计划不仅能提高观察的有效性,还能增强所获观察信息的准确性与可靠性。

### (二)制订观察计划的依据

制订观察计划首先要确定观察的目的,观察方法的选用是为了有效地实现观察目的,其运用必须建立在了解幼儿及其学习方式的基础上。在幼儿园游戏活动中,观察计划的制订依据主要有以下四个方面。

① 幼儿原有的经验和当前的兴趣。幼儿的经验和兴趣是支撑游戏开展的重要因素,游戏反应了幼儿认知发展和社会性发展的水平。

② 学期教育目标及现阶段教学内容。通过观察游戏中的幼儿,便于保教人员在游戏中动态评价幼儿的发展水平。

③ 上次游戏情况及存在的问题。保教人员在制订计划时,将上次游戏中存在的问题(环境材料、幼儿经验或能力等方面)作为持续关注的重点,既面向全体,又能关注个别幼儿的特殊需要。

④ 本次游戏的准备工作,包括材料准备、经验准备、具体要求等。

保教人员在制订计划时可根据本班幼儿实际情况灵活选择以上四个方面,无需每一次都面面俱到。做计划的目的是更好地促进幼儿的发展,而不是流于形式,因此切忌脱离幼儿实际而凭空想象。

### (三)幼儿游戏观察的要点

幼儿游戏的观察要点至关重要,直接决定了观察的有效性。在观察中,首先应以各年龄段幼儿身心发展和学习领域的目标为依据,结合当前幼儿在游戏中的兴趣和表现,确定观察的重点;其次对幼儿的成长来说关键而重要的时刻,比如幼儿第一次做出或不做出某种行为,或者第一次表现出对某一概念的掌握和理解。

1. 各年龄班观察要点

幼儿各年龄班观察的重点不同,具体如表1-4-1。

表1-4-1 各年龄班观察要点

| 年龄班 | 观 察 要 点 |
| --- | --- |
| 小班 | 处于平行游戏阶段,满足于对物品的操纵摆弄,矛盾焦点主要在幼儿与物品的冲突上,不知如何操作物品。因此,小班观察的重点在幼儿对物品的使用 |
| 中班 | 处于角色的归属感阶段,想与人交往但尚欠缺交往技能,因此,观察重点在幼儿与幼儿的冲突上,不管是规则上的,还是交往技能上的 |
| 大班 | 运用已有经验在现有的基础上去创新成为游戏观察的重点,同时,相互交往、合作、分享、解决矛盾成为另一个重点 |

2. 各区域活动观察重点

幼儿园各活动区观察的重点也是不一样的,具体如表1-4-2。

表1-4-2 各区域观察重点

| 活动区 | 主要功能 | 观察重点 |
| --- | --- | --- |
| 建构区 | 进行建构游戏;促进幼儿对客体世界以及自己与客体世界关系的认识 | 幼儿的思维特点、思维发展水平、建构技能、对科学和数学概念的理解和掌握 |
| 角色扮演区 | 进行象征性游戏;促进幼儿对主体世界以及人与人之间关系的认识 | 同伴互动、语言发展 |

| 活动区 | 主要功能 | 观察重点 |
| --- | --- | --- |
| 美工区 | 培养艺术表现和创造能力 | 探索和使用材料、创造力和想象力 |
| 阅读区 | 培养阅读兴趣,形成良好的阅读习惯 | 阅读兴趣、学习品质、基本的阅读技能 |

### (四) 幼儿游戏观察的方法

#### 1. 扫描法

对班里的全体幼儿平均分配时间,在同等的时间里对每个幼儿轮流观察,如表1-4-3、表1-4-4。这种方法适合对全班幼儿的游戏情况进行了解,一般适用于游戏开始和结束。通常采用表格的形式记录,具有简便易行、可重复使用且便于前后比较的优点。

微课

幼儿游戏观察
的方法

表1-4-3　幼儿主题选择情况观察表

| 幼儿 | 娃娃家 | 医院 | 积木区 | …… |
| --- | --- | --- | --- | --- |
| 幼儿1 | | | | |
| 幼儿2 | | | | |
| 幼儿3 | | | | |
| …… | | | | |

说明:每个主题观察5分钟,画正字,进行轮流观察。此法可观察到幼儿在游戏中的坚持性和稳定性。

表1-4-4　幼儿在游戏中的社会性发展水平观察表

| 幼儿 | 无所事事 | 旁观 | 独自游戏 | 平行游戏 | 联合游戏 | 合作游戏 |
| --- | --- | --- | --- | --- | --- | --- |
| 幼儿1 | | | | | | |
| 幼儿2 | | | | | | |
| 幼儿3 | | | | | | |
| …… | | | | | | |

说明:对每个幼儿观察1~2分钟。将不同时间的观察表格联系起来,可以看出每个幼儿社会性发展的具体情况。

#### 2. 定点法

观察者固定在某一地点或区域对所有出现在该地点的幼儿进行观察,以期对该地点或区域幼儿的游戏情况进行了解。此方法多用于游戏过程中,一般采用如实详录的方法记录。此种观察法的优点在于可以获得幼儿在游戏中的材料使用情况、幼儿相互交往情况、游戏情节的进展情况等方面的动态信息,避免或减少在材料使用中出现盲目指导的情况。

#### 3. 追踪法

观察者事先将一两个幼儿作为观察对象,观察他们在游戏中的表现。该方法适合观察了解个体幼儿在整个游戏过程中的情况,了解其游戏发展水平,获得更详细的信息,通常通过实况描述法进行记录。

#### 4. 线索提示法

通过提供观察的线索可以增强观察的目的性和针对性,在"线索提示"的指引下,保教人员可能对那些从未关注过的问题产生关注,可以从不同的观察线索看待幼儿的游戏。线索提示法适用于观察技能欠缺的保教人员,可以有效地帮助保教人员逐步掌握观察的技巧及指导游戏的方法,便于保教人员形成"善于发现幼儿感兴趣的事物、游戏和偶发事件中所蕴含的教育价值,把握时机,积极引导"的教育意识。

## 案例链接

表1-4-5 线索提示法样例

| 观察地点: | 观察时间: | 观察者: |
|---|---|---|
| 观察线索提示 | | 幼儿游戏行为观察记录 |
| A. 幼儿在区域游戏中喜欢玩什么?<br>B. 引发幼儿游戏兴趣的因素是什么?<br>C. 幼儿在游戏中如何使用材料?<br>D. 保教人员提供的游戏空间是否足够让幼儿活动?<br>E. 保教人员如何解决幼儿在游戏过程中出现的问题?<br>F. 幼儿之间是如何互动的?是否有利于幼儿自身经验的发展或能力的提高?<br>G. 幼儿在游戏过程中出现的新经验是否有再利用的价值? | | 情境1:装积木的玩具筐倒了,积木撒到了地上。幼儿甲先跑过去捡起一块积木,然后叫旁边的幼儿乙一起捡,结果乙没有理睬,也没有行动。于是甲又叫了幼儿丙捡,丙说:"我才不捡呢,我要玩儿去了。"<br>情境2:装积木的玩具筐又倒了。保教人员A走过来说:"赶快捡起来。"说话的过程中,保教人员就自己弯腰捡了起来 |

**案例分析** 此案例就是根据观察线索提示中的E所进行的观察记录。玩具筐一共倒了两次,第一次幼儿试图让别的幼儿把积木捡起来,但却被他们都拒绝了;第二次保教人员一边让幼儿捡,一边又自己动手捡。游戏中出现这种现象是常有的事情,很多时候保教人员都会不自觉地帮幼儿捡起来,因为在他们看来,玩具掉在地上并不是游戏中要观察的重点。因此如果保教人员不去观察幼儿对待玩具掉在地上后的行为、解决问题的过程,以及幼儿之间对待此问题的不同态度,那么就错失了一些有价值的信息。

### 5. 抽样法

#### (1)时间抽样法

时间抽样法是根据一定的分类系统为基础制订的儿童游戏观察量表,是在一定的时间内对儿童游戏进行观察,获取若干个时间样本从而构成能够反映个体游戏特点的总样本。表1-4-6展示了特定时间内幼儿选择游戏区域的性别及人数情况。

表1-4-6 幼儿选择游戏区域的观察记录表

| 主体区域 | 性别 | | 人数 |
|---|---|---|---|
| 娃娃家 | 男 | 爸爸1<br>叔叔1 | 4 |
| | 女 | 妈妈1<br>姐姐1 | |
| 医院 | 男 | 医生1 | 3 |
| | 女 | 护士2 | |
| 表演区 | 男 | 演员1<br>观众2 | 6 |
| | 女 | 演员3 | |
| 角色扮演区 | 男 | 司机3<br>乘客1 | 4 |
| | 女 | 无 | |

（2）事件取样法

事件取样法是记录在一定时间内所观察到的幼儿的某种游戏行为或事件，通常会记录整个事件发生的前因后果。

**事件取样法案例：汽车开进小舞台**

保教人员收到"小演员"邀请，来到小舞台看演出，坐在依台阶而设的"观众席"里，有一个"出租车司机"吸引了保教人员的注意力。"司机"带着一位想要到"小舞台"的"乘客"到了台阶处，但并没有停下来，而是继续沿台阶而下，"开车"穿过了"观众席"，直接驶入"舞台"。保教人员记下了"观众"和"司机"的对话：

"观众"："司机，你为什么把车开到看表演的地方啊？"

"司机"："我要带乘客到小舞台。"

"观众"："小舞台不是已经到了吗？"

"司机"："这是出租车，要在舞台前面停。"

"观众"："可车子是不能下台阶的。"

"司机"："为什么呢？"

（3）两种抽样法的优缺点

表1-4-6中，是保教人员利用时间抽样法，获得的幼儿在不同游戏区域中选择角色的数据信息。我们能够发现在现场观察时，用时间抽样法记录十分简便快捷，只需要在表格中填写简单的文字及数据，或以打钩、画"正"字的方式就可以完成记录。但是，这种方法的缺点是在表格中只能看见简单的文字、符号或"数字"、频次，却看不到鲜活生动的幼儿游戏过程。

"汽车开进小舞台"是保教人员利用事件取样法围绕"汽车开进小舞台"事件进行的观察，记录下了幼儿之间主要的对话内容，但是在现场却来不及详细记录更多的信息，比如幼儿的人数、游戏的情境、幼儿所在的位置等，需要在观察结束以后趁着记忆犹新时立即补充，或采用录音、录像等手段进行辅助。同时，记录和描述能否达到"客观、准确、详细、生动"的要求，与记录者本身驾驭文字的能力也有一定关系。

为了扬长避短，观察者可以根据观察的目的选择适当的方法进行观察，可以同时使用两种方法以相互补充。

### 四、幼儿游戏观察记录的整理、分析及结果的解释与运用

意大利教育家蒙台梭利说："唯有通过观察和分析，才能真正了解孩子的内在需要和个别差异，以决定如何协调环境，并采取应有的态度来配合儿童成长的需要。"因此，对观察记录的整理、分析及结果的解释、运用非常重要。

#### （一）幼儿游戏观察记录的整理和分析

1. 对数量化资料的统计分析

对观察记录进行整理分析，一方面要植根于行为发生的情境中进行事实还原，另一方面要尊重客观事实克服主观偏见。由于收集资料的类型不同，所以对资料的统计也有所不同。

对数量化资料进行分析需要明确数据的性质与含义,寻找有意义的、能说明问题的最小分析单位。比如今天幼儿吃饭,撒了几次饭、说了几次话、打了几次人,要把这个数据提取出来,而且分析的单位要在观察前设定,比如"打人""说话"这些就是分析单位。然后对这些数据进行分析、对比,发现问题、进行讨论,并提出相应的解决策略。

2. 对文字资料的整理与分析

文字记录比数字记录更容易带有观察者的主观偏见和不自觉的"添油加醋"。为了避免失真,观察者应该在观察结束之后尽快对文字进行进一步的完善。在对文字信息进行整理与分析时,要将它们置于事情或行为发生的情境中去发现问题。

### (二) 幼儿游戏观察结果的解释

对游戏观察结果的解释是建立在对已有观察记录进行整理与分析,克服偏见和信息遗漏的基础上,运用一定的理论观点对观察记录进行分析思考,合理地说明影响幼儿游戏发展、变化的原因,揭示游戏与幼儿发展之间的联系或幼儿游戏发展的规律。在解释时,须注意以下两点:

1. 将观察记录结果与研究目的挂钩

在归纳、整理观察资料时注意联系观察目的,使得资料与研究目的相关,对照研究目的对资料进行解释和分析。

2. 将观察记录结果与幼儿年龄发展水平比较

在解释观察资料时,要注意幼儿所表现出来的游戏水平是否与其年龄应有的发展水平相吻合。

### (三) 幼儿游戏观察结果的运用

进行游戏观察记录的最终目的是通过运用观察所获得的信息资料,使幼儿在游戏发展上的机会和条件得到改善,使游戏在幼儿教育中的作用和地位得到有效发挥与提高。当然,为了避免在观察中出现为了观察而观察的现象,观察者在观察之初就应该有明确的问题意识,针对实践中存在的问题提前设计观察计划,这样做更加有利于将观察结果更好地应用于实践问题解决之中。因此,观察结果的运用应从设计观察步骤开始,对观察、记录到的信息进行解释和分析,以从中获得有利于改进的启示,进而提出改进的方案;同时,在实施方案的过程中继续观察并评价改进的效果,并根据实际情况诊断下一步要观察和改进的问题。所以,观察结果的运用其实是一个动态持续、循序渐进的过程,是同步进行的过程。

## 模块小结

通过本模块的学习,了解了游戏概念、游戏理论流派及幼儿游戏的概念和特点,对幼儿游戏有了基本的认识;从幼儿认知发展、社会发展以及我国教育实践角度了解了幼儿游戏的分类,并在此基础上学习了幼儿游戏对幼儿身体、认知、情绪情感和社会性等方面的教育作用;同时,从户外和室内两个维度学习了幼儿游戏环境的区域设置、创设要点与注意事项;最后了解了幼儿游戏观察的目的与意义,明确了幼儿游戏活动观察与分析的要点与方法,并学习了幼儿游戏观察记录的整理、分析与结果的解释和运用。

## 思考与练习

1. 幼儿园教育应以(　　)为基本的活动方式。

A. 学习　　　　　　　　　　　　　　　B. 上课

C. 玩耍                                              D. 游戏

**2.** 以下游戏中,(    )属于创造性游戏。

   A. 智力游戏          B. 体育游戏          C. 音乐游戏          D. 角色游戏

**3.** 游戏是幼儿的(    )。

   A. 自发学习                              B. 在保教人员指导下的学习
   C. 自我学习                              D. 有目的性的学习

**4.** (    )是幼儿游戏的基础和源泉。

   A. 保教人员的指导                        B. 家长的影响
   C. 同龄人的经验                          D. 幼儿的生活经验

**5.** 幼儿园的"娃娃家"游戏属于(    )。

   A. 结构游戏          B. 表演游戏          C. 角色游戏          D. 智力游戏

**6.** 智力游戏、体育游戏和音乐游戏是(    )。

   A. 有规则游戏        B. 表演游戏          C. 个人游戏          D. 创造性游戏

### 聚焦考证

**1.** 儿童最早出现的游戏类型是(    )。

   A. 结构游戏          B. 规则游戏          C. 角色游戏          D. 练习性游戏

**2.** 从社会性发展的角度看,社会化程度较高的游戏是(    )。

   A. 旁观游戏          B. 单独游戏          C. 平行游戏          D. 合作游戏

**3.** 中班的幼儿明明性格比较孤僻,平时参与集体活动的积极性不高,也不太喜欢和班上的同伴交往,但是在教师组织的某一次集体游戏活动中,明明体会到了"大家一起玩"的快乐后,逐渐变得积极主动参与集体活动,也愿意和班上的其他同伴一起玩了,这体现出游戏(    )。

   A. 能够促进幼儿语言的发展                B. 能够促进幼儿社会性的发展
   C. 能够促进幼儿认知的发展                D. 能够促进幼儿身体的发展

**4.** 教师经常组织刚入园的幼儿玩各种游戏,个别幼儿参加完之后由入园的焦虑不安、乱发脾气到现在的开开心心,说明游戏可以促进幼儿(    )。

   A. 语言的发展                            B. 认知的发展
   C. 情绪情感的发展                        D. 社会性的发展

**5.** 4岁左右,儿童游戏中的交往逐渐增多,但在游戏中彼此之间缺乏明确的分工与合作,缺乏对材料的分配使用,对活动目的和结果也缺乏共同的计划与组织,该阶段的主要游戏形式是(    )。

   A. 旁观游戏          B. 联合游戏          C. 独自游戏          D. 平行游戏

**6.** 在经典游戏理论中,认为"游戏是复制或重演人类的进化史"的是(    )。

   A. 剩余精力说                            B. 复演说
   C. 松弛说                                D. 预演说

**7.** 当教师以"病人"身份进入小班"医院"时,有六位"小医生"同时上来询问病情,每个幼儿都积极地为教师看病、打针,忙得不亦乐乎,结果教师一共被打了六针。对小班幼儿这种游戏行为最恰当的理解是(    )。

   A. 过于重视教师的身份                    B. 角色游戏呈现合作游戏的特点
   C. 在游戏角色的定位中出现混乱            D. 角色游戏呈现平行游戏的特点

**8.** 活动区设置不科学的做法是(    )。

   A. 在阅读区旁边创设建构区                B. 在美工区旁边创设科学探索区
   C. 在益智区旁边创设阅读区                D. 在表演区旁边创设建构区

# 模块 二

## 建构游戏的
## 组织与指导

## 模块导读

《指南》指出："要珍视游戏和生活的独特价值……最大限度地支持和满足幼儿通过直接感知、实际操作和亲身体验获取经验的需要。"在众多幼儿游戏中,建构游戏因其操作性强、再现生活场景、易发挥创造想象的独特魅力而深受不同年龄段幼儿的喜爱。对保教人员来说,建构游戏材料提供便捷、场地限制少、活动组织机动灵活,因而成为每个班级游戏的首选内容。对幼儿来说,他们对种类繁多、质地多样、可随意变换、反复创建的积木、积塑、泥沙及生活中随处可得的废旧物品等建构材料爱不释手,并且在对各种材料进行搭建的过程中,能够实现自己的搭建需求与愿望,学会分享与合作,尝试开拓与创新,体验自己与同伴共同搭建的快乐感和成功感!

## 学习目标

1. 知识目标
(1) 了解建构游戏的概念、特点、分类和作用;
(2) 知道建构游戏组织与指导各环节的基本内容;
(3) 理解并掌握各年龄班幼儿建构游戏的特点与指导方法。
2. 能力目标
(1) 游戏开始前能创设适宜的游戏环境,丰富幼儿的建构经验,为下一步的建构活动做好准备;
(2) 游戏过程中注重培养幼儿的规则意识,能把握观察重点、择机适时指导幼儿游戏的开展,鼓励幼儿自主游戏;
(3) 游戏结束后能组织幼儿有序收拾材料、科学评价幼儿游戏;
(4) 能根据各年龄班幼儿建构游戏的特点开展针对性的游戏指导。
3. 情感目标
(1) 正确认识建构游戏,喜欢各种建构活动,树立科学的游戏观;
(2) 具备组织、指导和评价幼儿建构游戏的基本素质。
4. 思政目标
了解中国传统建筑文化,建立文化自信,培养对中国传统文化的自豪感。

## 内容结构

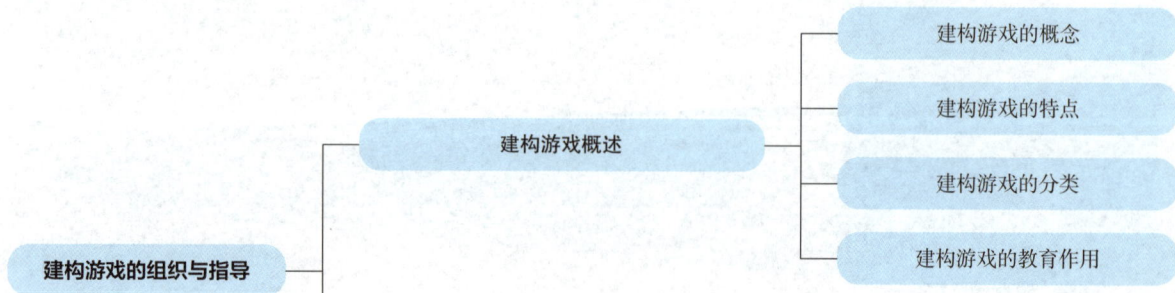

```
                                          ┌─ 建构游戏开始前的组织与指导
                  建构游戏的组织与指导 ──────┼─ 建构游戏过程中的组织与指导
                                          └─ 建构游戏结束后的组织与指导

                                          ┌─ 小班幼儿建构游戏的特点与指导
     不同年龄段幼儿建构游戏的特点与指导 ──────┼─ 中班幼儿建构游戏的特点与指导
                                          └─ 大班幼儿建构游戏的特点与指导
```

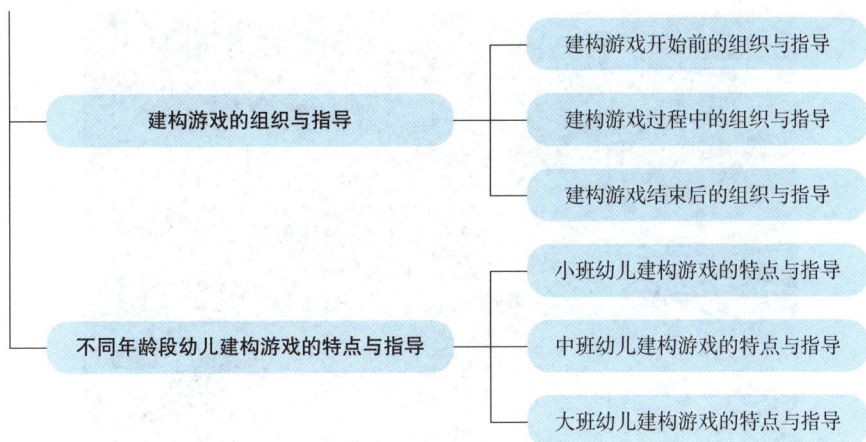

## 任务一　建构游戏概述

### ≫ 任务情境

在一所地处广东西部的幼儿园,幼儿用手中的积塑材料,搭建起极富粤西民俗特色、栩栩如生的飘色作品,他们骄傲地说:"这是我搭建的飘色!""这是我们做的八仙过海!"……之后还开展了飘色巡游活动。另一所幼儿园的幼儿则用积木和废旧材料建构着他们心目中家乡的模样。游乐园是幼儿最喜欢去的地方之一,他们也正用手中的建构材料再现着游乐园的场景……

思考:到底什么是建构游戏? 它有什么特点? 可以分为哪些种类? 又有什么作用? 让我们带着以上问题走进幼儿建构游戏的世界!

吴川飘色

### ≫ 任务要求

理解建构游戏的概念,掌握建构游戏的操作性、创造性、艺术性三个特点,了解建构游戏的基本分类,结合教材案例和自身见习经验思考建构游戏对幼儿发展的重要教育作用。

### 一、建构游戏的概念

建构是一个借自建筑学的词语,是对英文"tectonic"的中文翻译,原指建筑起一种构造,强调建造的过程,注重技术、结构、材料和表现形式等,也包含建立、健全和美化的意思。建构游戏,又叫结构游戏,是指幼儿利用各种建构材料或玩具构造物体形象、反映现实生活的一种游戏活动,是创造性游戏之一。常见的建构材料有积木、积塑、金属、沙石、水、土、雪等,还有瓶子、筷子、挂历、纸盒等废旧物品或半成品材料。

建构游戏是幼儿园众多游戏中幼儿最喜爱的游戏之一,幼儿用积木搭成大楼,用积塑插成手枪,用沙土筑成堤坝,在运用一系列建构技能搭建的过程中,幼儿发展了动作技能,提高了与同伴合作、协商的能力,学会了分享,并体验着成功与失败(图 2-1-1)。

图 2-1-1　大班建构游戏"我们的幼儿园"[1]

## 二、建构游戏的特点

### 1. 操作性

建构游戏的物质基础是丰富多样的材料,主要的活动方式是通过操作进行建构。在游戏开始前,材料本身是没有意义的,幼儿必须运用各种建构技能,通过直接的动手操作,才能把材料组合在一起,形成有意义的物体形象。例如,用形状不同的积木搭建出一座城堡,用雪花片拼插出一个小手镯。

*建构游戏的特点*

### 2. 创造性

建构游戏是幼儿创造性地发挥想象来反映周围现实生活环境的一种游戏方式。在游戏中,幼儿运用想象力和记忆力,依据头脑中的表象,利用各种不同的建构材料,按照自己的意愿,自主选择用什么材料、搭建什么物体,思考颜色如何搭配、布局如何进行,来搭建出各种自己喜欢的真实或想象的物体。例如,幼儿最喜爱的旋转木马、惊险刺激的摩天轮、好玩的滑梯、高挺耸立的建筑大厦……他们在建构游戏中模拟各种场景,体验各类社会角色,表达着自己对于世界的体验和想象,释放着创造的冲动和愿望,充分体现了他们对生活的创造性反映。

### 3. 艺术性

建构游戏的过程也是幼儿进行艺术创造的过程。在游戏中,幼儿就像一个真正的艺术家在工作,建构材料就是艺术表现与创造的媒介和材料,他需要运用物体的造型、色彩、比例、构图、布局等方面的艺术造型知识和技能,搭建出形象生动、布局合理、造型多变的物体形象,反映他们对周围生活的认识与感受以及对美的感悟与追求(图 2-1-2)。

图 2-1-2　大班建构游戏"吴川飘色"[2]

---

[1][2]　图片来自岭南师范学院幼儿园。

## 三、建构游戏的分类

1. 按建构的材料分类

（1）积木游戏

积木游戏是一种利用各种积木或其他代用品作为游戏材料进行的建构游戏(图2-1-3)，在幼儿园开展较早，使用也较为普遍。积木的式样很多，有大、中、小型积木以及主题积木等。

图2-1-3　积木游戏"城堡"①

图2-1-4　大班积塑作品《超级洒水车》②

（2）积塑游戏

积塑游戏是一种利用塑料制作的各种形状的片、块、粒、棒等部件，拼插、镶嵌成各种物体或建筑模型的游戏(图2-1-4)。积塑因其颜色鲜艳、造型多样、轻便耐用、使用灵活、便于消毒等特性，在幼儿园运用日渐广泛。

（3）金属构造游戏

金属构造游戏是一种以带孔眼的金属片为主要建造材料，用螺丝接合，建造成各种车辆及建筑物模型的游戏。这类游戏有一定难度，对幼儿的精细动作和手部力量要求较高，往往在中、大班才开展。

（4）拼棒游戏

拼棒游戏是用小棍、一次性筷子、塑料管或者用糖纸搓成棍作为游戏材料，拼接成各种造型的游戏。

（5）穿珠串线编织游戏

穿珠串线游戏是按一定规律(连续穿或交替穿、间隔穿)将线穿过大小、形状、颜色不同的小环、珠子、细管，从而组成合成不同物品，如手链、项链等。编织游戏是把细长的材料(绳、带子、纸条)交叉编织起来变成一个物体造型，如桌垫、花篮等。穿珠串线编织游戏在大班开展较多。

（6）废旧材料类游戏

废旧材料类游戏是利用挂历、纸箱纸盒、水管、矿泉水瓶、易拉罐、奶粉罐等废旧物品为材料而开展的建构游戏(图2-1-5)。无毒无害的废旧物品是一种未定型的建构材料，与定型的材料相比，不仅经济实惠、价廉物美，还能一物多用，而且更有利于幼儿创新思维和能力的培养。

---

① 图片来自东莞市寮步育珑湾幼儿园。
② 图片来自岭南师范学院幼儿园。

图 2-1-5 大班建构游戏"我们的家"①

（7）玩沙玩水游戏

沙、水是大自然随处可见的自然材料，玩沙玩水游戏没有固定的玩法和必然的造型，造型千变万化，可塑性强，能满足幼儿的想象和创造需求，是幼儿最喜欢的游戏之一（图 2-1-6）。

图 2-1-6 玩水游戏②

2. 按建构的形式分类

（1）自由建构游戏

自由建构游戏中，幼儿根据自己的兴趣和经验，自由自在地建构，在建构过程中可以随时改变自己的建构主题和计划。

（2）模拟建构游戏

模拟建构游戏中，幼儿根据范例、建构图纸、实物、图片进行物体形象的建构。

（3）主题建构游戏

主题建构游戏中，幼儿根据自己对周围生活环境的观察和各自的社会生活经验，围绕一定的主

———————————

①② 图片来自岭南师范学院幼儿园。

题，进行时间较长、规模较大、较复杂的建构游戏。

美国学者哈丽特·约翰逊认为，幼儿的建构游戏发展水平经历了七个阶段：

① 2岁之前，幼儿只是简单地啃咬、敲打积木，此时幼儿的行为完全不具建构意义，只是认识材料的物理特性；

② 2～3岁，积木搭建行为开始萌芽，出现延长、平铺、垒高三种典型行为，这一阶段幼儿喜欢把积木作为其他事物的象征；

③ 3岁左右，幼儿开始出现架空行为；

④ 2～4岁，幼儿会利用四块或以上的积木搭出一个封闭的空间；

⑤ 4岁开始，出现模式与对称的建构行为，此时幼儿并不会给作品命名；

⑥ 4～6岁，幼儿开始有意识地给作品命名，而且作品的逼真度提高；

⑦ 5岁以后，幼儿开始对建筑物进行模拟搭建，并与角色游戏相配合。

## 四、建构游戏的教育作用

建构游戏是幼儿按照自己的意愿构思、动手操作、建构造型的创造性活动，体现了幼儿对现实生活的主观想象和积极加工，对幼儿的身体发育、认知经验、审美能力、社会性发展有着十分重要的作用。

1. 促进幼儿的身体发育

建构游戏为幼儿提供了大量的感知运动机会，幼儿在搬运、取放、堆叠、拼插、搭建和平衡各种材料的过程中，可以增强大肌肉群和小肌肉群的运动技能，促进手眼协调能力，提高动作的准确性，为以后的握笔书写奠定坚实的基础。在户外开展的建构活动，可以使幼儿接触真实的大自然，呼吸新鲜的空气，增强环境适应能力，进而促进身体发育。

2. 丰富幼儿的认知经验

在建构活动中，幼儿通过认识建构材料，获得物体的大小、形状、重量、体积、触感等特性；通过操作材料，获得上下、前后、左右、内外、多少等空间概念和数量概念；通过探索保持物体平衡和稳定的方法，获得力的相互作用的感官印象；在收拾整理材料时，学会分门别类摆放的方法，感受整体和部分之间的关系。

3. 有助于幼儿审美能力的培养

建构游戏是一种创造性游戏，也是幼儿的一种艺术造型活动，幼儿在创造性地再现物体时，要考虑颜色、形状、大小、对称、比例等因素，努力体现对称、协调和美观的建构要求，这有助于幼儿审美能力的培养。

4. 促进幼儿的社会性发展

幼儿搭建物体需要不断重复、摸索、克服困难才能完成，这有助于培养幼儿做事认真、不怕困难、坚持到底的良好品质。而幼儿找到自己喜欢的玩法，搭建出自己满意的作品之后体会到的成就感，有利于幼儿自信心的建立和自我意识的发展。东西轻拿轻放、材料用完后归放原处、爱惜别人的劳动成果、学会合作协商等游戏规则的建立，有助于培养幼儿良好的行为习惯。幼儿在共同使用建构材料或共同搭建的过程中，学习着如何处理个体与集体的关系，学习如何与他人沟通协作，有利于其对社会规则的掌握以及分享、合作、协商、谦让、轮流等良好社会行为的养成。

## 任务二　建构游戏的组织与指导

### 任务情境

在一次晨谈活动中,一名幼儿分享了他跟妈妈去海滩游玩发现一座塔的故事,引起了其他幼儿对瞭望塔的兴趣和好奇。由此,保教人员开展了中班建构游戏"瞭望塔",让幼儿自由组合、自行设计、自主搭建类型多样的瞭望塔……

情境

瞭望塔

思考:建构游戏开始前,保教人员要如何创设游戏环境? 游戏进行过程中,要如何开展有效指导? 在游戏结束后,又应如何评价?

### 任务要求

了解建构游戏开始前、过程中、结束后各环节的组织指导要求,游戏开始前能根据幼儿年龄阶段创设适宜的游戏环境,分层次投放材料;游戏过程中能引导幼儿建立游戏规则,能把握建构游戏的观察重点、择机适时指导幼儿自主开展游戏;游戏结束后能组织幼儿有序收拾材料、科学评价游戏作品。

#### 一、建构游戏开始前的组织与指导

微课

建构游戏的组织
与指导

#### (一)指导幼儿观察生活,丰富幼儿的感性经验

幼儿的建构活动是在认知基础上对周围环境、物体的再现和创造,对周围生活中的物体和建筑有较细致的观察与了解,有丰富而深刻的印象,是开展建构游戏的基础。保教人员要注意丰富幼儿的生活经验,从日常生活中经常接触的、熟悉的物品入手,如幼儿的座椅、吃饭的桌子、睡觉的小床、活动场地上的跷跷板与滑滑梯、家庭中常见的电视机与家具等,引导幼儿注意观察物体的主要特征、建筑中的造型美,感知各部位的名称、形状、结构特征、组合关系与特点,教会幼儿观察的方法,培养幼儿仔细观察周围事物的习惯,让幼儿获得更多直接的感性经验。例如,可以利用午餐后散步的机会,让幼儿有目的地观察幼儿园周边房子的颜色、造型、高矮、排序等;观察房子门窗的位置关系,楼群间错落有致的位置关系。在确定建构主题后,通过参观、欣赏、收集资料、谈话、绘画等形式加深幼儿对建构内容的了解。还可以在班级建构区张贴相关主题的图片,让幼儿观察、交流。通过家园合作,引导家长在家庭生活、节日娱乐、外出旅游参观等活动中,多与幼儿交流、分享各种场景中观察到的不同物体和建筑物的结构特点。幼儿的生活经验积累越丰富,搭建的技能就越高,内容就越丰富,创造力也就越强。

#### (二)创设适宜的建构环境,按年龄分层次逐步投放材料

适宜的游戏环境,就如一位不说话的老师,能激发幼儿的积极思考,影响和调节幼儿的游戏行为,达到无声胜有声的效果。要实现这种潜移默化的教育效果,就要科学规划游戏场地,灵活划分区域空间,合理投放各类材料。

在场地选择方面,开展班级建构游戏的场地被称为建构区,有条件的幼儿园可以设置全园共用的建构游戏主题活动室和专门的户外建构区。与其他游戏相比,建构游戏中使用的材料会比较多,因此,班级建构区需要较大的、相对稳定的、不受打扰的空间,一般约占活动室三分之一的地面空间,要远离幼儿走动频繁的路线,防止幼儿来回走动碰倒建构作品。而且最好安排在和角色游戏区相邻的地方,因为幼儿完成建构后,往往会利用完成的建构作品玩角色扮演游戏。如果有条件的话,最好能铺设地垫或平整的地毯,降低积木掉落时产生的噪音,减小损耗。

可利用移动组合柜、材料柜、桌椅、地垫等物品将班级建构区进行区域分割,选择开放式的材料柜,便于存放各类材料。建构区的材料要丰富多样,既要有积木、积塑等成品材料,也要有小动物玩具、人偶、交通工具模型、各类废旧物品等辅助材料,丰富幼儿的游戏内容,激发幼儿兴趣。建构材料结构多样、数量较大,要根据材料的特点,提供适宜的整理箱、塑料筐等,方便幼儿分门别类收拾、整理材料。例如,中小型、块状材料适合存放在整理箱或塑料筐里(图 2-2-1);较大型管状材料可竖放在塑料圆桶内;户外建构材料可按类别摆放在户外专用材料柜中(图2-2-2)。建构区的墙面,可以布置提示游戏规则的照片、示意图,可以布置建构步骤图、建构作品图片、实物图片等,供幼儿观察模仿、学习建构技能,也可以成为展示幼儿建构作品图片的展示墙(图 2-2-3)。

图 2-2-1 室内建构区环境创设[①]

图 2-2-2 户外建构材料的摆放[②]

图 2-2-3 建构区墙面设计[③]

皮亚杰提出:"儿童的智慧源于材料。"环境材料是支撑游戏开展的条件,丰富多样的材料,不仅能激发幼儿的积极性,更重要的是能充分发挥幼儿的想象力和创造力。但材料的投放并不是越多越好,而是要紧紧跟随幼儿活动开展的需要,充分考虑幼儿的年龄特点、材料的目的性和层次性,使材料不断满足幼儿游戏发展的需要。建构区材料的投放,要考虑以下三点:

① 材料投放要遵循由简单到复杂、由具体到抽象的原则,逐步增加材料数量,逐步调整材料的难度,体现层次性,始终给幼儿提供搭建的挑战。

---

①③ 图片来自东莞市寮步育珑湾幼儿园。
② 图片来自岭南师范学院幼儿园。

② 要根据幼儿建构活动的发展,动态调整新旧材料、成品材料和辅助材料的投放比例。辅助材料过少,不利于幼儿创造力和想象力的培养。

③ 及时更换、补充建构材料。发现材料破损,要及时更换,但更换的频率不能过于频繁,因为会让幼儿过多关注搭建的材料,而不是更深入地去探索搭建技巧和知识。

材料的投放还要根据幼儿不同年龄的特点、兴趣,有针对性地选择、配备,使材料与游戏目标、幼儿发展的实际水平相匹配,表2-2-1是不同年龄班的材料投放说明。

表2-2-1　各年龄班建构材料的投放

| 年龄班 | 材料投放说明 |
| --- | --- |
| 小班 | 1. 投放色彩鲜艳、体积较大、形状简单、便于操作的材料<br>2. 材料的种类不宜多,但同一种类的材料要足够<br>3. 投放易拉罐、纸盒等辅助材料 |
| 中班 | 1. 投放种类多样、形态多变、有一定难度、需一定力度操作的材料<br>2. 材料种类增加,但每种材料的数量不宜太多,以发展幼儿的合作性<br>3. 适当增加辅助材料的种类,鼓励幼儿主动收集废旧物品作为辅助材料 |
| 大班 | 1. 投放精细的、有变化的、创作余地更大的结构材料<br>2. 适当投放不规则的材料,增加挑战性<br>3. 辅助材料要多样化,鼓励幼儿亲手制作辅助材料 |

### (三) 帮助幼儿认识建构材料,学习建构技能

幼儿掌握建构技能是开展建构游戏的必要条件,而建构技能水平的高低直接影响幼儿游戏内容的扩展和游戏水平。指导幼儿认识各类材料、学习建构的技能技巧、培养幼儿的结构造型能力,是提高幼儿建构游戏水平的关键。

首先,保教人员应引导幼儿逐步认识各种材料,如木质的、塑料的、金属的等,识别出不同材料在大小、形状、凹凸、颜色等方面的特征差异,了解它们的基本用途。其次,要引导幼儿学会积木的排列组合(平铺、延伸、叠高、架空、围合、盖顶、对称、加宽、加长、加高等),积塑的拼插、镶嵌(整体连接、端点连接、交叉连接、围合连接等),以及穿套、穿珠、编织、黏合、旋转等建构技能。技能的学习,宜采用幼儿喜闻乐见的形式,例如,可以用简笔画绘制围合、平铺、架空等技能示意图(图2-2-4),也可结合绘本学习设计游戏场景,将技能隐含于游戏当中。最后,要引导幼儿学会看范例、平面图纸或实物、实物图片进行模拟建构,帮助幼儿掌握物体结构分析技能,通过提供种类丰富、形状多变的建构材料,如Y形积木,激发幼儿的创造性建构兴趣与潜能。

图2-2-4　建构技能图示①

---

① 图片来自东莞市寮步育琅湾幼儿园。

**知识加油站**

### 幼儿模拟建构的四种方式

幼儿模拟建构的方式有四种：模拟范例、模拟建构图纸、模拟实物、模拟物体图片。

1. 模拟范例

目的是学习建构材料的结构技能，指导的重点是引导幼儿观察范例的建构元件和它们的连接方式。

2. 模拟建构图纸

目的是学会看平面、立体结构图，先观察图纸中的结构造型，然后将其转换为立体结构造型，指导的重点是引导幼儿将平面的结构用立体的材料再现。可以先给幼儿提供分解步骤图，也可在班级建构区墙面同时陈列同一建筑物的平面结构图和立体结构图(图2-2-5)，开展"猜猜我是谁？""它们一样吗？"等活动，激发幼儿观察、比较、思考的兴趣。

图2-2-5　建构图纸[①]

3. 模拟实物、玩具

实物、玩具一般只有形象的造型，缺少结构的展示，因此指导的重点是引导幼儿分析物体的形象特征和基本结构，并学会选择适当的材料来进行创造性建构。

4. 模拟物体图片

图片与实物、实物模型相比，真实性和立体感不足，可提供不同角度的图片、物体细节图片，帮助幼儿分析物体的形象特征，将平面造型转换为立体造型，并选择适当材料进行建构。

部分资料选自《幼儿游戏与指导》(董旭花　主编)

## 二、建构游戏过程中的组织与指导

### (一) 引导幼儿建立游戏规则，注重培养规则意识

游戏规则是幼儿自主、有序、有效开展游戏的保证，而建构游戏有一定的安全隐患，更有建立游戏规则的必要性。建立规则的根本目的是让幼儿更好地活动，终极目标是去规则化，让规则内化为

---

① 图片来自湛江澳格·城市美林幼儿园。

意识,成为幼儿的自觉行为。但任何良好行为的培养都不是一蹴而就的,需要保教人员耐心、细致地不断引导、纠正、提醒。明确基本规则在前,强化规则则贯穿游戏的全过程,只有坚持幼儿规则意识的培养,才能见成效。游戏开始前,保教人员应与幼儿一起探讨,确定最基本、共通的规则,例如,活动前要插牌入区,活动时要安静操作、不随便走动影响他人、要爱护材料,活动后要及时收拾材料等,保证游戏有良好的开端。在游戏过程中,幼儿常常会碰到"小朋友都想玩,地方不够怎么办?""你的积木用完了,想用别人面前的积木怎么办?""积木怎样才能收得又快又好?"等问题,这就为幼儿提供了非常好的亲身体验和理解游戏规则的机会,保教人员应及时引导幼儿思考并讨论建立什么样的规则,以及如何遵守规则,将规则的制订权交给幼儿,让幼儿在游戏过程中自然而然地体验规则、理解规则的意义和作用。游戏结束后的分享交流环节,可以引导孩子说一说用完的材料是否都放回了原位,哪一组材料收拾得最整齐等。基于游戏情境形成的规则,能够使幼儿对规则意义或必要性的理解更加透彻,有利于幼儿规则意识的培养。

经与幼儿共同商议、制订出来的规则,应包括进入积木区的规则、拿取积木的规则、搭建的规则、收拾整理的规则、社会交往的规则等方面的内容(表2-2-2),要用幼儿能看明白的语句或图画来表达,通过照片、示意图、各种符号等多元化的方式予以展现。另外,要把握好制订规则的节奏,不要一口气制订好所有的规则,应根据幼儿游戏的特点、遇到的问题、游戏的需要等分期分批制订,为幼儿留有足够的讨论和自主决策空间。

表2-2-2 积木区游戏规则层次表[①]

| 小班 | 中班 | 大班 |
| --- | --- | --- |
| 1. 能在教师的帮助下调节人数<br>2. 脱鞋进入活动区,并放在固定位置<br>3. 在固定位置搭建<br>4. 用小筐取放玩具材料,用多少取多少,不用的放回原处<br>5. 使用材料时能遵守先来先拿原则,不争抢<br>6. 轻拿轻放,不扔丢玩具<br>7. 学习正确使用材料,能用积木等材料搭建简单物品<br>8. 不干扰别人,注意不碰坏别人作品,不敲打玩具等<br>9. 及时结束游戏,能按时收放整齐<br>10. 游戏后,好的建构成果可以保留展示 | 1. 学习调节人数<br>2. 建构活动中用什么取什么,不用放回<br>3. 友好地同伙伴一起搭建<br>4. 掌握基本建构技能,能有目的、有主题地搭建<br>5. 学习使用辅助材料和替代物<br>6. 建构中尽量小心,不撞倒搭好的物体<br>7. 学习协调关系并自己想办法解决交往中的问题<br>8. 收放玩具材料方法正确,从上向下随取随收,不得推倒再收<br>9. 及时结束游戏,按形收放整齐<br>10. 保留建构作品,能讲述建构主题与过程 | 1. 能主动协商、调节人数<br>2. 推选组长,带领大家共商主题分工协作,共同建构<br>3. 用什么材料取什么,随时整理,场地上不得有散乱材料<br>4. 积木材料运用适当,能充分运用辅材进行综合搭建<br>5. 能有主题地搭建,注意在建构活动中反映个人生活经验,创造性表现<br>6. 会交往合作,用语言交流、协调行为共同完成搭建目的<br>7. 出现问题自己想办法解决,不告状,不依赖教师<br>8. 收放玩具方法正确,协作收放,动作迅速并收放整齐<br>9. 能完整地讲述活动内容与过程<br>10. 先构思主题再操作,有目的地进行造型活动,始终坚持主题,并不断丰富情节 |

注:幼儿所处的年龄段不同,游戏规则也要相应体现出要求的层次性变化。

### (二)准确把握观察重点,全面了解幼儿的游戏状态

观察是了解幼儿游戏行为和发展水平的重要途径,也是建构游戏指导的前提和基础。保教人员应根据建构游戏的特点,在幼儿的游戏过程中把握重点,开展有针对性的观察。

1. 保教人员要"自我审视"建构游戏环境的创设是否适宜

① 场地安排——位置是否合适? 面积是否拥挤? 是否与角色扮演区相邻?

① 丁海东. 学前游戏论[M]. 济南:山东人民出版社,2001.

②　材料投放——材料的种类和数量是否充足？哪些材料用得最多？是否有辅助材料？种类和数量是否足够？

③　游戏时间——时间是否足够？

2. 在观察幼儿的建构游戏时，还应把握以下观察重点

①　幼儿的兴趣态度——情绪是否愉悦？是否积极参与游戏？是否专注于游戏？是否有游戏的成就感和满足感？

②　幼儿的建构目的——目的是否明确，是先搭建再命名还是先计划再搭建？能否坚持搭建完一个作品？

③　幼儿的建构主题——主题是否明确？主题是由保教人员指定，还是幼儿自主确定？幼儿喜欢哪些主题？主题与幼儿已有经验的关系如何？

④　幼儿的建构技能——使用了哪些技能？能否综合运用各种技能？

⑤　幼儿的建构材料——用什么材料建构？用了哪些材料？能否自主选择适合的材料？能否综合运用各种材料？是否使用辅助材料表现建构细节？是否爱护材料？能否主动收拾整理材料？

⑥　幼儿的建构方式——是自由建构、模拟建构，还是主题建构？

⑦　幼儿的建构水平——作品形态是否逼真、形象、美观？造型的对称性、稳定性如何？结构是否牢固？是否符合审美？造型如何？

⑧　幼儿的社会交往——是平行游戏、联合游戏，还是合作游戏？能否遵守游戏规则？是否主动与同伴交流合作？

在观察过程中，保教人员不仅仅是用眼睛"看"，更重要的是用脑袋去"思考"，思考"是什么""为什么""怎么办"等问题。例如，小班老师发现一名幼儿在玩插塑玩具时，将插片撒得满桌都是，她没有急于批评幼儿，而是选择继续观察，随后发现幼儿将拼插好的"小鸭子"放在桌面上来来回回地移动，原来幼儿是把蓝色的插片撒在桌子上当作水，让"小鸭子"游泳。通过重点观察幼儿的游戏兴趣、态度、游戏过程和社会性发展状况，剖析各种现象背后隐藏的真实原因，反思师幼关系、游戏规则、材料提供、老师指导等方面的问题，有助于全面了解幼儿的游戏状态，为下一阶段的介入指导提供依据。

### （三）择机适时介入指导，支持引领幼儿的游戏发展

介入游戏的时机是保教人员有效指导幼儿游戏的关键因素，而时机的把握不是一件简单的事情，如果保教人员的介入是通过观察，在顺应幼儿游戏意愿的前提下支持并推进了幼儿游戏的发展，那么就是"正效介入"（图 2 - 2 - 6）。如果保教人员的介入干扰和转移了幼儿自己的游戏，使幼儿的行为变得被动而无趣，那么这个介入就是"负效介入"。

图 2 - 2 - 6　教师介入大班建构游戏"我们的幼儿园"①

---

①　图片来自岭南师范学院幼儿园。

1. 保教人员需要介入建构游戏指导的情况

① 当幼儿长时间游离于建构游戏之外时。

② 当幼儿一再重复原来的建构行为,长期没有变化时。

③ 当幼儿在搭建过程中出现困难(包括技能、材料、交往合作等),向老师发出求助信号或出现沮丧情绪、想要放弃活动时。

④ 当幼儿严重违反游戏规则、出现负面行为时。

⑤ 当幼儿之间产生冲突,出现过激行为时。

⑥ 当因人群拥挤或使用材料、工具而产生不安全因素时。

但是,当幼儿只是暂时遇到建构技能的困难,或是偶尔使用自己的建构作品玩耍而游离游戏,或只是一时不知如何继续而停顿观望,或是在延伸、扩展游戏内容时遇到困难,保教人员要暂缓介入,缓一缓、停一停、看一看,给予幼儿足够的调整、思考时间,而不是盲目介入。例如,如果幼儿在搭建过程中出现停顿行为,只是在思考下一步该如何搭建,老师应选择在旁边继续观察。

2. 介入的方法

在仔细观察幼儿游戏过程的基础上,保教人员要及时发现并准确判断介入指导的时机,选择灵活多样的指导方式,帮助幼儿顺利完成作品,可以采用的方法大致分为以下四种。

(1)平行介入法

保教人员在幼儿旁边,用与幼儿相同或不同的材料进行游戏,目的是吸引幼儿的注意,引发幼儿的主动模仿,提高幼儿的游戏技能。当幼儿对保教人员新提供的材料不感兴趣或者不会玩、不喜欢玩、只会一种玩法时,保教人员可在旁边用新材料搭建若干造型,吸引幼儿注意。当发现幼儿反复在进行长条搭建时,保教人员可以在一旁默默地搭建一个圆,引导幼儿学习围合的技能。当发现幼儿因努力多次都找不到问题所在而出现明显情绪波动时,保教人员也宜用平行介入方式进行指导。例如,一个男孩用积木搭"高楼"的时候,把小块积木放在下面、大块积木放在上面,"高楼"总是搭不高、站不稳。男孩尝试很多次以后,开始焦躁起来。保教人员坐在他身旁,也拿来一堆积木搭"高楼",一边搭一边自言自语:"我把大积木放在下面,小积木放在上面,这样,我的高楼就搭得高了。"男孩看了一会,重新盖起了"高楼",这一次他把大积木放在了下面。

(2)直接介入法

在幼儿遇到困难求助、发生纠纷不能解决或环境中出现不安全因素时,保教人员应介入幼儿的游戏进行直接的干预。例如,桐桐不小心碰坏了小朋友们搭建了很长时间的大城堡,小朋友们一时很生气,开始埋怨、指责桐桐。保教人员看到后,马上说:"是不是地震了?有没有人受伤?我们赶快抢救伤员,把城堡修好吧!要不晚上就没地方住了!"小朋友们一听,又重新投入到抢救伤员、重建城堡的新游戏当中。保教人员及时介入,利用语言转移幼儿的注意力,巧妙化解了一次即将发生的冲突。

(3)角色介入法

角色介入法,即保教人员扮演一个适宜的角色加入幼儿的游戏,并与幼儿进行角色间的互动,从而了解幼儿的想法、指导幼儿的游戏。例如,在中班,阳阳一个人在建构区用一次性杯子和纸板在搭建,保教人员观察了半天,发现他是在搭建桥梁,用纸杯做桥墩,把纸板铺在上面做桥面。阳阳搭建好后看了一下,正准备推翻重建,保教人员拿着辆小汽车走过去,对阳阳说:"我想把小汽车开上你的桥,可以吗?"阳阳同意了,保教人员打开电动小汽车的电源,打算让小汽车在桥面上开一段,结果刚一开动,桥面就塌了。"阳阳,你搭的桥不太牢固呀,太危险了,是不是要想办法把桥加固一下?"阳阳说:"这很简单,多放几个纸杯做桥墩,桥就不会塌了。"于是阳阳开始给桥下加纸杯……在游戏中,保教人员以汽车驾驶者的身份介入指导,打破了幼儿建构活动的简单重复,促使幼儿主动思考,优化了建构技能。

（4）材料支持法

当幼儿现有的经验或者水平无法解决当前问题时，保教人员可通过提供一定材料的方式来支持幼儿的游戏，帮助幼儿顺利解决问题，引导幼儿扩展游戏情节，丰富幼儿游戏经验。例如，由于幼儿的空间感知能力有限，他们搭建的美食店、餐厅往往因面积太小，导致后面的角色扮演没有足够的空间，保教人员可在环境中增加一张可随意调整大小的大纸张，启发幼儿通过"同伴站位"的方式来确定纸张大小，再沿着纸张外围来进行搭建。又如，小班幼儿在看完动画片《喜羊羊和灰太狼》后，产生了搭建羊村和狼堡的强烈想法，保教人员可适时投放喜羊羊和灰太狼玩偶，提供一些树枝做的栅栏和各种式样的屋顶，满足幼儿从搭建一般的小动物房子到探索搭建特别的羊村和狼堡的愿望，丰富幼儿的游戏内容。

在建构游戏中，保教人员应该成为幼儿游戏的支持者、引导者。介入幼儿游戏时，应融合多种形式，发挥互补优势，做到观察和分析在先，介入和指导在后；灵活选用不同方法，充分发挥幼儿的自主性、创造性，有效提升幼儿游戏水平，使幼儿获得游戏体验、实现游戏目的。

## 三、建构游戏结束后的组织与指导

### （一）引导幼儿有序结束游戏，慎重对待幼儿作品

幼儿从专注的游戏状态到结束游戏，需要有一定的心理缓冲期。因此，保教人员不能以命令的方式要求幼儿立即停止游戏，可以采用以下方式引导幼儿有序结束建构活动。

① 音乐提醒：固定播放一段节奏轻快的音乐提醒幼儿——游戏时间到了！

② 语言提醒：用类似"离今天的游戏结束时间还有 10 分钟""我们还有 10 分钟就要收拾了""你还有 5 分钟时间把××完成"的语言提醒幼儿游戏的结束时间。

③ 沙漏、计时器提醒：大班幼儿已有一定时间观念，可以在建构区放置沙漏、计时器，让幼儿自主把控游戏时间。

如果个别幼儿一直专注于搭建活动，在不影响全班下一环节活动开展的前提下，也可以允许他们继续搭建。这体现了对幼儿工作的尊重，也让幼儿明白，每个人都可以在必要时提出合理的要求，有利于幼儿自我意识的建立。

对于幼儿建构活动的物质成果——幼儿的作品，保教人员不能"一刀切"地要求全部拆除，要慎重地区别对待。对于强烈要求保留作品的幼儿，保教人员可和幼儿共同商讨解决办法，了解幼儿的真实想法和意见。如果空间许可，可将好的作品在活动室的展示区展示一段时间再拆除，让幼儿互相借鉴；实在无法保留的，可建议幼儿与作品合影或画出来。保教人员要有意识地将幼儿的建构作品拍成照片，装订成册，与幼儿定期分享，让幼儿感受自己的建构历程，满足幼儿的成就感。

### （二）指导幼儿正确有序地收拾整理材料，培养良好生活习惯

建构游戏要用到的材料种类多、数量大，所以，游戏结束后的材料收拾整理对幼儿来说是一项不小的挑战。引导得当的收拾整理活动，既可以成为一项快乐的游戏活动，也可以成为幼儿了解数概念、练习分类排序技能的学习机会，还可以培养幼儿的责任感和做事认真仔细、有始有终的态度，以及井然有序的生活习惯。

为了方便幼儿的收拾整理，保教人员应将各类建构材料（含配件）放在对应的材料架上，每一个存放材料的整理箱或塑料筐上都应标有简单易懂的标签，根据小、中、大不同年龄段幼儿的认知特点，采用实物照片、卡通图片、图例等不同层次的标签来帮助幼儿确认每样材料应摆放的位置，让收拾材料成为一种分类和配对的游戏，而不仅仅是在参与下一个活动前必须完成的一项工作（图 2－2－7）。对于小班幼儿，材料的收拾整理可通过游戏化的方式来进行，例如，用游戏的口吻对幼儿说："看看

谁最快找到正方形，并把它放回对应的篮子里？""我们先让红色的积木回家吧！"也可以开展"找相同"的游戏，给每个幼儿一张"票"，要求幼儿把和票上相同形状的东西收起来。对于中、大班的幼儿，则可采取分小组合作、提供手推车等方法激励幼儿提高收拾的效率。另外，还需注意的是，不要把材料的收拾整理变为幼儿违反游戏规则的惩罚手段。

图 2-2-7　幼儿在收拾整理材料①

### （三）组织幼儿开展作品的展示、欣赏和评价活动，提升幼儿游戏水平

每个幼儿在游戏过程中参与游戏的体验不同、经验不同，解决实际问题的能力也不同，游戏结束之后，引导幼儿开展建构作品的展示、欣赏和评价活动，可以成为师幼之间、幼儿之间交流经验、相互学习、分享快乐，进而提升游戏水平的过程（图 2-2-8）。

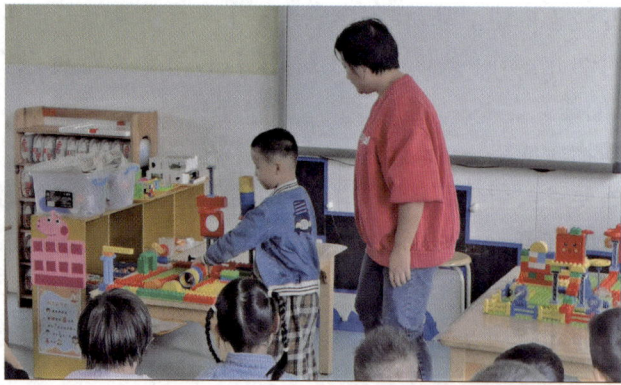

图 2-2-8　大班建构游戏"游乐园滑梯"②

（1）作品的展示与欣赏

可以先集体欣赏幼儿的作品，再请幼儿逐一介绍自己的作品。如果是小组分工合作的，则可让幼儿自主推出一位代表进行介绍，内容可以包括作品的名称、特点、搭建时的分工等。

（2）作品的评价

保教人员可引导幼儿使用描述性的语言评价作品，主要包括作品的数量、颜色、形状、高矮、大小、位置、特点、感受等。可启发幼儿使用"作品使用了哪些积木？积木摆设的位置是怎样的？用了

①② 图片来自岭南师范学院幼儿园。

多少积木？这些积木是如何连接的？它们是如何保持平衡的？作品有什么特别的地方？我觉得……"等句式来描述自己看到的、感受到的信息。同时,保教人员在比较幼儿之间的作品时,不要轻易做出好坏的判断,而应更多地分析作品的差别之处。例如,"乐乐搭的是双层的桥,小钦搭的是单层斜拉桥;乐乐的桥是用雪花片拼插的,小钦用的材料是积木,桥面上还用圆柱体做了路灯……"。

保教人员还可引导幼儿分享有益有效的游戏经验,帮助幼儿提炼出有用的经验,提高幼儿解决问题的能力,拓宽幼儿思路,提升幼儿游戏水平,也让幼儿对下一次的游戏充满期待。例如,"晓晓,一开始搭滑梯的时候,你是用一块长长的盖板搭在空心积木上作滑梯,可是盖板不太稳,老是滑下来,你后面是怎么解决这个问题的?""今天,丽丽这一组收拾积木,又快又整齐,你们是怎么做到的呢?",鼓励幼儿主动提出自己在搭建过程中遇到的问题,集体讨论解决的办法。还可以启发幼儿讨论:"对下一次的游戏你有什么好建议?""需要增加哪些材料?""如果需要使用的大型空心积木数量不够,怎么办?"

## 任务三　不同年龄段幼儿建构游戏的特点与指导

### 任务情境

小班幼儿在开展"建构数字1、2、3"的建构游戏,他们选择直管、弯管等适合的材料各自建构数字1、2、3……中班幼儿在开展建构游戏"我们的城堡",他们开始有了分工,一起合作垒起了城墙、堆起了城楼,但有时也会争抢材料……在大班建构游戏"我们的幼儿园"中,幼儿设计建构图纸,分组合作,共同搭建他们心目中的幼儿园,其中有幼儿园各类活动场所、大型滑梯,还有水上乐园、游泳池……

思考:在以上小、中、大班幼儿建构游戏的场景片段中,是否充分感受到了不同年龄段幼儿建构游戏的特点?

本任务的重点就是在了解不同年龄段幼儿建构游戏特点的基础上,学习如何采用不同的指导策略,以促进幼儿建构游戏水平的创造性发展。

情境

建构数字1、2、3

### 任务要求

掌握小、中、大班不同年龄段建构游戏的主要特点,能运用相关知识分析幼儿建构游戏开展过程中的各种现象,并提出对应的指导建议。

### 一、小班幼儿建构游戏的特点与指导

微课

#### (一) 小班幼儿建构游戏的特点

**1. 建构形式以独自游戏、平行游戏为主**

小班幼儿看似在一块玩,但仍是单独做游戏,各玩各的,彼此没有交流。即使他们偶尔觉察到其他幼儿的存在,也只是张望一下,紧接着又会把注意力集中到自己的动作上。

**2. 建构内容较简单,缺乏明确的目的和主题**

小班幼儿受生活经验和认知能力所限,建构的内容通常是他们在日常生活中经常接触到的、熟

不同年龄段幼儿建构游戏的特点

悉的物品,如就餐用的桌椅、睡觉用的小床,造型简单的沙发、电视机,大自然中常见的太阳、大树、花朵,还有马路、公交车、飞机、房子等。同时,小班幼儿的建构活动往往没有明确的意向,不会事先构思要建构什么,只是无目的地摆弄建构材料。只有当有人问他"搭的是什么"时,他才会注意并思考"这是什么"的问题,然后根据自己的想象对搭建的物体加以命名。而且常常会更换建构作品的名称,或是等建构完成后再根据建构物的某一外部特征来给作品命名,但他们一般不能明确解释作品细节。

3. 建构技能较简单,以平铺、延伸、叠高为主

小班幼儿能用平铺、叠高、延伸、加宽、盖顶等基本技能构建造型简单的物体形象,对搭建的动作与过程比较感兴趣,常常把建构材料堆起叠高,然后推倒,再叠高再推倒,不断重复,乐此不疲。

4. 建构过程易中断,坚持性差

小班幼儿的无意注意占明显优势,新奇以及活动着的刺激物都能引起他们的注意,但不是很稳定,他们易受外界因素的影响而改变原来的活动,保持个人游戏目的的时间平均只有 5～10 分钟。很多幼儿在搭建一个物体时,常常会停下手上动作,转而注意其他人或物,或者和其他小朋友边聊天边搭建。有些幼儿的行为易受到周围同伴的影响,看到别人做什么,自己也要做什么。例如,一名幼儿正在搭建一座"大桥",当他看到其他幼儿在搭建"城堡"时,他的注意力便立马转到"城堡",于是又去搭"城堡"了。

### (二)小班幼儿建构游戏的指导

1. 认识建构材料,学习初步的建构技能

保教人员要引导幼儿认识建构材料,能叫出积木、积塑片等的名称。例如,了解各类材料的大小、颜色、形状、粗细等,学习平铺、延伸、叠高、围合、盖顶、加宽、加高等基本的建构技能。应多以游戏的口吻边示范边讲解,以引起幼儿模仿建造的兴趣,鼓励幼儿慢慢过渡到独立地搭建各种形状简单、特征明显的物体,如桌子、椅子、床、汽车等。小班幼儿的技能学习,还可充分利用绘本故事中丰富的建筑因素,设计游戏场景,将技能学习巧妙隐含于游戏之中,如适合小班阅读的绘本《三只小猪盖房子》《小鲤鱼跳龙门》中,去兔奶奶家必经的小路、三只小猪要建造的房子、小鲤鱼渴望跳过的龙门,正是幼儿学习、运用平铺、围合、架空等技能的好时机。同时,小班幼儿喜欢模仿,保教人员可以考虑提供作品范例,在幼儿面前展示搭建好的作品,或者把作品、建筑的照片粘贴到墙上,给幼儿模仿的机会;还可以组织幼儿参观中、大班幼儿的建构活动,激发他们对建构活动的兴趣。

2. 逐步明确建构目的,稳定建构主题

由于小班幼儿建构的目的不明确,保教人员要经常有意识地让幼儿说出已搭建物体的名称,帮助他们稳定并实现主题。例如,当幼儿停止建构、茫然四顾时,保教人员可以问幼儿:"××在搭什么?""××,你想搭什么呀?"如果幼儿说出了要搭建的物体,应鼓励幼儿尽快搭建;如果幼儿无法说出,可以根据其当时搭建的形象给予建议:"你是在给小猪盖房子吗? 小猪又肥又大,房子可要盖得大一点,要不小猪就住不下了。"而当幼儿长时间在原有经验上打转、处在建构瓶颈期时,保教人员可以采取平行介入的方法引导幼儿,适时地在旁边搭建适宜小班幼儿的"小房子""马路"等建构主题。作品完成后,保教人员可以提问的方式引导幼儿描述自己的作品,让幼儿感知自己作品的名字、用途等。

3. 提供足够材料,确保人手一份

保教人员要为幼儿安排足够宽敞的游戏场地,提供简单、鲜艳、易拼插的建构材料。同时,小班幼儿以独自游戏和平行游戏为主,因此,投放材料时,种类不宜过多,但数量要足够,保证幼儿人人有份,防止幼儿因争抢玩具而产生消极行为。可以适当提供动物模型、人偶模型、玩具小汽车等辅助材料,用生动有趣的辅助材料引发幼儿的搭建兴趣。

4. 建立简单的游戏规则

小班幼儿喜欢把建构材料叠高后再推倒并不断地重复操作，从中体会乐趣。因此，保教人员要引导幼儿建立建构游戏的简单规则，学习整理和保管玩具的简单方法，如轻拿轻放、不乱扔等，以及分门别类收拾整理材料的方法，让幼儿参与整理玩具，培养爱护玩具的习惯。

## 二、中班幼儿建构游戏的特点与指导

### （一）中班幼儿建构游戏的特点

**1. 建构形式以联合游戏为主，愿意与同伴交流**

中班幼儿已具备一定的建构技能和经验，有了初步的合作搭建意识和初步的分工。例如，大家一起玩雪花片，一起搭动物园的大门，会一起谈论共同的活动，时常会出现借还建构材料的行为，并通过彼此评价来相互交流，能独立地整理玩具，逐渐达到联合游戏的发展水平，但关注点仍是自己的建构作品。同时，中班幼儿无意注意已进一步发展，注意范围扩大且比较稳定，对于感兴趣的事情可以保持长时间的注意，所以建构过程的坚持性有所增强，多数幼儿能做到把一个物体搭建完成后再去开始另一项活动。

**2. 建构有主题，但单一易变化**

与小班幼儿相比，中班幼儿的生活经验更丰富、视野更开阔、建构的内容更加多样化，从各种可爱的小动物到各类单一主题的建筑物（如塔、桥、高楼、各式房子、迷宫、街道等）以及机器人、滑梯、较复杂的交通工具等，都成为了幼儿建构的对象。同时，中班幼儿开始利用建构物进行象征性游戏，开始出现有意识地给建筑物命名的倾向，往往在建构前就已宣布自己建构物体的名称。这表明幼儿不但对动作过程感兴趣，也开始关注建构的成果，建构的目的性在逐步提高。不过，虽有简单的建构计划，但主题较单一，并容易受到同伴和他人的影响而改变主题。例如，一个幼儿在搭建公园，另一个幼儿问："你的公园怎么没有停车场？"这个幼儿就会开始搭建停车场。这时，又有一个幼儿跑过来问："你的公园大门在哪？"幼儿又会放下停车场的搭建，开始动手搭建公园大门。

**3. 建构技能以架空为主，由单一的延展向整体布局过渡**

中班幼儿能根据物体的外形特征选择材料，如用圆形积木做汽车的车轮，建构技能主要以"架空"为主，能运用排列、组合、架空、拼插、镶嵌、模式等技能建构稍复杂的物体形象，如运用架空技能搭建城堡大门、大桥，运用拼插、镶嵌等技能搭建台阶、滑梯、长城等。在中班后期，"模式"技能开始出现，标志着幼儿对事物之间关系（相同或相似）的发现，比如颜色模式，在搭建过程中按颜色规律排列。在这一阶段，幼儿开始注意对建构物体的平衡、对称装饰，建构水平由单一的延展向整体布局过渡。

### （二）中班幼儿建构游戏的指导

**1. 设法丰富幼儿的生活经验，增加"建筑印象"**

保教人员应充分利用一日生活的各个环节和近期的社会热点事件，想方设法丰富幼儿的生活经验，进一步提升幼儿对身边事物的认识以及经验。例如奥运会期间，幼儿对各种比赛的场馆产生了深厚的兴趣，保教人员可以利用谈话活动带领幼儿认识历届奥运会的比赛场馆，如北京奥运会的"鸟巢""水立方"以及伦敦奥运会的"碗"等，以丰富幼儿关于周围物体和建筑物的经验，为建构活动积累足够的感官印象。

**2. 帮助幼儿掌握和巩固建构技能，学会看结构图**

保教人员引导幼儿学会选择高低、宽窄、厚薄、长短不一的材料，采用示范、讲解、建议、启发等多种方法,帮助幼儿更加深入了解建构技能,认识高低、宽窄、厚薄、轻重、长短、前后等空间方位,运用架空、排列、组合、拼插、镶嵌、模式等技能,建构不同的、较复杂的物体,如搭高楼、架大桥、建滑梯等。同时,中班幼儿对模仿建构会表现出极大的兴趣,保教人员可尝试提供作品构造图,引导幼儿学习看图纸搭建,并可在建构区提供一定数量的、适合该年龄段幼儿搭建的图册供幼儿自主选择。

3. 提供丰富的材料,引导幼儿独立建构

保教人员应在小班原有材料的基础上,适当增加各种神态的人偶、小动物玩具、假花假树(小型)、交通工具模型、橡皮泥等辅助材料,提供废旧物品,如可制作灯柱、栏杆、车轮、房顶、烟囱的一次性杯子、果奶瓶、化妆品纸盒、瓶盖等,还可以让幼儿参与纸棍塑料、绳线、塑料管、冰棒棍等材料的收集和制作。丰富多样的材料,可激励幼儿有目的、有计划、有顺序地进行独立建构。在游戏中,保教人员要细致观察幼儿的兴趣与需要,创设有利于幼儿自由自主探索的氛围,鼓励幼儿大胆尝试,不要过多地以保教人员自己的意志进行干预,以促进幼儿独立建构能力的发展。

4. 鼓励幼儿开展合作建构,学会协商

保教人员应鼓励幼儿学习与同伴合作,可以采用小团体活动的形式,人数以3～4人为宜,引导幼儿共同讨论、分工合作,共同完成一个物体的搭建。例如,3名幼儿合作搭建马路,经过协商,3个人进行了分工,分别负责马路、红绿灯、路灯的搭建。在游戏中,当幼儿与同伴发生矛盾或冲突时,应指导幼儿尝试以协商、交换、替代、轮流玩、合作等方式解决冲突。

## 三、大班幼儿建构游戏的特点与指导

### (一) 大班幼儿建构游戏的特点

1. 建构形式以合作游戏为主,合作意识明显增强

大班幼儿能共同商议一定的设想和规划,并进行分工,能合作选取丰富多样的材料,能一起商量解决在游戏中遇到的问题,合作意识明显增强,这表明大班幼儿已达到合作游戏的发展水平(图2-3-1)。例如幼儿在阅读绘本《铁轨铁轨连起来》之后,通过分工、合作,共同完成了铁轨的对接,建构了高架桥、隧道、火车站等,解决了绘本角色遇到的每一个困难,并体验了"开火车"的游戏乐趣……

图2-3-1 大班幼儿合作建构"我心目中的城市"①

---

① 图片来自岭南师范学院幼儿园。

2. 建构主题较丰富，能根据情景需要不断生发新的活动主题

随着生活经验进一步拓展、社会化水平进一步提升，与中班幼儿相比，大班幼儿的建构内容更为复杂、开放，主题更多样化，基本上能想到的都愿意积极尝试。例如天安门、长城、鸟巢、水立方、城堡、火车站、飞机场、纵横交错的立交桥、我心中的小学、圆形的房子、图书馆、超级市场等，都是幼儿极感兴趣的建构主题。同时，幼儿通过经典绘本的阅读，视野更加开阔，而绘本中蕴含的丰富建构因素常常让幼儿迸发出极大的热情，期待建构出绘本情节中角色所需要的各种场景。所以，大班幼儿能够为了角色游戏的需要搭建出有场景、有情节、立体化的大型建筑群。

3. 建构目的明确、计划性较强

大班幼儿建构的目的性、计划性和持久性增强，能预先设定主题、规划游戏思路，并围绕主题进行情节复杂、内容多样、持续时间较长的游戏。由于有了和同伴一起共同游戏的愿望，在游戏开始前有明确的目的，幼儿事先会进行游戏任务的分工，会克服困难完成游戏任务，追求游戏的结果。例如，幼儿商量一起搭建一个游乐园，即使有的幼儿想搭建高楼，他们也会遵从游戏分工完成用小插片搭建游乐园的任务。

4. 建构技能日趋成熟

大班幼儿能综合运用排列、组合、拼插、编织、黏合、旋转等各种建构技能搭建较复杂、匀称、精细的物体形象，特别是编织、黏合技能的掌握，帮助幼儿使用辅助材料来装饰、美化物体，从而使他们搭建出来的物体比中、小班幼儿更加精细、整齐、匀称，结构也更加复杂和富有创造性，体现出建构水平的进一步提升。大班后期，幼儿能搭建出有场景、有情节，同时又讲究对称和平衡的立体作品。

### （二）大班幼儿建构游戏的指导

1. 丰富幼儿建构技能，提升独立建构的水平

保教人员应多采用语言提示的方法指导幼儿学习转向、穿过、平式连接和交叉连接、编织、黏合等更复杂的新技能，运用整齐对称、平衡构造的整体布局方法，搭建复杂的三维物体，如立交桥、拱形门，并能使用辅助材料来装饰、美化物体。例如，在公园里搭建相呼应的前门和后门，在住宅区里搭建左右对称的凉亭，路边的花草错落有致分布等。要引导幼儿根据实物、实物图片开展模拟建构，学会察看从平面到立体、从立体到平面的建构图，鼓励他们在搭建前设计建构图，提升独立建构的水平。

2. 提供多样化的辅材，提高幼儿表现物体细节特征的能力

大班幼儿生活经验丰富，想象力、创造力不断发展，更多关注建构行为本身，对"逼真性"的要求很高，试图搭建得"很像"，所以，对材料的要求也越来越高。保教人员要相信幼儿的能力，给幼儿提供足够的探索空间和材料，激发幼儿的建构灵感，满足幼儿不同的需要。所以，建构区的材料要种类多样、形态多元，如增加各类外观不一的小汽车、多个不同年龄段的人偶等，鼓励幼儿利用纸盒、杯子、易拉罐、薯片桶等废旧材料自制花坛、树木、红绿灯、路灯、交通标志物等辅助装饰材料，使幼儿可以根据建构主题选择能表现事物细节特征的材料，搭建出更加丰富、立体化的物体。

3. 鼓励幼儿合作开展大型的建构游戏，激发幼儿的创造性建构意识

大班幼儿已达到合作游戏的发展水平，喜欢接受挑战，因此，保教人员应鼓励他们开展参加人数多、持续时间长的大型建构活动，指导幼儿通过协商确定主题，商量建构的步骤及方法，确定建构的规则，并明确各自分工，开展合作搭建（图 2 - 3 - 2）。要提供富有挑战性的内容，投放富有特色的建筑物书籍、图片和各类经典绘本，鼓励幼儿进行挑战，搭建出有一定主题和情节、结构复杂、装饰精巧的建筑群。例如，让幼儿根据绘本《兔子先生去散步》主题情节的发展，搭建美丽的森林、漂亮

图2-3-2　大班幼儿合作进行建构游戏"游乐园滑梯"[1]

的房子、小桥及各种各样的标志等,有了生动的故事作为依托,幼儿的兴趣往往会更加浓厚,并有助于其搭建出结构更为复杂的建筑群。

同时,保教人员要想方设法激发幼儿的建构动力,增添建构的趣味性,支持并鼓励幼儿的创造性建构。例如,一所幼儿园大A班的老师利用绘本《麦吉受伤了》开展主题建构活动,要求幼儿根据故事情节,以两人一组的团队合作方式选择自己喜欢的交通工具进行搭建,最终利用建构的作品以接力的方式送受伤的麦吉去医院。在活动中,保教人员把建构造型的主动权交给幼儿自己,根据故事情节,他们想要利用什么交通工具送麦吉去就医,就可以建构什么作品,充分发挥他们的想象力和创造力。最终的建构作品让老师们大为惊叹,有的小组选择搭建巴士和拖拉机;有的小组选择搭建卡车和飞机;还有的小组奇思妙想、脑洞大开,基于绘本情节又超越绘本内容,他们选择以自己心中速度最快的工具飞机加火箭的组合接力方式送麦吉就医。幼儿的建构热情被激发,这种大胆创意值得鼓励,且比很多符合常规但无趣的建构任务有意义得多。[2]

**4. 互评和自评相结合,提升幼儿评价水平**

大班幼儿的自我意识和社会性进一步发展,因此,建构活动结束后,保教人员要重视评价建构成果活动的组织。应引导幼儿学会欣赏自己和同伴的作品,逐渐发展自我评价与评价他人的能力,可以互评和自评相结合;鼓励幼儿独立、主动地发表意见,让幼儿学会总结和反思,建立语言表达自信,拓展建构经验。

## ▶▶ 模块小结

建构游戏,是一种创造性游戏,也是幼儿最喜爱的游戏之一,是指幼儿利用各种建构材料或玩具构造物体形象、反映现实生活的游戏活动。它具有操作性、创造性、艺术性等特点,按建构的材料分类,分为积木游戏、积塑游戏、金属构造游戏、拼棒游戏、穿珠串线编织游戏、废旧材料类游戏、玩沙玩水游戏七种;按建构的形式分类,分为自由建构游戏、模拟建构游戏和主题建构游戏。建构游戏有助于促进幼儿的身体发育、丰富幼儿的认知经验以及促进幼儿审美能力的培养和社会性发展。

在建构游戏开始前,保教人员要指导幼儿观察生活、认识建构材料,丰富幼儿的感性经验,引导幼儿学习建构技能,并创设适宜的游戏环境。在建构游戏开展过程中,保教人员要注重幼儿规则意识的培养,能把握观察重点、择机适时指导幼儿游戏的开展,支持幼儿的游戏发展。建构游戏结束后,需引导幼儿有序结束游戏、收拾整理材料,并组织幼儿开展作品的展示、欣赏和评价活动,提升幼儿的游戏水平。同时,保教人员还应根据不同年龄段幼儿建构游戏的特点,开展有针对性的游戏指导。

---

① 图片来自岭南师范学院幼儿园。
② 邢悦鑫. 基于绘本阅读的幼儿建构游戏指导研究[D]. 长沙:湖南师范大学,2018.

## 思考与练习

### 一、单选题

**1.** 以下不属于建构游戏特点的是(　　)。

　A. 操作性　　　　　　　　　　　　B. 创造性

　C. 基础性　　　　　　　　　　　　D. 艺术性

**2.** 以下关于班级建构区的描述,不正确的是(　　)。

　A. 班级建构区最好安排在和角色游戏区相邻的地方,幼儿完成建构作品后,往往会开始玩角色游戏

　B. 建构材料结构多样、数量较大,要根据材料的特点提供适宜的整理箱、塑料筐等,方便幼儿分门别类收拾、整理材料

　C. 更换、补充建构材料要及时,但不能过于频繁,这会让幼儿过多关注搭建的材料,而不是更深入地去探索搭建技巧、知识

　D. 建构区的材料要一次投放到位,让幼儿有更多的选择余地

**3.** 在不影响幼儿游戏意愿的情况下,保教人员通过提出问题或建议,支持幼儿的游戏行为是(　　)。

　A. 间接介入　　　　　　　　　　　B. 直接介入

　C. 角色介入法　　　　　　　　　　D. 材料支持法

**4.** 幼儿对建构的动作感兴趣,常常把建构材料堆起垒高,然后推倒,不断重复,从中得到快乐和满足。这是(　　)幼儿的典型特点。

　A. 小班　　　　　　　　　　　　　B. 中班

　C. 大班　　　　　　　　　　　　　D. 以上都不对

**5.** 幼儿在建构游戏中,由独自搭建发展为能与同伴联合搭建,主要反映了游戏中幼儿(　　)的水平。

　A. 运用材料　　　　　　　　　　　B. 建构形式发展

　C. 社会性发展　　　　　　　　　　D. 行为发展

**6.** 以下说法,不正确的是(　　)。

　A. 提供给小班幼儿的建构材料种类、数量不宜过多,以免幼儿选择困难

　B. 保教人员应引导幼儿丰富和加深对物体与建筑物的印象

　C. 应侧重引导大班幼儿开展参加人数多、持续时间长的大型结构游戏,并引导幼儿进一步美化自己建构的物体

　D. 保教人员可在环境中适当增加各种人偶、小动物玩具、交通工具模型、橡皮泥等辅助材料,丰富幼儿的建构内容

### 二、简答题

**1.** 建构游戏的分类有哪些?

**2.** 结合任务一"任务情境"中的幼儿建构游戏活动情境,谈一谈建构游戏的教育作用。

### 三、分析题

**1.** 根据下表中幼儿的表现,判断保教人员是否需要介入? 如果需要介入,宜采用什么方式?

幼儿表现评价

| 幼儿表现 | 是否介入 | 判断理由 | 介入方式 |
|---|---|---|---|
| 小班的建构主题是小鸟的窝,一名幼儿却在搭建自己的小船 | | | |
| 小班刚才在搭建小船的幼儿,在搭建鸟窝时无法搭建出封闭的圆形 | | | |
| 中班开展建构游戏"动物园"中,一名幼儿因搭建的长颈鹿总是站不稳而出现急躁的情绪 | | | |
| 大班幼儿在分组讨论很长时间后,仍然找不到水上乐园售票处的建构方法,于是向保教人员请教 | | | |

2. 案例分析:四个小班幼儿在一张桌子上各自玩积塑游戏,点点在拼接过程中发现圆柱体不够,她一边抱怨着自己的玩具很少,一边自行拿走了轩轩的一个黄色圆柱体。轩轩又拿了回来,说:"我已经给了你一个黄色的。"过了一会,点点发现圆柱体积塑还是不够,她对轩轩说:"你可以给我一个圆的吗?"轩轩看了看自己桌上的积塑,拿了一个红色圆柱体给点点。点点继续把不同颜色的圆柱体拼接成了一个长条。她看了看手中的长条积塑,自言自语:"这是羊肉串!"然后开始做出烤"羊肉串"、撒"孜然粉"的动作。

请运用本模块知识,分析案例中幼儿建构游戏的特点。

### 🖍 聚焦考证

在进行户外活动时,李老师发现大部分的幼儿喜欢去沙坑玩,在沙坑里堆出很多造型,如水库、大桥等,根据游戏材料的结构化程度划分,沙子属于(　　　)。(2020下半年幼儿园教师资格证考试真题)

A. 高结构材料　　　　B. 低结构材料　　　　C. 开放性材料　　　　D. 无结构材料

# 模块 三

## 角色游戏的组织与指导

任务一 ➡ 角色游戏概述

任务二 ➡ 角色游戏的组织与指导

任务三 ➡ 不同年龄段幼儿角色游戏的特点与指导

教学课件

## 模块导读

　　角色游戏是幼儿期非常典型且具特色的一种游戏,也是幼儿非常喜欢且常玩的一种游戏。在角色游戏中,幼儿可以借助模仿和想象,通过扮演自己感兴趣的角色来体验成人的生活,学习一些社会知识,同时满足社会交往的需要。游戏组织与指导各个环节都有不同要求,不同年龄幼儿的角色游戏又有不同的特点,需要不同的指导方法。了解角色游戏的概念、特点、结构、作用等,知道角色游戏组织与指导各环节的主要内容,理解各年龄段幼儿角色游戏的特点与指导方法,有助于保教人员在幼儿园教育实践中更好地对幼儿角色游戏进行有效的指导,以及促进幼儿智力、情感、社会性等方面的发展。

## 学习目标

1. 认知目标
（1）了解角色游戏的概念、特点、结构、作用。
（2）知道角色游戏组织与指导各环节的主要内容。
（3）掌握各年龄段幼儿角色游戏的特点与指导方法。

2. 能力目标
（1）能正确做好角色游戏开始前的准备工作。
（2）能根据幼儿身心发展特点组织与指导幼儿参加角色游戏。
（3）能对幼儿角色游戏行为进行科学的观察与记录。
（4）能采用科学的评价方法评价幼儿角色游戏。
（5）能对各年龄段幼儿的角色游戏进行有针对性的指导。

3. 情感目标
（1）树立科学的游戏观,正确认识角色游戏。
（2）具备组织与指导幼儿角色游戏的基本素质。

4. 思政目标
（1）萌发主动创新意识,在思变中成长,在思变中进取。
（2）培养热爱幼儿、尊重游戏的价值观,树立崇高的职业理想。

## 内容结构

```
                                      ┌─────────────────────────────┐
                                      │  角色游戏开始前的组织与指导  │
                                      └─────────────────────────────┘
          ┌───────────────────┐       ┌─────────────────────────────┐
          │ 角色游戏的组织与指导 │──────│ 角色游戏过程中的组织与指导  │
          └───────────────────┘       └─────────────────────────────┘
                                      ┌─────────────────────────────┐
                                      │  角色游戏结束后的组织与指导  │
                                      └─────────────────────────────┘
                                      ┌─────────────────────────────┐
                                      │  小班幼儿角色游戏的特点与指导 │
          ┌──────────────────────────┐└─────────────────────────────┘
          │ 不同年龄段幼儿角色游戏的特点与指导 │┌─────────────────────────────┐
          └──────────────────────────┘│  中班幼儿角色游戏的特点与指导 │
                                      └─────────────────────────────┘
                                      ┌─────────────────────────────┐
                                      │  大班幼儿角色游戏的特点与指导 │
                                      └─────────────────────────────┘
```

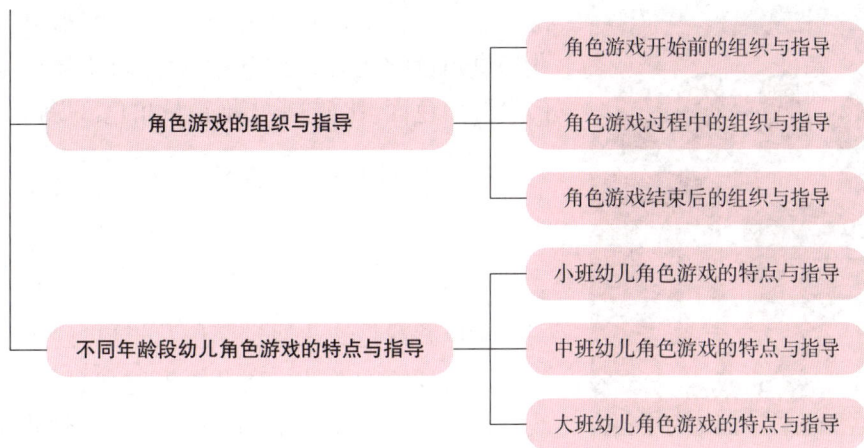

## 任务一　角色游戏概述

### 》》 任务情境

　　幼儿园大一班角色游戏区，小吃店开张了，服务员戴上围裙，招待着客人们。服务员把餐牌递给正在排队的顾客。"我要一份三明治。"第一位顾客指着餐牌说。服务员马上说好，并告诉正在忙碌的厨师。"好的，请到那边坐。"服务员对点餐的顾客说。顾客陆续来点餐。服务员双手端着刚刚出炉的小吃，迈着轻快的步伐走到顾客面前，热情招待他们："请慢用。"顾客们愉快地吃着，不时露出满意的表情。

　　厨师还在厨房里忙碌着，过了一会儿菜品研发总监拿着她新研发出来的菜品来到服务员面前，开始推销她的新菜品："你要不要拿去卖？"服务员微笑着接过来，并说了一句"谢谢"。服务员和厨师商量着要卖多少钱才合适，然后把新菜品拿到顾客面前开始向他们认真介绍。"多少钱？"第一位点餐的顾客问道。"五块钱。"服务员回答。没过多久，菜品研发总监又开始向厨师和服务员推销另一道新菜品。

情境

小吃店

　　思考：什么是角色游戏？角色游戏具有哪些特征？

### 》》 任务要求

　　理解角色游戏的概念与结构，掌握角色游戏具有假想性、自主性、创造性三个基本特点，结合自身见习经验思考角色游戏对幼儿发展的重要作用。

#### 一、角色游戏的概念

　　角色游戏是幼儿按照自己的意愿，借助真实或替代的材料、通过模仿和想象进行扮演角色，用语言、动作、表情等创造性地再现周围社会生活的游戏。[①] 角色游戏是幼儿期非常典型且具特色的

---

① 丁海东.学前游戏论[M].济南：山东人民出版社，2001.

图 3-1-1　小小推销员角色区

游戏形式。在幼儿园,几乎每间活动室都设置角色区为幼儿提供角色游戏的场所,有的幼儿园还会在宽敞的过道专门设置角色区,比如"小小推销员角色区"等(图 3-1-1)。

## 二、角色游戏的特点

### (一)假想性

角色游戏是幼儿通过模仿和想象,创造性地表达对现实生活的理解的游戏。离开了模仿和想象,就没有角色游戏。首先,角色来源于幼儿的社会生活,幼儿通过假扮社会生活中的角色,比如爸爸、妈妈、老师、警察、医生等,模仿这些角色的具体语言、动作、表情等,体会他们的内心情感,梳理角色之间的交往关系。

其次,游戏情节发展需要幼儿发挥自己的想象,不同的幼儿即使参与同一主题同一场景的角色游戏,游戏情节也是很难统一的。因为每个幼儿的社会生活经验不同,想象力水平有差异,所构想出来的游戏情节自然是有区别的。比如角色游戏"小吃店"(图 3-1-2),有些幼儿只是完成"点餐→上餐→就餐"的一般流程后就结束游戏了,有些幼儿会在一般流程里加入新颖的吸引人的环节,比如"菜品研发总监来推销新品"等。

图 3-1-2　角色游戏"小吃店"①

最后,角色游戏的顺利开展需要借助一定的游戏材料。比如"医院"主题的游戏,需要匹配医生服饰、各种看病器械及问诊台等。假如护士的注射器弄丢了,正在游戏的幼儿通常会把身边拿得到的一根木条、一把汤匙等假想成注射器,使得游戏继续进行下去。

### (二)自主性

幼儿普遍喜欢角色游戏,这与角色游戏给予幼儿高度的自主性是分不开的。随着年龄的增长,幼儿逐渐产生探索成人世界且不受成人控制的愿望,而角色游戏刚好可以满足幼儿的这两个愿望。在角色游戏中,幼儿可以根据自己的兴趣自由选择游戏主题、角色、材料等,并可以根据自己的社会

---

① 图片来自广州市增城区第一幼儿园。

生活经验丰富游戏的情节、制订游戏的规则、决定游戏的结束等。

比如幼儿园有些班级很久没有更新角色游戏的主题了，幼儿提议保教人员开个收发快递的驿站，这是幼儿根据日常生活接触到的"菜鸟驿站"联想到的。保教人员接受了幼儿的提议，这表明保教人员认可幼儿在角色游戏中具有自主性。

### （三）创造性

角色游戏突出的特点在于它的创造性，可以说角色游戏是一种创造性活动。创造性活动离不开想象，在角色游戏中，幼儿通过想象，创造性地再现社会生活中的某些场景以及场景中各种角色之间的相互关系。幼儿会对游戏角色、游戏情节和游戏材料等进行创造性的想象，还会对游戏规则、游戏结束方式等进行创造性的改编。

比如最经典的角色游戏"娃娃家"，扮演妈妈的幼儿不仅可以将妈妈的语言、动作、表情等生动模仿出来，还能根据具体的游戏场景创造性地加入自己想象的细节，如妈妈批评孩子只要一个眼神、妈妈一边洗菜一边给孩子讲道理等。每个幼儿都有自己关于妈妈一言一行的想象，因此不同幼儿扮演的妈妈不尽相同。

## 三、角色游戏的结构

角色游戏的结构指角色游戏由哪些基本要素组成，主要包括角色游戏的角色、材料、情节和内在的规则。

**微课**

角色游戏的结构

### （一）角色扮演

角色游戏最基本的构成要素是角色，没有角色就没有角色游戏，这些角色是幼儿参加游戏的身份。比如在超市游戏中，顾客、导购、收银员等是游戏角色，幼儿选择其中一种角色才能顺利加入游戏。基本的角色类型有机能性角色、互补性角色、想象性角色。机能性角色，指模仿角色原型典型动作的角色，典型动作指某种职业的代表性动作，比如厨师手握锅铲的炒菜动作、主持人手持麦克风讲话的动作等。互补性角色，指角色动作指向另一个角色，两个角色之间产生互补关系，比如服务员和顾客、护士和病人等（图 3-1-3）。想象性角色，指角色不源于生活，而是出自文艺作品和传说，比如孙悟空、超人等。

幼儿一般会选择自己熟悉、喜欢的角色进行扮演。幼儿在游戏中选择扮演什么角色、扮演什么动作，具有自己的动机。第一是模仿动机，出于模仿成人行为的冲动，幼儿喜欢扮演司机、厨师等角色。第二是情感动机，出于表达对医生、警

图 3-1-3 互补性角色"护士与病人"[1]

察等职业的钦佩，相对于病人、小偷，幼儿往往偏好扮演医生、警察等积极正面的角色。第三是认知动机，出于对已经获得的生活经验进行再认识的需要，幼儿往往喜欢将最近发生过的令他们印象深刻的事情反映在角色游戏中。比如超市游戏中，幼儿安排保安给顾客测温环节，其实是幼儿将最近在真实生活场景中遇到的超市防疫措施改造成了超市游戏的环节。

---

[1] 图片来自广州市增城区新城区幼儿园。

**知识加油站**

### 角色扮演意识

角色扮演意识指的是能够分辨现实中的自己与游戏中自己扮演的角色,知道自己正在假装别人,也就能在游戏中辨别真假。角色意识的出现要晚于角色的行为。一开始,幼儿做出装扮动作,但并没有扮演角色的意识。比如问一个在喂娃娃吃饭的幼儿:"你在干什么?"答:"喂娃娃吃饭。"再问:"你是谁?"答:"我是文文。"问:"娃娃的妈妈呢?"答:"不知道。"当下的文文是一个现实主义者,没有假想。以后逐步出现了朦朦胧胧的角色意识,能以角色命名自己及玩具,但这时的孩子往往又沉溺于游戏而忘却现实。如果成人用现实的情景去否定幼儿游戏的行为,幼儿就会放弃,而不会说"这是假的呀"。比如,对一个正在给娃娃打针的孩子说:"哪有这样的针筒,里面连药水也没有。"幼儿便会放弃这个行为。再比如,说哪有娃娃的妈妈穿围兜的,幼儿便会试图脱掉围兜。直到3岁以后,幼儿的角色意识开始鲜明起来,这时他既能很好地处理真假关系,即能按角色规定的动作去行动;又能按实物与人物的现实特点去处理事物,比如假的米饭是不能真的放进嘴里的,假的打针是不能太使劲的,而且常常会用"这是假的呀"来说明自己的游戏行为与现实的区别。可见,从无角色意识到朦胧的角色意识,再到清晰的角色意识,是随幼儿自我意识的发展而发展的。逐步通过角色扮演,在对他人的关照中获得自我的外观。

(资料来源:华爱华.幼儿游戏理论[M].上海:上海教育出版社,1998.)

#### (二)游戏材料

材料是角色游戏的物质基础,保教人员合理配置、优化投放游戏材料,有助于保证游戏顺利开展,提升幼儿学习力。游戏材料来源广泛,可以是现成的玩具、手工作品、废旧材料、大自然的花草树木等。如果游戏材料刚好配齐,角色游戏则能够正常进行下去;如果游戏材料短缺,幼儿就会对目前能够找得到的材料展开假想。对材料的假想与幼儿的想象力发展密切相关,幼儿的想象力发展程度高,对材料的假想就会更加丰富。

同一种材料在不同的游戏里会被假想为不同的道具。比如,一片枯叶在银行游戏里会被假想为钞票,在电影院游戏里会被假想为电影票,在早餐店游戏里会被假想为一份肠粉等。不同的幼儿对同一种材料的假想也不尽相同,比如对同一个水杯盖子,有的幼儿将它当成盛菜的碟子,有的幼儿将它看作汽车的方向盘,有的幼儿会将它想象成一本书等。

#### (三)游戏动作和情景

一套套的游戏动作组成游戏情景,一幕幕的游戏情景构成角色游戏,动作和情景是实现角色扮演的基本手段。幼儿能够根据基本动作辨认出它的角色原型,比如在糕点店厨房做揉面动作的是面包师,在马路边做指挥交通动作的是交警等。

同样,幼儿会通过模仿角色原型的基本动作来扮演好相应的角色,还会发挥自己的想象力对角色的游戏动作和情景进行创编,使得游戏动作更加到位、游戏情景更加丰富,也为角色游戏提供了更多的发展空间。比如"理发店"的游戏,一般的游戏情节是理发师给顾客洗头、剪头发,有的幼儿会加入"理发送电影票"的情节,理发店和电影院合作目的是共同促进消费。

#### (四)内部规则

角色游戏的游戏规则是包含在角色之中的,由角色本身决定。虽然角色游戏具有假想性,无论是角色、材料、动作和情景都可以由幼儿发挥想象力进行创造,但是角色来源于现实生活,角色本身蕴含社会关系、社会职责、社会规则。

因此,幼儿在扮演角色时,需要遵循角色本身的规则,这也就是角色游戏的内部规则。比如在快递驿站的角色游戏中,扮演快递员的幼儿会与寄快递的"顾客"进行业务互动,主要是登记快递的信息、接收要寄的物品,不会出现像医生为病人听诊、理发店给顾客洗头等不符合快递员职业的言行。

### 四、角色游戏的作用

#### (一) 促进幼儿语言的发展

《纲要》要求中提出:"语言能力是在运用的过程中发展起来的,发展幼儿语言的关键是创造一个能使他们想说、敢说、喜欢说、有机会说并能得到积极应答的环境。"角色游戏为幼儿发展语言能力提供了轻松愉悦的环境。

游戏开始前,幼儿需要对游戏的主题、角色的分配、游戏的注意事项等进行简单的交流。游戏过程中,幼儿需要运用动作和语言来表现游戏情节与内容,比如淘宝客服与顾客的通话,导游与旅客的对话等。此外,幼儿在游戏中遇到矛盾需要调解时要协商、讨论等,都离不开语言。游戏结束,保教人员对游戏进行评价,请幼儿分享自己对游戏的感受或者提出自己的疑惑,也在锻炼幼儿的语言表达能力。角色游戏一般有故事情节,角色的对话内容、语气等需要根据情节发展、角色身份等进行安排,幼儿在思考如何表达角色对话的时候,其实就是语言能力高速发展的时候。

#### (二) 促进幼儿认知的发展

角色游戏是幼儿用自己的方式再现周围生活的创造性活动,幼儿积累的生活经验越丰富,所表现的游戏内容就越充实。顺利开展角色游戏需要幼儿主动积极回忆关于角色原型的动作、语言等,在这个再现的过程中幼儿提高了对生活中事物的认识,也不知不觉中提高了认知水平。

角色游戏离不开想象,没有想象就没有角色游戏。首先是对材料的想象,保教人员提供各种材料支持游戏开展,幼儿会在游戏中对这些材料进行想象,比如把一个长方体的盒子想象成一块蛋糕、一个电话或者一台电视机等。其次是对情节的想象,每个幼儿积累的生活经验不同,在表现游戏内容的时候需要发挥自己的想象力来丰富情节,比如同是关于烧烤店的角色游戏,一些幼儿只会设计顾客进店吃烧烤的情节;另一些幼儿除了设计顾客吃烧烤的情节,还设计了烧烤店邀请乐队来表演的情节、采购员去超市购买原材料讨价还价的情节等,相当丰富。幼儿对游戏材料、游戏情节等的想象,能够较好地促进他们认知的发展。

#### (三) 促进幼儿社会性发展

《纲要》提出:"幼儿的社会性主要是在日常生活和游戏中通过观察和模仿潜移默化地发展起来的。"角色游戏能促进幼儿在人际交往和社会适应方面的自我调节能力,同伴交往是幼儿发展社会性的重要途径。角色游戏中,幼儿扮演角色不仅主动与其他角色进行交往,而且表现出的同伴交往能力比日常活动中的要强。

比如,在"小小推销员"的角色游戏中,扮演推销员的幼儿为了卖出产品,会更加积极主动与扮演其他角色的幼儿进行交流互动,表现得比平常更能交谈、更能合作。研究表明,即使3岁的幼儿也能够在社会装扮游戏中进行分享,但在实际生活中很难看到这一亲社会行为。

#### (四) 促进幼儿情感发展

第一,每个幼儿都有当大人的愿望(图3-1-4)。角色游戏让幼儿有机会按照自己的意愿,结合自身的生活经历来体验角色的内心感受,可见角色游戏在一定程度上满足了幼儿探索成人世界的愿望。第二,角色游戏是假装游戏,幼儿在游戏中虽然受到角色本身规则的约束,但是游戏中没有大人在,幼儿能够自由自在地扮演角色,哪怕出了差错也不怕被责备,实现了最大程度的自主。第三,角色游戏没有严格、统一的活动要求,幼儿在游戏过程中能够较好处理游戏中的角色关系和现实中的同伴关系,同时体会到能够扮演好角色的成就感,这无疑增强了幼儿的自信心。所以,角色游戏能够促进幼儿积极情感的发展。

图 3-1-4  像大人一样"喝酒"①

## 任务二  角色游戏的组织与指导

### ➤➤ 任务情境

　　鲜榨果汁店里人来人往,十分热闹。服务员围上围裙,准备给客人们制作美味的果汁。服务员小红用小夹子把切好的小番茄一个一个放进榨汁机里,另一位服务员小蓝密切配合小红的工作,拿着盖子耐心等待着榨汁机里全部装满小番茄就盖好它。但小蓝发现榨汁机的盖子不能合上,于是将盖子提起再一次尝试合上,并用力往下压一压,他想榨汁机应该出现问题了,这下应该怎么办呢?

　　思考:幼儿在角色游戏过程中出现问题应该怎么办? 教师应该如何对角色游戏进行有效的组织与指导?

情境

榨汁机坏了

### ➤➤ 任务要求

　　结合在校学习和幼儿园见习,熟练掌握幼儿角色游戏的特点、组织流程和指导要求,初步具备指导幼儿开展角色游戏的能力。

————————————
① 图片来自广州市增城区荔城街第二幼儿园。

## 一、角色游戏开始前的组织与指导

### (一) 幼儿生活经验的拓展

角色游戏是幼儿创造性地反映社会现实生活的一种游戏。幼儿的社会生活经验直接影响角色游戏的质量,幼儿生活经验越丰富,游戏的内容与情节越复杂,游戏水平相应也越高。小班幼儿有时面对各种游戏材料却提不起参与游戏的兴趣,或者在参与游戏的过程中只会重复简单的动作,不懂构思情节,往往跟幼儿缺少生活经验有关。拓展幼儿的生活经验主要通过家长与保教人员来实现。家长可以带领幼儿多去实地旅游,领略自然风光,或者感受社会风情,让幼儿在旅行的过程中增长见识、开拓视野;还可以通过电视、手机等电子媒介,图书、报纸等纸质媒介帮助幼儿拓展知识视野。保教人员可以组织幼儿参观消防站等,带幼儿了解消防站的基本情况,近距离感受消防员的日常工作。可以请消防员带幼儿体验穿戴灭火防护服和救生衣,乘坐消防车辆等,为他们参与消防主题的角色游戏积累社会生活经验(图 3 - 2 - 1)。

图 3 - 2 - 1　参观消防站①

### (二) 角色游戏环境的创设

2016 年 3 月 1 日开始实施的新《幼儿园工作规程》第二十九条指出:"幼儿园应当将游戏作为对幼儿进行全面发展教育的重要形式。幼儿园应当因地制宜创设游戏条件,提供丰富、适宜的游戏材料,保证充足的游戏时间,开展多种游戏。"

游戏环境是指为幼儿游戏活动所提供的条件,包括物质环境和心理环境。物质环境指各种人工或非人工的游戏空间、游戏材料、游戏时间等;心理环境指环境中的人际关系及心理行为,包括师幼关系以及同伴关系、宽松自由的游戏氛围等。角色游戏环境的创设包括游戏空间布局、游戏材料、游戏时间三部分。

#### 1. 游戏空间布局

研究表明,科学合理的游戏空间布局能有效提高幼儿的游戏质量,室内游戏空间布局的设计要

---

① 图片来自广州市增城区荔城街中心幼儿园。

注意规划恰当的游戏分区。一般来说,一个班级的活动室可以同时设置五个左右的游戏区域,其中有一个是角色游戏区。角色游戏区会摆放一些大型的、不常移动的设备或者器材,如娃娃家的"沙发"、烧烤店的"烤炉"等,其他小件的、成套的游戏材料可以分类陈列在活动室一角的材料超市,幼儿在开展各类角色游戏前可以到材料超市自取需要的材料。

（1）注意场地规划的灵活性

角色游戏区的场地要根据整间活动室的空间大小来规划,不能太小,一般以五人同时舒适自如地参与游戏为宜。此外,注意场地规划的灵活性,当角色游戏的主题需要扩大场地时,规划好的角色游戏区最好可以与走廊、过道等位置连在一起,或者与邻近游戏区域临时兼并。

（2）注意场地规划的关联性

活动室内固定的游戏区域一般是建构区、美工区、阅读区、科学区、表演区等。场地规划要考虑区域之间的关联性,如果有两个以上的角色游戏区最好可以安排在一起,这样可以促使幼儿主动丰富游戏情节。比如照相馆和奶茶店连在一起,两家店可以一起搞促销拉动消费。如果只有一个角色游戏区,可以与美工区连在一起,美工区的手工作品等可以充当角色游戏的材料。比如电影院和美工区连在一起,电影票可以是美工区的小纸片,电影屏幕可以是一幅幼儿已经完成的绘画作品。两个区域之间相联系,可支持幼儿扩展他们的游戏。

2. 游戏材料

游戏材料是角色游戏的物质基础。游戏材料种类繁多,要选择与投放安全的、开放的、可操作性强的,能适应幼儿身心发展的材料。按照材料的形象特征分类,游戏材料有形象逼真的模拟玩具、替代物;按照材料的结构性分类,游戏材料有高结构材料、低结构材料、非结构化材料。

（1）形象逼真的模拟玩具

形象逼真的模拟玩具,指模拟现实生活中的各种实物而制作的缩小型仿真玩具,如小型餐具、小型汽车、小型的听诊器等,可以是购置的商品玩具,也可以是老师模拟实物的自制玩具（图3-2-2）。[1]

图3-2-2　老师自制的"饺子"

（2）替代物

替代物,指代替某种实物的另一种物品,可以是代替实物的形象性物品,如用来代替饼干的雪花片、代替手机的方盒子等;还可以是代替实物的非形象性物品,如代替麦克风的积木、代替云吞的文件夹等。

（3）高结构材料

高结构材料,指只有固定的一种玩法、功能比较单一的材料,主要有表征性材料、教育性材料、运动性材料等。例如,现成的拼图,汽车、娃娃等模拟形象材料。[2]

① 李钦. 游戏材料的不同投放方式对幼儿角色游戏行为的影响[D]. 上海：华东师范大学,2013.
② 魏洪玉. 材料结构及投放方式对中班幼儿专注力的影响研究[D]. 石家庄：河北师范大学,2018.

（4）低结构材料

低结构材料，指可以有多种不固定的玩法和不确定的功能的游戏材料，幼儿可以根据自己的想象和想法来使用这些材料，如废旧材料、自然材料、积木、橡皮泥等。[1]

（5）非结构化材料

非结构化材料，指保教人员没有设定目标，也没有设定玩法，由幼儿自由发挥的材料，常见的有奶粉罐、纸箱、簸箕等（图3-2-3）。

3. 游戏时间

角色游戏的时间一般要求30分钟左右，但在实际游戏中，由于各种情况使得幼儿真正参与游戏的时间不足20分钟，甚至更少。游戏时间不够，幼儿尚未开始发挥想象力丰富游戏情节，或者还没有开始与同伴互动合作就被要求结束游戏，这样会导致幼儿无法进入深度游戏状态，也无法提高游戏水平。因此，保教人员合理安排幼儿一日生活作息，保证幼儿参与角色游戏有专门的、充足的时间，才能充分发挥角色游戏对幼儿发展的价值。

图3-2-3 多功能簸箕

### （三）角色游戏材料的投放

游戏材料的投放不仅会影响角色游戏的进程，还会影响角色游戏的质量。有研究表明，游戏材料数量少，幼儿合作、分享等亲社会行为会增多；游戏材料数量多，幼儿出现争抢玩具等攻击性行为会减少。因此，在投放角色游戏材料前应该做好规划。

1. 根据幼儿的认知发展投放材料

不同年龄阶段幼儿的认知发展特点不同。在开展角色游戏之前，保教人员可根据幼儿的认知发展特征，结合幼儿的兴趣爱好，科学合理地投放游戏材料，以此增强角色游戏对于幼儿的吸引力。小班幼儿喜欢独自游戏，偏好模仿，合作意识弱，应该投放数量充足的、形象逼真的模拟玩具，如麦当劳主题的冰激凌、薯条、鸡翅等。中班幼儿处于联合游戏向合作游戏过渡的阶段，萌发合作意识，想象力快速发展，喜欢操作，应该按比例投放高结构材料和低结构材料，既满足幼儿动手探索的欲望，又有利于幼儿在游戏中以物代物。大班幼儿期望合作游戏，还会构思游戏情节，应该投放数量适当的低结构材料，鼓励幼儿主动寻求合作，以物代物，提高角色游戏水平。

2. 根据游戏主题投放材料

角色游戏都有一定的主题，主题不同需要投放的材料也不同。在实际游戏过程中存在一些投放的材料不符合游戏主题的情况，比如小班幼儿角色游戏"点心店"，缺少形象逼真的点心、比萨、小碟子、可乐杯等道具，却有一些陈旧的积塑、零散的废旧材料等，明显会降低对幼儿的吸引力。保教人员在投放游戏材料前，应当先明确角色游戏的主题，再根据不同年龄班幼儿的特点投放相应的游戏材料。例如，在大班"未来世界"主题的角色游戏中，可以投放不同类型的半成品和废旧材料，方便幼儿组建不同的造型，丰富游戏情节。

3. 根据可操作性强的原则投放材料

操作是幼儿探索世界的主要方式，应注重引导幼儿通过直接感知、亲身体验和实际操作进行探索。在准备角色游戏的材料时，要考虑到贴近幼儿生活的、可操作性强的材料，切勿盲目追求材料

---

[1] 魏洪玉.材料结构及投放方式对中班幼儿专注力的影响研究[D].石家庄：河北师范大学,2018.

的精美造型。生活中常见的牛奶盒、快递盒等可以制作成多种造型的道具,易拉罐、矿泉水瓶等可以剪裁成不同形状的容器,这些都是可供幼儿动手操作的优良材料。

## 知识加油站

### 基于"前店后坊"式的幼儿园角色游戏活动探索

在中国商业的历史长河中,前店后坊是一种传统的经营模式:临街建房,前屋为店,后院为生产作坊。它既是一种经营模式,又代表着一段历史文化和经典记忆。为鼓励教师创设"前店后坊"的商业模式让幼儿进行角色游戏,解决角色游戏过程出现的问题,幼儿园进行了"前店后坊"式的游戏活动探索。

"前店后坊"式区域经营,让幼儿成为游戏活动的主体。游戏是最能发挥幼儿主动性的活动,"幼儿园教育应充分尊重幼儿作为学习主体的经验和体验,尊重他们身心发展的规律和学习特点,以游戏为基本活动,引导他们在与环境的积极相互作用中得到发展。"为此,教师和幼儿共同打造"前店后坊"的游戏环境,让幼儿主动参与游戏环境的创设,主动在创设环境的过程中成为游戏活动的主体。

娃娃家的妈妈打算去市场买花,可是整个市场上都没有花卖,孩子们带着这个疑问,对班级小社会的环境进行了讨论:从为什么买花到去哪里买花……在孩子们热烈的讨论下,我们的市场上多了加工坊,孩子们把美工区摇身一变,变成了加工坊。前面店铺摆放小朋友制作的成品,后坊小朋友则用材料和半成品进行加工,前店负责接待预订的订单,后坊负责制作,分工明确。

娃娃家的宝宝生病了,去医院就医发现医院门开着却没有人。原来医院没有病人,医生和护士全都外出了。带着这个问题,班级幼儿从"人去哪里了→为什么没有人→医院是否可以没有人→没有病人时该做什么"进行了全方位的热烈讨论。于是医院成立了药品制作部门,挂号的工作人员需要提前进行挂号单的准备,护士挂水用的医疗棉签需要自己制作。幼儿在游戏中处于积极的主动状态,主体地位被凸显。

(资料来源:贺洪利.基于"前店后坊"式的幼儿园角色游戏活动探索[J].当代家庭教育,2021(9):79—80.)

## 二、角色游戏过程中的组织与指导

角色游戏是幼儿高度自主的游戏,但是尊重幼儿游戏自主性并不是放任幼儿随意游戏。在观察幼儿游戏中发现,幼儿参与角色游戏在确定主题、分配角色、调和冲突、丰富内容等方面存在不少困惑,需要保教人员及时介入与指导。那么在角色游戏组织过程中,保教人员应该如何观察以及指导幼儿游戏呢?

### (一)角色游戏的观察

对幼儿角色游戏实施指导之前需要对幼儿游戏进行观察。通过观察,保教人员不但能够了解每名幼儿在语言、认知、社会性以及情感方面的发展,还能探寻幼儿的游戏意图,避免出现无效指导而干扰幼儿正常游戏。

微课

角色游戏的观察

1. 观察的维度

在角色游戏中幼儿可以展现真实、生动的自我,因此幼儿进行游戏时是教师观察了解幼儿的好

时机。保教人员可以在角色游戏中重点观察幼儿的情绪情感、表征行为、合作行为和规则行为等，具体可参考表3-2-1中的观察线索。

表3-2-1 角色游戏观察要点及发展提示

| 观察维度 | 观察要点 | 发展提示 |
| --- | --- | --- |
| 情绪情感 | 是否乐意参与游戏 | 参与意识 |
| | 是否经常保持愉快的情绪 | 情绪愉悦性 |
| | 是否愿意与他人分享自己的快乐 | 分享情绪 |
| | 是否表现出好奇、主动等情绪 | 情绪主动性 |
| | 是否有稳定的兴趣 | 情绪稳定性 |
| | 是否能够控制情绪 | 控制情绪 |
| 表征行为 | 能否清楚地分辨自我和角色、真和假的区别 | 自我意识 |
| | 出现哪些主题和行为 | 社会经验范围 |
| | 行为与角色原型的行为、职责的一致性程度 | 社会角色认知 |
| | 同一主题情节的复杂性和持久性 | 行为的目的性 |
| | 是否使用替代物进行表征 | 表征思维的出现 |
| | 同一情节中是否使用多物替代 | 想象力 |
| | 是否用同一物品进行多种替代 | 思维的变通和灵活 |
| 合作行为 | 更多主动与人沟通还是被动沟通 | 交往的主动性 |
| | 更多指示别人还是跟从别人 | 独立性 |
| | 是否会采用协商的办法处理玩伴关系 | 交往机智 |
| | 是否会同情、关心别人和取得别人的同情与关心 | 情感能力 |
| | 交往合作中的沟通语言 | 语言和情感的表达与理解 |
| | 是否善于调整自己的行为以适应他人 | 自我意识 |
| 规则行为 | 是否能爱惜物品、坚持整理玩具、物归原处等 | 行为习惯 |
| | 角色分配是否合理 | 角色意识 |
| | 是否使用一定规则解决玩伴纠纷 | 公正意识 |
| | 是否自觉遵守游戏规则 | 规则意识 |
| | 是否创造游戏规则 | 自律和责任 |

注：表格改编自上海市教育委员会.上海市学前教育课程指南[M].上海：上海教育出版社，2008。

## 2. 记录的方法

### （1）轶事记录

轶事记录指以文字叙述的方式记录幼儿在游戏过程中的重要事件或者偶发事件。进行轶事记录需要注意三点：第一，忠于事实，不能加入观察者主观的推测；第二，事先做好观察计划，同时留意偶发事件；第三，全息记录，尽可能详细记录幼儿游戏行为的所有信息，包括观察日期、具体时间、幼儿姓名性别等基本信息，以及当时的情境、对游戏行为的客观描述、观察的结果、幼儿的原始对话等（表3-2-2）。

表 3-2-2　轶事记录表

| 观察对象： | 对象年龄： |
|---|---|
| 观察者： | 观察地点： |
| 观察时间： | 观察目标： |
| 观察内容： | 观察背景： |

| 数据记录： |
|---|
|  |
| 解读： |
|  |

（2）检核表

检核表主要用来核对幼儿在角色游戏中是否出现被观察的项目，一般用"√"来标注（表 3-2-3）。检核表可以由观察者自制，也可以使用由专门技术人员研发出来的。

表 3-2-3　角色游戏检核表

| 游戏主题 | | | | | | | |
|---|---|---|---|---|---|---|---|
| 观察日期 | | 观察时间 | | 幼儿班级 | | 记录者 | |
| 项目 | 主动游戏 | 假想活动 | 遵守规则 | 情绪愉快 | 同伴交往 | 调和冲突 | 材料运用 |
| 幼儿 A | | | | | | | |
| 幼儿 B | | | | | | | |
| 幼儿 C | | | | | | | |
| 幼儿 D | | | | | | | |
| 幼儿 E | | | | | | | |

（3）评分量表

用来评定并记录角色游戏中幼儿出现某种行为的程度，一般量表中幼儿行为出现的次数多、程度高，评分相应也高。评分量表可以用来评价那些难以量化的游戏行为及品质（表 3-2-4）。

表 3-2-4　评分量表

| 班级：<br>幼儿姓名：<br>年龄：　　岁<br>评分者： | | 说明：<br>请根据下列量表内容，勾选右边符合幼儿行为表现程度的数字 | | | |
|---|---|---|---|---|---|
| 量表内容 | 4 | 3 | 2 | 1 |
| 1. 幼儿在游戏中遵守游戏规则 | | | | |
| 2. 幼儿在游戏中积极进行同伴合作 | | | | |
| 3. 幼儿在游戏中材料运用得当 | | | | |
| 4. 幼儿在游戏中持续参与游戏 | | | | |
| …… | | | | |
| 10. 幼儿在游戏中保持愉悦的情绪 | | | | |

### （二）角色游戏的指导

保教人员应通过观察真实了解幼儿参与角色游戏的兴趣以及能力等,发现幼儿游戏推进出现困难或者游戏秩序受到破坏时,开始判断是否需要介入游戏提供指导。保教人员指导游戏有两种方式:第一是保教人员作为旁观者直接指导,第二是保教人员作为游戏者间接指导。

1. 保教人员作为旁观者直接指导

当幼儿游戏出现严重违反游戏规则的情况或者攻击性行为时,保教人员直接介入游戏,责令幼儿立刻停止当前的危险行为,根据实际情况引导幼儿遵守游戏规则继续游戏,或者直接终止游戏,这时的指导是显性的。例如,在"消防员"游戏中,幼儿用救火的水打水仗,弄得地面一片湿漉漉,容易导致滑倒。这时保教人员必须马上介入游戏直接干预,清理地面,调整游戏情节,如果幼儿不听从指导可直接中断游戏。

2. 保教人员作为游戏者间接指导

当幼儿因对保教人员提供的游戏材料不会玩而表现出无所事事,或者失去兴趣准备放弃时,保教人员可以在幼儿旁边和幼儿玩相同的游戏或者游戏材料,引起幼儿的注意并模仿,这时保教人员的指导是隐性的。例如,在"我要上春晚"的主题游戏中,严老师观察到幼儿都很想上舞台表演节目,但是一时间不知道表演什么好,挤成一堆,不知所措。严老师清了清嗓子:"各位小观众请安静一下,下面我为大家带来一首好听的歌曲。掌声在哪里?"严老师第一个上台唱歌为幼儿做示范,于是幼儿也相继上台表演,这个角色游戏便可以继续开展下去。

当幼儿游戏出现内容不够丰富时,或者保教人员认为需要加入游戏进行指导时,保教人员可以通过扮演游戏中的某一个角色进入游戏进行指导。保教人员与幼儿通过角色之间的互动推动游戏情节的发展,同时也是间接指导幼儿进行游戏。

### 案例链接

陈老师走进一家玩具店,对服务员说:"服务员,你好! 我想买一个布娃娃。"这时服务员说这里没有布娃娃。陈老师问:"那有些什么其他玩具呢?"服务员说:"有玩具枪。"这时陈老师说:"我还是想要布娃娃。没有布娃娃的话,很多想买布娃娃的人就不会来了。"一个孩子问:"那我们去哪里找布娃娃呢?"陈老师说:"我看见手工区那里摆放着很多布娃娃,你们去借一些过来,或者想一想还有什么可以代替布娃娃的呢?"

案例解读:在本案例中,保教人员通过扮演顾客买布娃娃对幼儿的玩具店游戏进行了指导,非常自然地引导幼儿一步步丰富玩具的种类,同时启发幼儿以物代物。

## 三、角色游戏结束后的组织与指导

### （一）角色游戏的结束

保教人员要重视对角色游戏每一个阶段的有效指导,包括游戏结束环节。游戏结束环节指导得当对提高幼儿游戏水平有重要的意义。现实中很多保教人员收拾完材料,或者引导幼儿整理好材料就结束游戏了,显得仓促又潦草,大大浪费了游戏结束环节的指导时机。

1. 引导幼儿愉快地结束游戏

（1）结束游戏的时机

保教人员注意把握结束游戏的时机非常重要。三种情况下考虑结束游戏:第一种情况是游戏时间正常结束时；第二种情况是在幼儿兴趣尚未低落时；第三种情况是幼儿游戏遇到短时间内无法解决的困难时。第一种情况下自然结束游戏是为了培养幼儿的时间观念；第二种情况下幼儿意犹未尽，便会一直保持游戏的热情；第三种情况下及时结束游戏是为了避免幼儿对游戏产生挫折感。

（2）结束游戏的方法

合理及时地结束游戏能够帮助幼儿建立清晰的游戏界限，使幼儿知道什么时间该做什么事情。结束游戏的方法有很多，保教人员可以根据幼儿游戏的实际情况选择恰当的结束方法。一般来说，音乐提醒法比较常用，当游戏时间到了，保教人员播放一首结束环节专用的轻音乐，幼儿就明白要收拾玩具了。保教人员可以游戏者的口吻提示游戏结束了，如"今天各位游客也辛苦了，大家先好好休息，明天继续参观博物馆吧"。保教人员还可以提示每个角色游戏的主角，让扮演主角的幼儿去宣布游戏结束。

2. 引导幼儿整理游戏材料和场地

通常情况下，游戏结束后游戏场地、游戏材料一片狼藉，保教人员自己去收拾材料不仅费时费力，也剥夺了培养幼儿整理习惯的机会。为了方便下次游戏的顺利开展，保教人员在游戏结束后要及时引导幼儿整理游戏材料和场地。整理游戏材料和场地应该成为幼儿的每日常规。保教人员在活动室一角设置材料超市，分类陈列角色游戏的零散材料，能够大大提高整理游戏材料的效率。对于刚入园的新生幼儿，保教人员可通过示范整理玩具，向幼儿传授一些简单的整理方法，如分类、堆叠等，重点是树立幼儿整理玩具的意识。当幼儿有独立整理游戏材料和场地的能力时，保教人员可放手让幼儿整理，只需在必要时给予一定的指导和督促即可。

### （二）角色游戏的评价

有效的角色游戏评价能够大大提高幼儿游戏的质量，深化游戏的情节，规范游戏行为。幼儿园游戏评价指的是依据一定的标准，运用科学的方法，对与幼儿园游戏相关的物质环境、作息安排、游戏过程、游戏质量与效果等进行客观描述并作出价值判断的过程。根据不同的评价主体，幼儿园游戏的评价包括幼儿的自我评价、保教人员的评价与旁观者的评价[①]。角色游戏是幼儿园游戏的一种，其评价可以从幼儿的自我评价、保教人员的评价与旁观者的评价三个方面进行。

1. 幼儿的自我评价

幼儿的自我评价是从幼儿的角度对角色游戏过程、游戏经验、游戏中遇到的问题进行思考。在角色游戏结束后，保教人员可以引导幼儿围绕游戏中存在的困难进行小组讨论，再请小组代表汇报他们遇到的问题以及解决的办法，保教人员对幼儿的解决方案进行点评。保教人员还可以提出自己在观察游戏过程中发现的问题，组织全班幼儿进行现场评议，寻找比较合适的解决方法。考虑到每位幼儿语言表达能力的差异，保教人员可在幼儿自我评价环节为幼儿提供绘画工具、图示符号、教玩具等，方便幼儿表达自己的想法。

2. 保教人员的评价

保教人员的评价是从保教人员的角度对幼儿开展角色游戏的水平和状态进行反馈。首先，保教人员在观察幼儿角色游戏时及时将精彩的瞬间记录下来，在游戏结束后与幼儿一起分享，以引起幼儿愉悦的共鸣，同时能大大提升幼儿的游戏兴趣。其次，保教人员观察幼儿游戏过程中碰到的问题，需要当场提供帮助的就现场解决，不需要当场解决的就把问题收集起来，等到游戏评价环节组织幼儿共同讨论问题的解决办法。最后，保教人员总结幼儿在游戏中如何使用材料、如何进行角色互动、如何创新游戏情节等问题，帮助幼儿下一次更好地进行同种主题的角色游戏。

---

① 姜晓燕.学前儿童游戏教程［M］.北京：教育科学出版社,2012.

3. 旁观者的评价

旁观者的评价是从除了幼儿和保教人员角度之外的其他旁观者的角度,对幼儿角色游戏以及保教人员指导游戏的情况进行判断与分析。旁观者的评价目的在于从第三者的角度更全面地了解幼儿游戏的水平、存在的问题、保教人员指导游戏的方法等。

## 任务三 不同年龄段幼儿角色游戏的特点与指导

### >> 任务情境

傍晚,纯纯一家开始忙碌起来。厨房里两位小厨师正在准备晚饭,爷爷在床上睡觉,爸爸来到爷爷的床边逗一下爷爷,应该是想招呼爷爷起床了。奶奶在帮刚洗完澡的小宝宝穿衣服。

"奶奶,你在干吗呀?"孙女纯纯问。

"我在帮宝宝穿衣服。"奶奶一边忙着一边回答纯纯。

纯纯很想扫地,帮爸爸妈妈分担一下家务。无奈身上的围裙绑带掉了,她用双手去摸绑带尝试自己绑好它,结果还是不行。

"老师,你可以帮我打结吗?"纯纯决定向老师求救。

"可以!"纯纯还没有问完,老师就进来帮忙了。

思考:请评析上面案例中保教人员的直接介入指导行为是否合适。

情境
绑带掉了

### >> 任务要求

了解小、中、大班幼儿角色游戏的特点,掌握小、中、大班幼儿角色游戏的指导方法。

### 一、小班幼儿角色游戏的特点与指导

微课

小、中、大班幼儿
角色游戏的特点

#### (一) 小班幼儿角色游戏的特点

1. 处于独自游戏及平行游戏阶段

此阶段的幼儿愿意自己单独游戏,没有明显的合作意识,只在一些熟悉的或者经常玩的游戏中出现简单的合作行为。

2. 角色意识差

小班幼儿以无意注意为主,活动比较随意,经常转换角色,而且大多数幼儿不能长时间保持对同一角色的兴趣,很容易被同伴的玩具或者其他区域游戏吸引注意力,甚至出现"角色混淆",比如医生承担了护士打针的工作等。

3. 游戏主题简单、情节单一、动作单调重复

小班幼儿的想象力还不够发达,对游戏主题没有明确的概念,参与的通常是"娃娃家""医院""宠物店"等生活中常见场景照搬而来的游戏,主题没有过多选择。游戏情节比较单一,基本是幼儿积累的生活经验的复制,没有进行较多的创编。游戏动作单调重复,一般是角色原型经典动作的简单模仿,比如扮演"妈妈"的幼儿经常抱着"宝宝"不松手,或者一直是喂"宝宝"喝奶的动作。

### （二）小班幼儿角色游戏的指导

1. 确定主题：帮助幼儿确定游戏主题

小班幼儿经常光顾的角色游戏是"娃娃家"，情节很简单，通常是妈妈做饭、喂宝宝吃饭等，没有其他比较新鲜复杂的情节。保教人员可以确定一个游戏主题、设计好一些有趣的游戏情节、在正式游戏前简要告诉幼儿如何开展游戏，这样既可以避免幼儿在拿到游戏玩具玩弄一阵后开始出现不知所措、无所事事的情况，也可以增加幼儿持续游戏的时间。

2. 分配角色：协助幼儿分配游戏角色

小班幼儿角色意识差，在分配角色上也是迷糊的，需要保教人员协助幼儿分配游戏角色。在幼儿刚开始接触某个主题的角色游戏时，保教人员直接根据每名参与游戏幼儿的性格、能力等分配游戏角色。当幼儿再次玩同个主题的游戏时，保教人员可以让幼儿自己选择角色来扮演，这样幼儿参与游戏的兴致更高。

3. 材料投放：提供种类少、数量多的逼真玩具

保教人员在投放游戏材料的时候，考虑幼儿已有的生活经验，根据幼儿独自游戏的发展特点，为幼儿提供种类少、数量多的形象逼真的玩具，避免幼儿因一窝蜂争抢玩具发生冲突。同时巧用投放材料的方式，逐步引导幼儿之间增加互动、体验与人交往的乐趣。

4. 角色指导：以角色身份指导幼儿游戏

在角色游戏中，小班幼儿多是独自游戏或者平行游戏，幼儿之间互动较少。当游戏出现困难时，一方面，保教人员可以与幼儿进行平行游戏，给幼儿直观示范；另一方面，保教人员以游戏中角色的身份加入游戏，通过与幼儿进行角色互动对幼儿游戏进行间接指导，使得游戏继续下去。

## 二、中班幼儿角色游戏的特点与指导

### （一）中班幼儿角色游戏的特点

1. 处于联合游戏阶段

此阶段的幼儿开始有初步的合作意识，游戏时有交往互动，如互借玩具等，但由于缺乏交往的技能导致互动不够深入，甚至常常发生多人争抢一个角色的纠纷。

2. 角色意识增强

中班幼儿的有意注意在逐步发展，呈现出无意注意向有意注意转化的趋势。幼儿倾向根据自己的兴趣爱好选择角色，尤其喜欢游戏中的"核心角色"。同时，幼儿会扮演好符合角色要求的语言、动作，能够按照角色要求选择、使用玩具。

3. 游戏主题丰富但不稳定，情节较小班丰富

中班幼儿认知范围逐渐扩大，生活经验积累逐渐增多，可以参与的游戏主题更多，甚至幼儿会自行创设游戏主题。比如，部分幼儿跟随父母外出旅游需要在机场乘坐飞机，他们对机场有了一定的认识，回到幼儿园后遇到老师讲到关于交通的内容，他们会不自觉想起机场，提议老师允许他们在活动室建设一个机场，在角色游戏时也加入有关机场的内容。此外，幼儿的想象力也在发展，他们会对游戏情节进行比较丰富的构思、对角色动作加入自己的改造等。

### （二）中班幼儿角色游戏的指导方法

1. 确定主题：协助幼儿确定游戏主题

中班幼儿的社会生活经验较小班时丰富，对游戏主题的理解也更加到位，能够轻松自如扮演许

多主题的角色,但是要幼儿自行确定游戏主题还是存在一定的困难,他们还经常不自觉更换主题。需要保教人员在游戏开始前协助确定主题,通过组织讨论的方式让幼儿确定某个主题,或者让幼儿投票决定选择哪个主题。研究显示,幼儿自行确定的游戏主题,他们的愉悦感和创造性更高。

2. 分配角色:引导幼儿分配游戏角色

中班幼儿萌发与人交往的强烈愿望,但是缺乏交往技能,经常会因为角色分配意见不合而发生纠纷。幼儿一般非常喜欢扮演游戏中的主角和正面角色。为了尽量避免游戏过程中出现冲突,保教人员在游戏开始前引导幼儿分配游戏角色、明确每个角色的社会职责,在游戏中表现符合角色特征的角色行为。当游戏中确实发生冲撞时,保教人员注意引导幼儿运用轮流、猜拳、竞争等方法来分配角色。此外,保教人员也要考虑游戏的公平性,让幼儿都有机会扮演游戏中的每个角色,而不是能力强的幼儿固定扮演主角。

3. 调和冲突:辅助幼儿调和角色冲突

当幼儿专注玩游戏时,保教人员应该成为一名观察者,安静观察并记录幼儿的游戏行为,为游戏结束的评价工作做好积累。当幼儿游戏出现冲突时,教师应该预估幼儿是否能够自行协商解决矛盾,如果不能,保教人员就介入游戏辅助幼儿调和角色冲突。值得注意的是,保教人员介入的重点不是解决矛盾,而是教会幼儿调和冲突的方法,这样才能发挥角色游戏促进幼儿社会性发展的作用。

4. 丰富内容:鼓励幼儿丰富游戏内容

中班幼儿已经具备一定的游戏经验,对于如何丰富角色游戏的情节有自己的想法,有些幼儿甚至会在游戏中途提出自己不同的意见。保教人员可有针对性地为幼儿按比例投放高结构材料、低结构材料,鼓励幼儿根据材料合作设计游戏内容、丰富游戏情节。对于幼儿创新游戏内容的言行,保教人员要着重表扬,鼓励幼儿下次继续积极进行游戏创新。

5. 指导评价:指导幼儿参与游戏评价

中班幼儿的语言表达能力和理解能力明显增强,保教人员可以逐步引导幼儿参与游戏评价,以教师评价为主,幼儿自我评价为辅。角色游戏结束后,保教人员要引导中班幼儿小组讨论游戏中存在的困难以及解决的办法,并逐一点评幼儿汇报的解决办法。对于积极参与讨论和分享的幼儿,保教人员要大力表扬,强化他们的成就感;对于胆子小不敢发言的幼儿,保教人员可以逐步鼓励他们与同伴交流,热情邀请他们上台发表自己的看法,并及时给予小玩具奖励。

## 三、大班幼儿角色游戏的特点与指导

### (一) 大班幼儿角色游戏的特点

1. 处于合作游戏阶段

此阶段的幼儿迫切希望与同伴合作,同时由于掌握了一定的人际交往技能,幼儿之间能够持续进行互动合作,出现矛盾能够相互协调角色之间的关系。

2. 角色意识明确

大班幼儿能够自主确立主题,自行商量选定角色。他们不仅会根据自己的喜好来选择角色,还会根据主题需要和角色身份来挑选哪名幼儿更适合扮演这个角色。如果在角色分配过程中存在分歧,个别协调能力出众的幼儿能较好解决分歧,使游戏得以顺利进行。

3. 游戏主题多样、情节丰富

大班幼儿对社会生活的认知越来越多,想象力也快速发展,能够按照自己的意愿选择主题,能力强的幼儿还能创设游戏主题。游戏主题来源不局限于幼儿生活中常见的场景,还有幼儿接触到的网络世界的虚拟场景,如动画片《熊出没》相关主题。大班幼儿在角色游戏中会思考情节如何发展、动作如何施展、玩具如何使用等。他们不仅能演完一个完整的故事,还能反映故事中比较复杂的角色关系。

### (二) 大班幼儿角色游戏的指导方法

**1. 确定主题:放手让幼儿确定游戏主题**

为进一步培养大班幼儿游戏的自主探究能力,保教人员需要将游戏的主动权还给幼儿,第一步是放手让幼儿确定游戏主题。大班幼儿已经接触过许多类型的游戏主题,对每种扮演过的角色的台词、动作也十分熟悉,这时幼儿想要按照自己的意愿确定游戏主题,保教人员便可大胆让幼儿选择主题、分配角色、有计划地游戏。

**2. 准备环境:鼓励幼儿准备游戏环境**

环境是重要的教育资源,幼儿会在与环境的互动中获得更长远的发展,所以保教人员应该鼓励幼儿积极参与准备游戏环境,特别是大班幼儿,社会生活经验丰富、动手能力强,很适合参与游戏环境的准备工作。

**3. 调和冲突:引导幼儿调和角色冲突**

大班幼儿与同伴发生冲突的主要源头是幼儿在规则、角色与材料方面的分歧。考虑到大班幼儿的语言表达能力和社会交往能力较强,保教人员可以利用流程图标引导幼儿自主调和角色冲突。如形象流程图标"挂号→就诊→取药→输液",能够快速准确指引扮演病人的幼儿完成看病的流程,如果中途出现意见分歧,幼儿可以根据形象流程图标调和冲突。关于争抢角色而发生的冲突,保教人员可以引导幼儿通过投票推选、轮流推选、公平竞选等方式自行解决。

**4. 游戏评价:组织幼儿参与游戏评价**

大班幼儿的游戏评价可以幼儿评价为主,包括幼儿自我评价和互相评价。角色游戏结束后,保教人员组织幼儿对游戏过程、游戏成果、游戏材料和游戏经验等进行讨论,保教人员不必给予过多总结。保教人员邀请幼儿自我评价包括幼儿游戏过程中的心情、如何与同伴互动、遇到哪些困难、如何解决遇到的困难等,幼儿互相评价涉及的话题包括被评幼儿如何使用材料、如何与人合作、如何调和冲突等。保教人员应该对幼儿的评价及时给予肯定和指正。

## 模块小结

本模块基于对角色游戏的概念、特点、结构,以及角色游戏对幼儿发展作用的分析,结合情境案例重点阐述了角色游戏组织与指导各环节的主要内容,包括角色游戏开始前的准备工作、角色游戏中的组织与指导流程、角色游戏结束部分的指导方法,以及各年龄班幼儿角色游戏的特点与指导方法。并通过"知识加油站"拓展学习者的知识视野,满足学习者深入学习角色游戏的需求。

## 思考与练习

1. 什么是角色游戏?其结构是什么?
2. 角色游戏对幼儿发展的作用体现在哪些方面?
3. 保教人员如何对幼儿的角色游戏进行指导?
4. 在角色游戏中保教人员如何针对小、中、大班幼儿的特点进行指导?

## 聚焦考证

2019年上半年幼儿园教师资格证考试《保教知识与能力》材料分析题：

在开展"烧烤店"游戏前,大一班的李老师加班加点为幼儿准备了烧烤架、烧烤夹以及各种逼真的"鱼丸""香肠""土豆片"等食材。大二班王老师没有直接投放材料,而是与幼儿商量,支持他们自己去寻找、搜集所需材料。

（1）哪位教师的做法更恰当?

（2）请分别对两位教师的做法进行评析。

# 模块四

## 表演游戏的组织与指导

教 学 课 件

## 模块导读

表演游戏是以文学作品为线索,对文学作品中角色、情节、语言、场景进行创造性想象表演的游戏活动。这里的文学作品包括幼儿故事、绘本故事、影视作品、幼儿自编文学作品,如《拔萝卜》《小兔乖乖》《三只小猪》《西游记》《龟兔赛跑》等。幼儿天生喜欢听故事,当他们一遍又一遍不厌其烦地听完这些故事后,都愿意尝试着扮演故事中的角色来进行游戏。本模块主要讲述表演游戏的相关知识以及保教人员如何根据不同年龄段幼儿的特点来指导幼儿的表演游戏。

## 学习目标

1. 知识目标
(1) 理解表演游戏的内涵与特点;
(2) 了解表演游戏的种类及教育作用;
(3) 掌握幼儿表演游戏组织指导工作各环节的主要内容。

2. 能力目标
(1) 能够根据不同年龄段幼儿的特点组织与指导表演游戏;
(2) 能够正确观察与指导幼儿的表演游戏;
(3) 能够科学评价幼儿的表演游戏。

3. 情感目标
(1) 对表演游戏感兴趣,并形成良好的学习方法和习惯;
(2) 通过对表演游戏的学习和实践,建立组织和指导表演游戏的信心。

4. 思政目标
(1) 树立科学的游戏观,具有传承中华传统表演游戏的意识;
(2) 把表演游戏的理论知识运用到实际工作中,理论与实践相结合。

## 内容结构

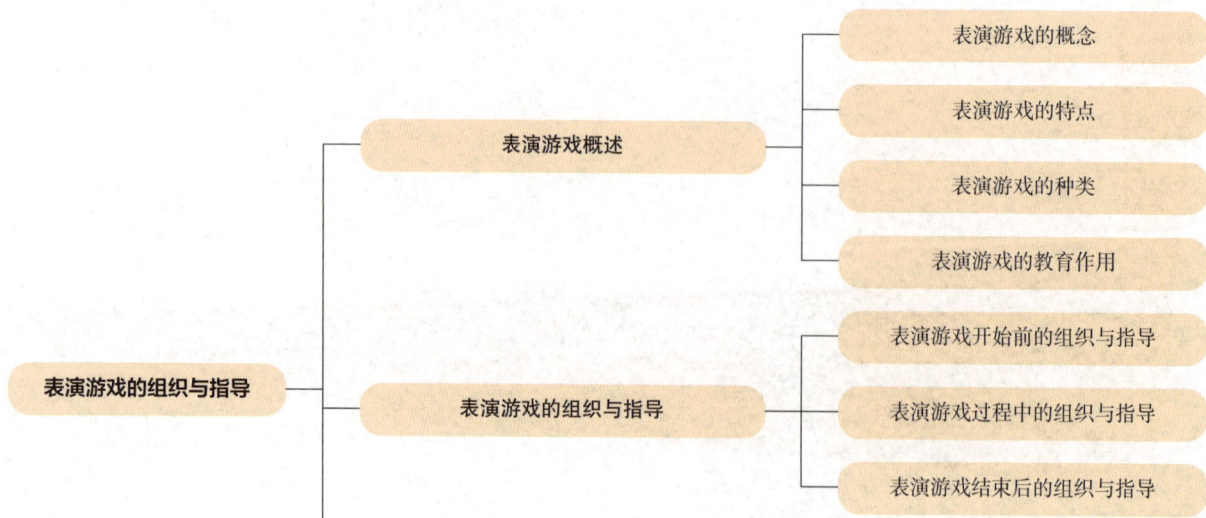

```
                                    ┌─ 小班幼儿表演游戏的特点与指导
不同年龄段幼儿表演游戏的特点与指导 ─┼─ 中班幼儿表演游戏的特点与指导
                                    └─ 大班幼儿表演游戏的特点与指导
```

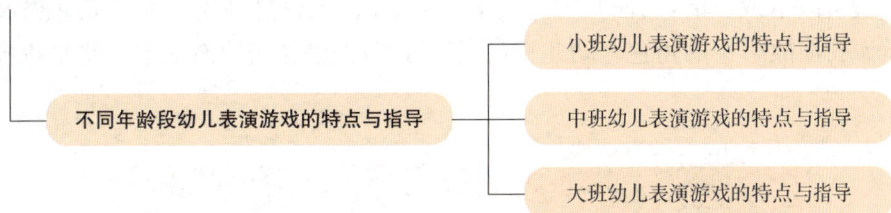

## 任务一　表演游戏概述

### 》》任务情境

**拔萝卜**

老爷爷种了个萝卜,他对萝卜说:"萝卜呀萝卜,快长大吧。长成一个又甜又脆的大萝卜!"萝卜越长越大,老爷爷就去拔萝卜。他拉住萝卜的叶子,"嗨哟,嗨哟。"拔呀拔,拔不动。老爷爷喊:"老婆婆,老婆婆,快来帮忙拔萝卜!"老婆婆拉着老爷爷,老爷爷拉着萝卜叶子,一起拔萝卜。"嗨哟,嗨哟。"拔呀拔,还是拔不动。老爷爷喊:"小姑娘,小姑娘,快来帮忙拔萝卜!"小姑娘拉着老婆婆,老婆婆拉着老爷爷,老爷爷拉着萝卜叶子,一起拔萝卜。"嗨哟,嗨哟。"拔呀拔,还是拔不动。老爷爷喊:"大黄狗,大黄狗,快来帮忙拔萝卜!"萝卜还是一动不动。老爷爷喊来了小花猫,萝卜还是没有拔出来,老爷爷又喊来了小老鼠。在大家的齐心协力下,一棵又甜又脆的萝卜被拔出来了。大家围坐成一圈品尝起来。

在这个故事当中,保教人员为幼儿准备了大萝卜、老公公、老婆婆、小姑娘、大黄狗、小花猫、小老鼠的角色头饰道具,引导幼儿按自己的意愿选择自己喜欢的角色大胆地进行表演。而表演游戏正是幼儿根据文学作品的内容和情节,通过角色扮演,运用语言、动作和表情对作品内容和情节进行表演的一种游戏形式。

思考:表演游戏有哪些特点、哪些类别,又有哪些作用呢?

情境

拔萝卜

### 》》任务要求

通过教材中所提供的表演游戏相关案例,理解表演游戏的概念,知道表演游戏有游戏性、表演性和创造性三个特点,并可分为幼儿扮演角色的表演游戏和幼儿操作道具的表演游戏两种类型。结合自身见习经验,思考表演游戏对幼儿发展的教育作用。

### 一、表演游戏的概念

表演游戏是一种创造性游戏,是幼儿根据文学作品(幼儿故事、童话、影视作品、幼儿自编文学作品等)的内容和情节,通过角色扮演,运用语言、动作和表情对作品内容与情节进行表演的一种游戏形式。例如,幼儿表演的绘本剧、童话剧、木偶剧和皮影戏等。

微课

表演游戏的概念

幼儿天生爱听故事或童话，当他们听完故事或童话后，无论是性格活跃还是性格文静的幼儿，大都愿意尝试着扮演故事中的角色。幼儿喜欢表演游戏，他们在表演游戏中情绪是积极的、投入的（图4－1－1）。

图4－1－1　绘本故事表演：拔萝卜①

表演游戏虽来源于故事、童话等文学作品，按照作品中的情节展开游戏内容，但有时幼儿可对故事内容和情节进行增加、删减和改编。

### 二、表演游戏的特点

表演游戏是表演和游戏的有机结合，具有游戏性、表演性和创造性三个特点。

#### （一）游戏性

表演游戏是游戏的一种类型，因此，表演游戏首先是一种"游戏"，游戏性先于表演性。幼儿之所以喜欢游戏，主要是因为游戏能给他们带来快乐，幼儿在游戏中表现自己的能力，满足自身的愿望，体验身心的愉悦。幼儿的表演游戏不以演给别人看为目的，而是自得其乐。

#### （二）表演性

表演游戏以"故事"为依据，幼儿一旦选择和确定了故事脚本，就会将自己的言行和故事当中的角色、情节联系在一起，再现故事内容，这就构成了表演游戏的表演特性。"表演性"是表演游戏区分于其他游戏的根本特性。

#### （三）创造性

幼儿表演游戏是一种创造性活动，幼儿在表演游戏中具有较大的自主性和创造性。他们以文学作品为脚本，但又对文学作品进行再创造，他们可以按照自己对作品的理解和喜好，在运用语言、动作、表情上适当地自由发挥，可以增加、删减或改编文学作品。在表演游戏中，幼儿可以充分发挥他们的想象力和创造力，即使是同一文学作品，不同的幼儿演绎都会产生不同的效果。

---

① 本模块图片均来自广州市白云区大源第一实验幼儿园。

**知识加油站**

表演游戏与角色游戏、戏剧表演的异同(表 4-1-1、表 4-1-2)：

表 4-1-1　表演游戏与角色游戏的异同

| 项目 | 表演游戏 | 角色游戏 |
|---|---|---|
| 区别 | 游戏角色来源于文学作品 | 游戏角色来源于现实生活 |
| 相同 | 都是一种扮演角色的创造性游戏 ||

表 4-1-2　表演游戏与戏剧表演的异同

| 项目 | 表演游戏 | 戏剧表演 |
|---|---|---|
| 区别 | 本质是游戏,是幼儿的一种自娱活动,具有自主性和随意性,幼儿在游戏中得到满足和快乐 | 本质是表演,在保教人员的组织下,按照文学作品的剧本进行表演,以演给他人看为目的,重视表演性 |
| 相同 | 都是基于文学作品的表现与创造 ||

## 三、表演游戏的种类

幼儿园常见的表演游戏可分为两种类型,一种是幼儿扮演角色的表演游戏,另一种是幼儿操作道具的表演游戏。

### (一) 幼儿扮演角色的表演游戏

幼儿通过扮演角色进行表演是幼儿园常见的表演游戏类型,主要包括故事表演、童话剧、歌舞剧等。幼儿根据故事或童话等文学作品的内容与情节,按照自己的理解去扮演角色,自导自演、自娱自乐。

图 4-1-2　小兔乖乖角色表演

### (二) 幼儿操作道具的表演游戏

幼儿操作道具的表演游戏主要包括桌面表演、影子戏表演、木偶戏表演三类。

1. 桌面表演

桌面表演,是指幼儿在桌面上运用小玩具或游戏材料代替文学作品中的角色,用口头独白、对白和对玩具材料的操作,来再现文学作品的内容与情节(图4-1-3)。桌面表演要求幼儿能用不同的声音、语气、音调等来表现不同角色的性格特征和情节的发展变化。

图4-1-3　白雪公主与七个小矮人桌面表演

2. 影子戏表演

影子戏表演,主要是利用投影的原理,借助光投射出的阴影来进行表演。幼儿玩的影子戏一般有身影戏、手影戏(图4-1-4)和皮影戏(图4-1-5),其中手影戏比较常见,皮影戏则是中国民间古老的传统艺术,具有鲜明的地方特色,皮影戏进入幼儿园具有重要的文化传承价值和教育意义。

图4-1-4　手影戏

图4-1-5　皮影戏

**知识加油站**

皮影戏是一种以兽皮或纸板做成的人物剪影来表演故事的民间传统艺术。表演时,幼儿在白色幕布后面,一边操纵影人,一边讲述故事。2011年,中国皮影戏入选人类非物质文化遗产代表作名录。

3. 木偶戏表演

木偶戏表演,是指用木偶表演来再现文学作品的表演游戏。木偶,是用木头制作的人偶。现代人们也用布、纸等各种材料来制作人偶,也称为木偶。常见的木偶有布袋木偶、手指木偶(图4－1－6)、提线木偶和棍杖木偶。

图4－1－6　手偶表演

## 四、表演游戏的教育作用

### (一) 有助于加深幼儿对文学作品的理解

在表演游戏中,幼儿以文学作品为蓝本,极力模仿作品中的角色,包括语言、动作等,不断揣摩角色的个性特征,在表演中体验作品人物的思想感情,这样有助于加深幼儿对文学作品的理解。

### (二) 有助于幼儿语言能力的发展

表演游戏的内容来源于文学作品,文学作品中的语言丰富多样、生动优美。在语言获得方面,在不同的文学作品中,即使表达同一种意思,也会运用到不同的句型和不同的词汇,日积月累,幼儿就能潜移默化地掌握不同的句型和词汇。在幼儿与幼儿之间的语言交往当中,每名幼儿对作品的认知角度、知识经验也有所不同,通过交流可以获得更多的语言经验。在倾听与表达方面,表演游戏需要有不同角色之间的对话,幼儿在扮演角色、表达自己意图的同时,还需要倾听其他角色说话,提高倾听与表达能力。

### (三) 有助于幼儿想象力和创造力的发展

表演游戏的过程是幼儿发挥想象的过程,幼儿凭着自己对文学作品的理解,在表演中对文学作品的内容、情节、语言、动作等进行增加、删除或修改,这就需要幼儿充分发挥想象力和创造力。想象力和创造力发挥得越充分,表演就越逼真、越生动。表演游戏中常常需要配合道具及制作场景,保教人员可以发动幼儿寻找替代物或者动手制作,这样也能提高幼儿的想象力和创造力。

### (四) 有助于幼儿形成优良的品格

文学作品是传播正能量的有效途径,能够引导幼儿分辨善恶美丑,有助于幼儿形成正确的价值观,塑造优良的品格。在表演游戏中,幼儿既要有独立性,又要相互合作、拥有集体观念,同时幼儿参加表演也需要勇气和自信。因此,在表演游戏中,幼儿的勇敢、大胆、自信、大方等优良品格能够得到体现。

### (五) 有助于幼儿受到艺术熏陶

表演游戏本身是一种艺术活动,是幼儿接受表演艺术熏陶的有效途径。幼儿在表演的过程中能够感受语言美、艺术美,提升美感,发展审美能力,陶冶艺术气质。例如,幼儿在表演中会主动提升自身形象,调整自己的仪容仪表。

## 任务二　表演游戏的组织与指导

### 》》任务情境

**《小兔子乖乖》片段1**

"小白兔,白又白,两只耳朵竖起来,爱吃萝卜爱吃菜,蹦蹦跳跳真可爱。"兔妈妈一边喊着长耳朵、红眼睛、短尾巴的名字,一边提起旁边的篮子说:"孩子们,一会儿,妈妈要去很远的地方拔萝卜,你们千万要记得把门关紧了,谁来都不要开门。"

思考:"小兔子乖乖"表演游戏中使用了哪些服装和道具?能够展现幼儿的哪些表演技能?

*情境*

*《小兔子乖乖》片段1*

### 》》任务要求

通过本任务中的相关案例分析,熟练掌握表演游戏开始前的准备工作、表演游戏中的组织与指导、表演游戏后的组织与指导,学会正确观察与指导幼儿的表演游戏,同时具备基本的表演技能。

#### 一、表演游戏开始前的组织与指导

表演游戏开始前的准备工作包括协助幼儿选择表演游戏的内容,表演游戏环境的创设及材料的投放,帮助幼儿合理分配角色以及指导幼儿表演的技能。

*微课*

*表演游戏前的准备工作*

#### (一)协助幼儿选择表演游戏的内容

表演游戏通常围绕幼儿文学作品展开,而幼儿文学作品种类繁多、数量较大,并不是所有的文学作品都适合用于表演游戏。适合幼儿表演游戏的文学作品应具有以下五个特征。

**1. 内容健康活泼**

选择的文学作品内容应该是健康活泼、积极向上的,这种文学作品有助于培养幼儿的积极情感和社会性发展。

**2. 符合幼儿的身心发展特点,便于幼儿理解**

所选择的文学作品是否符合幼儿的身心发展特点,直接影响到幼儿表演游戏的积极性。超出幼儿发展水平的作品,幼儿理解困难,更不要说表演了。

**3. 具有一定的表演性**

适合幼儿表演的文学作品要有一定的场景和情境。小班幼儿的表演场景最好只有一个,中、大班幼儿的表演场景也不宜过多,要集中、易于布置。供幼儿表演的文学作品还应具有明显的动作性,小、中班适宜选择情节简单的、有重复动作的文学作品。如在任务一提到的《拔萝卜》,场景只有

一个,即菜地,老爷爷、老婆婆、小姑娘、大黄狗、小花猫、小老鼠这六个故事角色出场时的动作虽然不同,但拔萝卜的动作是不断重复的。

### 4. 有起伏的情节

适合表演游戏的作品,情节主线要简单明确、脉络清晰、便于幼儿理解和记忆。同时要有起伏的情节,情节发展的节奏要快、变化要明显,这样才能吸引幼儿,便于幼儿表演。如《三只小猪》的故事中,猪老大盖了一间草屋,猪老二盖了一间木屋,猪老三盖了一间砖屋,大灰狼把草屋吹倒了,把木屋撞倒了,只有砖屋牢不可破,最后狼从烟囱掉下来被火烧跑了。这个故事情节有明显的起伏和变化,对幼儿很有吸引力。对于情节发展缓慢、语言陈述过多的作品,幼儿则不感兴趣,且不易于表演。

### 5. 有较多的对话

选择的文学作品要对话较多且要简明,能配上相应的动作,便于幼儿在表演游戏中边说边做动作,以增加表演的趣味性。如故事《老虎拔牙》,在老虎与狐狸的对话中,配上小狐狸拍胸脯、不断给老虎送糖、狐狸给老虎拔牙等动作,生动有趣、易于表现,深受幼儿喜爱。

#### (二) 环境创设及材料投放

创设游戏环境是幼儿开展游戏的保障,幼儿表演游戏的开展主要通过班级区域活动来进行,表演游戏区的建设为幼儿提供了环境与材料保障。表演区的布置要美观整洁,富有艺术气息,许多幼儿园通常把表演区设置在走廊或较为宽阔的区域,便于幼儿表演和观看。保教人员可以根据幼儿平时喜欢的文学作品角色,吸引幼儿一起参与表演游戏场景的布置,准备服装、道具等,激发和调动幼儿参与表演游戏的积极性和主动性,发展幼儿的动手操作能力,发挥想象力和创造力。

### 1. 简易的舞台和布景

表演游戏一般在平地上或者活动室内进行,可以创设一个专门的区角来做表演区,也可以用小椅子、小桌子或者较大的积木围起来设置成一个小舞台。表演用的布景以简单、方便为宜(图4-2-1),只要能起到烘托情境、渲染表演氛围即可。制作的布景造型要夸张,色彩要鲜艳,可以结合美工活动,让幼儿一起参与设计和制作。最好还能提供一些优秀的图画书以及纸、彩笔等,便于幼儿进行剧本创作,并为其表演游戏的开展积累更多的文学经验。

图4-2-1　简易的舞台和布景

### 2. 服装和道具

幼儿的表演游戏和成人的戏剧表演不同,不必执着于成人欣赏的装饰美,服装不一定要购买高级材料制作,可以用各种材料,如废旧物品,结合美工活动与幼儿一起制作。道具也不必过分追求完美齐全,只要能够表现角色的显著特征即可。总的来说,服装、道具应力求简便、易于制作,设计与制作服装和道具是幼儿表演游戏的组成部分,保教人员不要完全包办,幼儿一起参与能提升其成就感。

幼儿表演游戏常见的服装和道具有：各种人物的服装和道具,如爷爷、奶奶、爸爸、妈妈、医生、警察(图4-2-2)、消防员等；各种动物的头饰和道具,如老虎、狐狸、大灰狼、兔子、羊等；童话、神话、动画故事中较常见的人物服装和道具等,如白雪公主和七个小矮人、孙悟空、猪八戒、沙和尚等。这些材料可以成套配置,也可以提供各种素材,如胡子(图4-2-3)、眼镜、帽子(图4-2-4)、围裙、腰带、发饰、乐器(图4-2-5)等,让幼儿根据自己的想法自由搭配。同时提供牢固的镜子,供幼儿自我欣赏和自我整理。

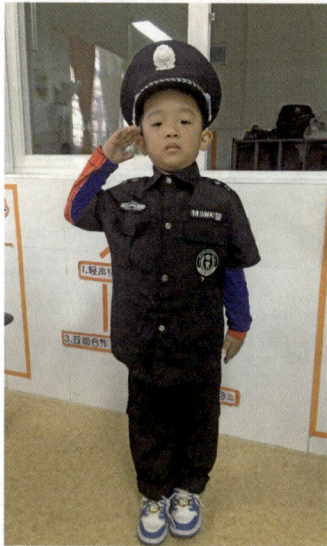

图4-2-2　警察服装

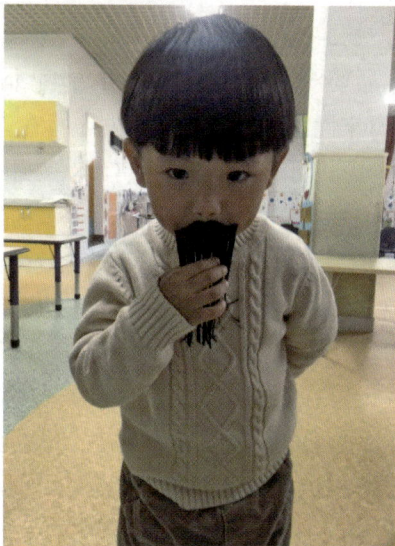

图4-2-3　胡子道具

图4-2-4　头饰

图4-2-5　乐器

除此之外,保教人员还应创设轻松、愉悦、接纳、认可、尊重的精神环境,鼓励幼儿大胆表演、充分展示。

### (三)幼儿表演技能的经验准备

幼儿在表演游戏中,必须用到的基本技能有语言表达技能、歌唱表演技能和形体表演技能。在游戏开始前保教人员应为幼儿做好相关技能的经验准备。

1. 口头语言表达技能

幼儿表演游戏的大部分角色形象是通过口头语言来表现的,口头语言的表达技能主要表现在对语气语调的处理和对"音腔"的设计上。语气语调要富有变化,具体表现为轻重、快慢、高低和停顿。一般来说,需要强调、突出的,语气要重一些;表现紧张惊险的场面,速度可快一些;表现疑问的,语调要高一些,紧接着高调后面往往都要把语调降低一点。

设计"音腔",是为了形象展现作品人物的个性特征。优秀的文学作品,一般都有鲜明的人物特征,表演者力图根据作品中人物的年龄、性别、性格、职业等要素,为人物设计一种最适合该角色的发音腔调,观众也能够借助这种特有的"音腔"将该角色与其他角色区别开来。如兔子的声音又轻又细,透着温柔乖巧的特点;小熊的声音笨重而缓慢,带着憨厚老实的感觉。

2. 歌唱表演技能

歌唱表演技能包括音准正确、吐字清晰、用自然好听的声音歌唱以及能根据乐曲的快慢、强弱等变化有表情地演唱。在表演游戏前,保教人员应指导幼儿在歌唱时旋律曲调要准确、吐字要清晰、音量适度、快慢适中、表情要符合角色的要求等。例如,在表演游戏"小兔子乖乖"中,虽然狼和兔妈妈演唱的歌曲内容几乎一样,但幼儿在扮演狼和兔妈妈时歌唱的语气、语调和表情都会不一样。只有具备较好的歌唱表演技能,才能把文学作品表演得生动、有趣,以形象地展现出不同角色的性格特征。

3. 形体表演技能

幼儿的形体表演技能包括步态、手势、动作等,除了要掌握人们日常的生活动作外,还要掌握一些动物的典型动作。在表演中,幼儿的动作要夸张一些,动作幅度要大一些,使表演具有一定的舞台效果,充分表现出不同角色的特点。例如在"猴子吃西瓜"中,猴王对猴民说话时,可把双手放背后,头稍昂;小毛猴可做个挠耳挠腮的姿势;老猴可做用手捋胡子的样子。这样观众不仅能从声音中分辨不同角色,也能从动作中看到角色的形象。

## 二、表演游戏过程中的组织与指导

在幼儿的表演游戏中,保教人员应关注角色的分配,细致地观察幼儿游戏,适时适度地介入指导,提高幼儿的游戏水平。

### (一) 关注角色分配,帮助幼儿合理看待角色

在幼儿的表演游戏中,幼儿比较关心和在意自己扮演的角色,他们往往都倾向于扮演文学作品中的主角或者正面角色,但角色的分配是否恰当又会影响幼儿的情绪和表演游戏的质量。因此,此时需要保教人员在游戏前帮助幼儿形成科学的游戏观。保教人员要帮助幼儿认识到无论是正面角色还是反面角色,都是作品中不可或缺的一部分,表演每一个文学作品都需要主角和配角、正面角色和反面角色的协调配合,使幼儿对主角、配角、正面角色、反面角色形成正确的认识,积极对待自己所扮演的角色。

第一,鼓励幼儿自主选择角色。保教人员应鼓励幼儿大胆选择自己喜爱的角色,同时也要让幼儿理解轮换担当角色的必要性。能力较强的幼儿担当主角是可以的,尤其是在一些新的表演游戏当中,能力强的幼儿担任主角能使游戏顺利进行,但保教人员也应鼓励和帮助能力较弱的幼儿勇于担任主角。

第二,当角色选择发生分歧时,保教人员应引导幼儿和同伴协商分配角色,可采取下面两种方法:
① 轮换法:让幼儿自行协商或用猜拳等方法确定扮演主角次序的先后,依次轮流进行表演。
② 发现法:帮助幼儿发现扮演其他角色的乐趣,让幼儿自愿选择其他角色,如狐狸、大灰狼等

在文学作品中总是以反面角色出现,保教人员应引导幼儿发现这些角色在表演上的趣味性和挑战性,鼓励幼儿大胆尝试,并在表演的生动性上加大评价力度,让幼儿也喜欢上表演这些角色。

### (二)细致地观察幼儿游戏,适时适度地介入指导

观察技能是衡量保教人员专业水平的重要指标之一,保教人员需要对幼儿的表演游戏进行观察,并对结果进行记录和分析,从而对幼儿的表演游戏实施有效的指导,提高幼儿的表演游戏水平。

1. 表演游戏的观察要点

(1)表演游戏前的预备性观察

保教人员在表演游戏前,应该进行必要的预备性观察。一是关于表演游戏活动场地及材料投放的观察,如表演游戏场地的位置、大小、容积,服装与道具等游戏材料的数量是否满足幼儿的需要,有无争抢游戏材料的可能性,是否安全卫生,游戏材料是否符合幼儿的年龄特征,是否过难或过易;二是关于表演游戏主题的观察,如游戏中有哪些主题,是否有新生成的主题,新主题是怎样产生和发展的,以及对表演游戏主题的重复与变换频次的观察等。

(2)表演游戏过程的观察

对表演游戏过程的观察是保教人员观察幼儿游戏行为的重点。

第一,观察表演游戏的发起活动环节。包括活动发起人、发起地点、参与人数等。

第二,观察游戏过程中的游戏行为和变化。游戏行为包括幼儿的角色扮演与情感表现,表演情节与角色对话,幼儿的身体动作、面部表情和语音语调;游戏变化包括角色扮演是否发生变化,故事情节是否发生变化,引起变化或改动的原因是什么等。

第三,观察幼儿对表演游戏的兴趣程度与同伴关系。表演游戏持续时间的长短在一定程度上能反映出幼儿的游戏兴趣,有时同伴关系会影响幼儿表演游戏的兴趣程度,如是否有幼儿中途加入或离开,幼儿的情绪是否有明显变化,同伴之间是否发生矛盾纠纷等[①]。

第四,观察表演游戏的规则。在表演游戏过程中,保教人员要关注幼儿在游戏前、游戏中以及游戏结束时的常规表现和对游戏规则的认同与执行情况。

总结归纳起来,如表 4-2-1 所示。

表 4-2-1　表演游戏的观察要点

| 观察维度 | 具体观察内容 |
| --- | --- |
| 游戏场地及材料投放 | 1. 游戏场地的安排是否合理,位置、大小、容积等是否合适<br>2. 材料是否满足幼儿的需要,有无争抢的可能性,是否安全卫生,是否符合幼儿的年龄特征,是否过难或过易 |
| 游戏主题 | 1. 有哪些主题,是否生成新主题,新主题是怎样产生和发展的<br>2. 主题的重复和变换频次 |
| 游戏的发起环节 | 游戏发起人、发起地点、参与人数 |
| 游戏中幼儿的行为和变化 | 1. 语言对话、语音语调、身体动作、面部表情、情感表达<br>2. 角色扮演是否发生变化,故事情节是否发生变化,变化的原因是什么 |
| 幼儿的兴趣程度和同伴关系 | 1. 表演游戏持续的时间,是否有幼儿中途加入或离开<br>2. 幼儿的情绪是否有明显的变化,同伴之间是否发生矛盾<br>3. 幼儿的社会交往水平和组织能力如何 |
| 幼儿对游戏规则的遵守 | 能否遵守游戏规则,爱护玩具,收拾并整理玩具 |

---

① 夏宇虹,胡婷婷. 学前儿童行为观察与指导[M]. 长沙:湖南师范大学出版社,2019.

**2. 观察的记录方式**

根据观察要点的不同,观察者必须明确观察的目的、选定观察对象、确定观察内容和范围、拟定观察提纲和选择记录方式。一般来说,表演游戏的记录方法主要有两种,一种是开放式的记录方式,另一种是封闭式的记录方式。

（1）开放式的记录方式

为了获取完整、全方位的信息,观察者可选用开放式的记录方式,即将幼儿在表演游戏中的行为表现与现场情境全部如实记录下来,尽可能地保留原始信息,以便日后反复查看与分析。记录的内容包括观察者、观察时间、观察地点、观察对象、观察主题、观察实录、观察分析等,样式如表 4-2-2 所示。

表4-2-2　幼儿表演游戏观察记录结果及分析

| 观察者 | |
| --- | --- |
| 观察日期 | |
| 观察地点 | |
| 观察对象 | |
| 观察主题 | |
| 观察实录 | |
| 观察分析 | |

（2）封闭式的记录方式

如果观察目的明确、事先能够确定需要记录的行为表现,则可以选择封闭式的记录方式,常用表格来记录行为或事件发生的频数及相应情境,见表 4-2-3。

表4-2-3　幼儿表演游戏观察记录表

幼儿姓名:　　　　时间:　　　　地点:　　　　观察者:

| 观察维度 | 幼儿表现程度 |
| --- | --- |
| 自主创设游戏场景能力 | 强(　) 中(　) 弱(　) |
| 自主选择和制作服装道具能力 | 强(　) 中(　) 弱(　) |
| 对表演游戏感兴趣程度 | 强(　) 中(　) 弱(　) |
| 遵守规则 | 强(　) 中(　) 弱(　) |
| 有角色意识 | 强(　) 中(　) 弱(　) |
| 语气语调富有变化 | 强(　) 中(　) 弱(　) |
| 动作形象 | 强(　) 中(　) 弱(　) |
| 表情生动 | 强(　) 中(　) 弱(　) |

**3. 适时适度地介入指导**

一般来说,保教人员可以两种身份介入幼儿的表演游戏,一种是"游戏者",另一种是"旁观者"。

（1）以"游戏者"的身份介入

在表演游戏中，保教人员应经常与幼儿一起参加表演，并在游戏中担任某个角色。保教人员与幼儿一同表演有以下两方面的作用：一是具有示范作用，幼儿可以模仿老师的表演，从中得到启发；二是便于保教人员在游戏过程中及时使用提问、提出建议等方法，启发和帮助幼儿更好地理解和表现作品内容。

（2）以"旁观者"的身份介入

幼儿在表演时，如果出现遗忘某些情节或对话，或者表情动作与角色特征不符等情况时，保教人员可用语言或模仿动作给予提示，切忌随意打断幼儿的表演，或在旁边不停地喊叫指挥，这样会使幼儿的表演处于被动状态。表演游戏的"游戏性"先于"表演性"，保教人员应尊重和允许幼儿对文学作品有自己的理解与表现的方式。鼓励幼儿在还原文学作品的基础上，有自主的想象和创造，使表演游戏真正地"游戏"起来。

### 三、表演游戏结束后的组织与指导

表演游戏结束后，保教人员应关注材料整理和游戏延伸。

#### （一）进行游戏材料的收拾整理工作

表演游戏结束后，保教人员应指导幼儿进行游戏材料的收拾整理工作，既能为下次游戏的开展做准备，又能培养幼儿良好的生活习惯。针对不同年龄阶段的幼儿，保教人员应该采取不同的指导方法，切勿包办代替。对于小班幼儿，保教人员可以请幼儿一起收拾整理，培养他们游戏后参与整理的意识；对于中班幼儿，主要培养他们收拾整理的能力，以幼儿为主，保教人员在必要时予以帮助；对于大班幼儿，保教人员应要求幼儿独立完成收拾整理工作，保教人员予以一定的督促。

#### （二）对表演游戏进行总结、评价

表演游戏结束后的总结与评价是游戏组织的重要环节。保教人员可以针对以下三个方面进行总结与评价。

1. 对幼儿表演技能的总结与评价

保教人员可以评价幼儿在表演游戏的过程中，对故事内容与情节的掌握情况，对角色性格特征的把握情况，对语言、动作、表情的运用情况等。

2. 对游戏材料的制作与使用情况的总结与评价

当表演游戏的材料缺少时，有的幼儿会寻找其他物品进行替代，有的幼儿会自己动手，现场赶制一些道具。保教人员应对幼儿的这种行为进行肯定和鼓励，充分发挥幼儿的想象力、创造力和解决问题的能力。

3. 对游戏中幼儿行为的总结与评价

如在表演游戏时争抢角色的行为、破坏道具的行为、不遵守游戏规则的行为等需要保教人员进行及时的总结与评价。

总结与评价的方式可以多元化，可采取保教人员评价、幼儿之间评价、幼儿自己评价相结合的方式。保教人员在总结与评价环节可灵活处理讲评内容与讲评方式。

#### （三）设计好游戏延伸

幼儿可在其他活动区或其他活动中延伸表演游戏，例如，在美工区进行道具制作、在阅读区丰富对文学作品的理解以及创编剧本等。保教人员要做好引导。

**案例链接**

### 让皮影偶拥有"法术"的挑战之旅[①]

皮影戏是一种中国传统民间艺术表演形式,皮影在灯光下的变幻及光与影的视觉效果,深深地吸引着幼儿,因此,保教人员在大班开设了皮影剧院的游戏区。在制作完皮影进入表演阶段后,还能怎样挖掘探究点,引导幼儿开启更有趣味性和挑战性的活动呢? 幼儿在表演经典皮影故事——"孙悟空三打白骨精"时,保教人员从幼儿的对话中关注到幼儿想要让皮影展现出"法术",因此,在表演游戏结束后,保教人员开展了一场支持幼儿探索"让孙悟空拥有各种法术"的活动之旅。

## 任务三 不同年龄段幼儿表演游戏的特点与指导

### 》 任务情境

#### 《小兔子乖乖》片段 2

在《小兔子乖乖》中有一个这样的场景:三只小兔发现门外是大灰狼时,一起用力用门夹住大灰狼的尾巴。大灰狼抱着屁股灰溜溜地跑了。但就在这个时候,游戏发生了意外,用来固定门的水瓶倒了,里面的水流了出来。正在这时,兔妈妈回来了,发现地上有一摊水。于是几个小朋友就在讨论地上的水是什么,是水? 是尿? 还是……

情境

《小兔子乖乖》
片段 2

思考:该游戏适合哪个年龄段? 游戏过程中发生的事情体现了该年龄段表演游戏的什么特点? 保教人员应予以怎样的指导?

### 》 任务要求

结合在校学习和幼儿园见习经验,熟练掌握不同年龄段幼儿表演游戏的特点和指导要求,初步具备指导各年龄段幼儿开展表演游戏的能力。

在不同的年龄阶段,幼儿的表演游戏有着不同的特点,其表演水平也表现出显著的差异。因此,保教人员对不同年龄阶段幼儿的表演游戏应进行不同的指导。

### 一、小班幼儿表演游戏的特点与指导

微课

小班幼儿表演游戏的
特点及指导要点

#### (一) 小班幼儿表演游戏的特点

① 没有明确的目的和主题,只顾满足自己表演的愿望;

② 不能独立完成角色分配任务,角色意识不强,交往欲望低;

③ 需要保教人员的提示才能坚持表演主题,表演能力较弱;

---

[①] 郑爽. 让皮影偶拥有"法术"的挑战之旅[J]. 学前教育,2021(17):38.

④ 不会自主开展表演游戏,只能被动地听从保教人员的安排,不能自主地、创造性地延伸表演内容。

### (二)小班幼儿表演游戏的指导

① 热情地鼓励和支持小班幼儿开展表演游戏,帮助幼儿认清表演游戏的目的。

② 帮助小班幼儿选择主题明确、内容简单、生动有趣的文学作品,尊重幼儿的意愿,避免指令性要求,不要包办代替。

③ 帮助或带领幼儿一起准备形象、简单、方便的道具和材料,激发幼儿的表演兴趣,尽快地吸引幼儿进入角色,但不要包办代替。

④ 小班幼儿不能独立完成角色分配的任务,保教人员可以指定或参与幼儿的角色分配,帮助幼儿解决角色分配的问题。

⑤ 小班幼儿表演能力弱,保教人员可以在表演游戏中担任某一角色,对幼儿进行示范引导。一开始担任主要角色,之后慢慢地担任一般角色甚至不担任角色,最后鼓励幼儿担任所有角色。

⑥ 保教人员对小班幼儿表演游戏的指导不能操之过急,要为幼儿创设一个宽松、自由的环境,让幼儿感受到表演游戏的乐趣。

### 案例链接

#### 迷路的小花鸭

池塘边,柳树下,有只迷路的小花鸭。

小花鸭:呜呜呜,我要回家。

小白兔:不哭不哭,我送你回家,告诉我你的家住在哪儿?

小花鸭:我的家在有水的地方。

小白兔带着小花鸭来到了小河边,可这里不是小花鸭的家。

小花鸭:呜呜呜,我要回家。

小青蛙:不哭不哭,我来帮助你,告诉我,你妈妈叫什么名字啊?

小花鸭:叫"妈妈"。

小青蛙发愁了,到哪儿去找呢?

小鹅:告诉我,你爸爸叫什么名字?

小花鸭:叫"爸爸"。

小鹅没了主意,这可怎么找呢?

小鸟:别急别急,我能找到你的家。

小鸟飞呀飞,一路上不停地打听:哪位妈妈丢了宝宝?红嘴巴,红双脚,一身黄绒毛……

小牛:哞哞,谁家丢了鸭宝宝?

小羊:咩咩,谁家丢了鸭宝宝?

黄狗:汪汪,谁家丢了鸭宝宝?

花猫:喵喵,谁家丢了鸭宝宝?

鸭妈妈急急忙忙跑来了:哎呀呀,我家丢了鸭宝宝……

小花鸭见了妈妈,高兴得嘎嘎叫。

分析

故事《迷路的小花鸭》情节简单,对话简短,适合小班幼儿。故事中出现的角色有小花鸭、小白兔、小青蛙、小鹅、小鸟、小牛、小羊、黄狗、花猫、鸭妈妈,角色较多,在表演形式上保教人员可以引导幼儿发挥想象,思考不同动物的角色特征,如小白兔走路是上下跳动的,小鹅走路是左右摇晃的,小鸟是飞着出来的等,鼓励幼儿大胆地表演各种动作。

## 二、中班幼儿表演游戏的特点与指导

### (一)中班幼儿表演游戏的特点

① 能独立进行角色分配,但角色轮换意识弱;

② 计划性差,往往要经过一段无所事事或者嬉笑打闹的过程,才能慢慢进入游戏状态;

③ 目的性仍然不够明确,经常因为准备道具和材料而忘记了游戏的目的,需要保教人员提示才能坚持表演游戏的主题;

④ 角色扮演以一般性表演为主,语言和动作都不够生动,较少运用表情等来表现角色。

### (二)中班幼儿表演游戏的指导

① 中班幼儿还没有形成角色轮换意识,保教人员要给他们讲解角色更换原则,使幼儿愉快地接受轮换角色,培养幼儿的合作能力。

② 给幼儿提供适宜的时间和空间。由于中班幼儿进入游戏过程较慢,需要的时间较长,因此,保教人员要为幼儿提供适宜的时间和空间,耐心等待幼儿开展游戏,保证幼儿有不少于30分钟的游戏时间。同时幼儿的表演游戏需要一个安全、有趣的环境,保教人员要给幼儿准备一个表演空间,这个空间最好在一定时间内固定下来,给幼儿充分的认同感和安全感。

③ 由于中班幼儿表演游戏的目的性差,保教人员应为幼儿准备简单且容易制作的材料,以减少他们花在制作材料上的时间,从而尽早进入表演状态,但仍要提醒幼儿坚持游戏主题。

④ 不断发展幼儿的语言能力,丰富幼儿的表情,使他们不再单纯地依靠动作来表演,做到语言、动作、表情相辅相成,从而提高表演水平。

案例链接

三只羊过桥①
第一幕　在森林里

(三只羊出场)

在森林里有三只羊,它们手拉手打算过桥去吃草,三只羊很快乐地唱起了歌曲:"今天天气真好,花儿都开了,杨柳树枝对着我们弯弯腰,蝴蝶姑娘飞来了,蜜蜂嗡嗡叫,小兔子呀一跳一跳又一跳……"

第二幕　过独木桥

(三只羊依次排队站在"独木桥"的这一端,大灰狼站在另一端)

① 浙江省教育厅教研室组织编写.幼儿园经典表演游戏[M].杭州:浙江人民出版社,2016.

山羊宝宝走上桥,遇到大灰狼,大灰狼恶狠狠地露出尖利的爪子,拦住了山羊宝宝的去路。

山羊宝宝:我是山羊宝宝,我要过桥去吃草。

大灰狼:我是大灰狼,今天我要吃了你!

山羊宝宝:请你不要吃我,我的身体太小了,等我长大了,你再吃我好不好?

大灰狼:好吧好吧,你走吧!

小山羊走上桥,遇到大灰狼,大灰狼恶狠狠地露出尖利的爪子,拦住了小山羊的去路。

小山羊:我是小山羊,我要过桥去吃草。

大灰狼:我是大灰狼,今天我要吃了你!

小山羊:请你不要吃我,我的身体太瘦了,等我长胖了,你再吃我好不好?

大灰狼:好吧好吧,你走吧!

大山羊走上桥,遇到大灰狼,大灰狼恶狠狠地露出尖利的爪子,拦住了大山羊的去路。

大山羊:我是大山羊,我要过桥去吃草。

大灰狼:我是大灰狼,今天我要吃了你!

大山羊:你想现在吃我吗?我的身体很强壮,我要和你比力气,看看谁能得第一。

大灰狼:好吧,好吧,比就比!

### 第三幕 欢庆胜利

大灰狼和大山羊在"独木桥"上比力气,大灰狼的力气比不过大山羊,跌落桥下,被水冲走了。山羊们都过了桥,开心地唱起了歌,跳起了舞,一起欢庆胜利!

(放音乐,幼儿自由舞蹈,离场)

**分析**

在拓展表演方式以及提高幼儿的表演水平方面,保教人员可以请幼儿欣赏相关童话剧的演出,引导幼儿挖掘角色之间的不同表演方式,也可在语言、动作、情节等方面进行引导和拓展。

语言引导:如山羊宝宝声音轻柔、可爱;小山羊瘦弱,表现出弱不禁风的样子(没吃饱似的);大山羊语气坚定、果敢、有力气;大灰狼声音粗厚、笨重,又有些凶狠。

动作指导:如大山羊在动作上可表现为有精神的,抬头挺胸的;大灰狼在动作上露出凶狠的眼神,迈着沉重的步子,伸出尖利的爪子;三只羊打败了大灰狼,就可以用愉悦的动作表示,比如跳舞、拍手、转圈。幼儿也可在自己理解的基础上,更加自由、富有创造性地表现角色特点。

情节创编:鼓励、指导幼儿在原作品的基础上进行合理创新,增加游戏的趣味性,突出游戏主题。

## 三、大班幼儿表演游戏的特点与指导

### (一) 大班幼儿表演游戏的特点

① 能独立进行角色分配,并有很强的角色更换意识,且能够迅速形成角色认同,快速进入游戏状态;

② 表演游戏的计划性、目的性强,具有较强的任务意识,能自觉表现作品的内容和情节;

③ 具备一定的表演技巧,能灵活运用多种表现手段,但表演水平仍待提高。

### （二）大班幼儿表演游戏的指导

① 大班幼儿已经具备独立开展表演游戏的能力,保教人员除了为幼儿提供时间和空间外,应尽量放手让幼儿自主布置游戏场地、准备游戏材料、分配角色以及自主开展表演游戏,充分发挥幼儿的自主性和创造性,保教人员尽可能少干预或不干预。

② 随着游戏的不断展开,保教人员应及时给予幼儿反馈,反馈的重点是幼儿如何运用语气、语调、夸张的动作、生动的表情来塑造角色,以提高幼儿表现故事、塑造角色的能力。

**案例链接**

#### 猪八戒换脑袋

在《猪八戒换脑袋》原文中有这样一个片段:

孙悟空急忙扶住猪八戒说:"你一早上哪儿去了?"猪八戒皱着眉头说:"都怪我嘴馋贪吃,吃坏了肚子,拉屎去了……哎哟,哎哟……喔哟哟……"猪八戒索性在地上打起滚来,装得可像呢!

**分析**

艺术来源于生活,表演《猪八戒换脑袋》时,保教人员可以引导幼儿从实际生活经验出发,对于"吃坏了肚子,肚子痛"该怎么演绎,幼儿结合自身经历对故事情节发挥想象和进行再创造,用符合故事情节的表情和动作来表演角色,从而提高幼儿表现故事、塑造角色的能力。

### ▶▶ 模块小结

表演游戏是一种创造性游戏,是幼儿根据故事或童话等文学作品的内容和情节,通过角色扮演,运用语言、动作和表情对作品内容与情节进行表演的一种游戏活动,具有游戏性、表演性和创造性等特点,分为幼儿扮演角色的游戏和幼儿操作道具的游戏两大种类。表演游戏有助于加深幼儿对文学作品的理解,有助于幼儿语言能力、想象力和创造力的发展,有助于幼儿形成优良的品格以及受到艺术熏陶。

在表演游戏前,保教人员需要协助幼儿选择表演游戏的内容,创设游戏环境,做好幼儿表演技能的相关技能准备。表演游戏中要关注角色分配,帮助幼儿合理看待角色,细致地观察幼儿游戏并适时适度地介入指导。表演游戏结束后,保教人员应关注材料整理、总结评价和游戏延伸。不同年龄段幼儿的表演游戏呈现出不同的特点,保教人员应根据这些不同的特点分别给予指导。

### ✏ 思考与练习

**一、简答题**

1. 什么是表演游戏? 表演游戏的特点是什么?
2. 比较表演游戏与角色游戏、戏剧表演的相同点与不同点。
3. 表演游戏的分类有哪些?
4. 表演游戏前的准备工作有哪些?
5. 如何培养幼儿的表演技能?
6. 怎样根据中班幼儿的特点,指导中班幼儿开展表演游戏?

习题测试

## 二、实训任务

在表演游戏模块的案例中,提到了《小兔子乖乖》《三只小猪》《老虎拔牙》《猴子吃西瓜》等文学作品(请扫描下面的二维码查看剧本),请抽取其中一个文学作品进行表演。

要求:

**1.** 分组,每组 6～7 人,并抽取一个文学作品进行表演。

**2.** 各组自行确定个人扮演的角色、表演的形式,并自行设计与制作场景、服装和道具。

考核:

**1.** 每组轮流汇报。

**2.** 根据汇报的情况对综合表演技能进行评价打分,采取"教师评 + 组间评 + 组内评"的综合评价方式。

《小兔子乖乖》　　　　《三只小猪》　　　　《老虎拔牙》　　　　《猴子吃西瓜》

### 🖃 聚焦考证

**1.** 中班的小林喜欢表现自己,组织能力比较强,王老师每次在开展表演游戏时总让小林扮演主角。王老师的做法违背的素质教育要求是(　　　　)。(2021 上半年幼儿园教师资格证考试《幼儿综合素质》真题)

A. 促进学生全面发展　　　　　　　　B. 面向全体学生

C. 促进学生个性发展　　　　　　　　D. 培养创新精神

**2.** 幼儿通过塑造角色表现文艺作品内容的游戏是(　　　　)。(2021 上半年幼儿园教师资格证考试《幼儿保教知识与能力》真题)

A. 角色游戏　　　　B. 结构游戏　　　　C. 智力游戏　　　　D. 表演游戏

# 模块 五

## 智力游戏的组织与指导

任务一 ➜ 智力游戏概述

任务二 ➜ 智力游戏的组织与指导

任务三 ➜ 不同年龄段幼儿智力游戏的特点与指导

## 模块导读

智力游戏广泛存在于人类的生活当中，从成人喜欢玩的象棋、围棋、纸牌类游戏，到青少年喜欢的各种桌游，为人们的生活带来了很多乐趣。好的智力游戏对幼儿同样有着巨大的吸引力和重要的教育作用。脑科学研究表明，6岁幼儿的脑重量已达到成人脑重量的90%，幼儿大脑具有极强的可塑性，智力游戏围绕观察、记忆、想象、思考等智力因素为幼儿大脑提供适当的信息刺激，能有效促进幼儿的智力发展。

## 学习目标

1. 知识目标
(1) 理解智力游戏的概念、结构、特点。
(2) 掌握智力游戏的分类及教育作用等基本知识。

2. 能力目标
(1) 游戏前能为幼儿创设良好的游戏环境、提供适合的游戏材料，并教会幼儿游戏的玩法。
(2) 游戏中注意培养幼儿的规则意识和游戏策略意识，关注个别差异，及时更新游戏材料。
(3) 游戏后能采用科学的评价方法组织幼儿评价游戏。
(4) 掌握小、中、大班不同年龄段智力游戏的特点，并能有针对性地进行指导。

3. 情感目标
对智力游戏活动感兴趣，愿意积极尝试智力游戏活动的组织与指导。

4. 思政目标
理解并学习"四有好老师"的要求，并能在保教活动中贯彻执行。

## 内容结构

## 任务一　智力游戏概述

**>> 任务情境**

飞行棋是深受幼儿喜爱的智力游戏,由四种颜色的棋子组成,上面画有飞机的图形,最多可以四个人各拿一种颜色的棋子一起玩。棋里有一个骰子,只要转动骰子,骰子停下来的时候正面是几,棋子就走几步,最先到达终点者赢得比赛。小班下学期的幼儿可以尝试接触和了解飞行棋,升入中班后则可以自如地按照游戏规则进行游戏。

飞行棋

思考:飞行棋为什么这么受幼儿欢迎?飞行棋的游戏任务是什么呢?

**>> 任务要求**

通过教材中所提供的智力游戏相关案例,理解智力游戏的概念与结构,掌握智力游戏具有趣味性、益智性、挑战性三个基本特点,并结合自身见习经验思考智力游戏对幼儿发展的重要意义与作用。

### 一、智力游戏的概念

智力是指人认识、理解客观事物并运用知识、经验等解决问题的能力,包括记忆、观察、想象、思考、判断、推理等。智力游戏是指通过完成一定的智育任务,采用简单有趣的游戏玩法,以促进幼儿智力发展为目的的规则游戏。为了锻炼幼儿的观察力、记忆力、想象力和思维能力等智力因素,人们便精心设计、巧妙开发一些益智游戏,使之成为开发儿童智力、锻炼儿童思维的手段。

### 二、智力游戏的结构和特点

#### (一) 智力游戏的结构

了解智力游戏的结构可以帮助人们清楚智力游戏的构成要素,对智力游戏的组织与指导具有重要意义。一个看似简单的智力游戏包含了哪些因素呢?下面以幼儿经常玩的飞行棋为例来说明智力游戏的结构,它主要包括游戏的任务、游戏的玩法、游戏的规则及游戏的结果。

1. 游戏的任务

每个智力游戏在设计之初就需要认真思考这项游戏锻炼的是幼儿哪方面的智力,一个成功的智力游戏包含一项甚至几项智育任务,在飞行棋游戏中,幼儿在情景丰富的棋盘上掷六面骰子,运用棋子朝着目的地飞行,最先到达目的地者赢得游戏。此游戏的主要任务是锻炼幼儿的专注力、观察力、6 以内的点数能力以及规则意识的培养。游戏中参与者掷骰子的运气、棋盘上的各种直飞、后退功能以及同伴间的竞争使得游戏充满趣味,深受幼儿喜爱,游戏的任务渗透在幼儿的游戏过程中。各种棋类游戏都需要参与者积极调动思维、使用策略,这是棋类游戏的主要任务。不同的智力游戏蕴含着不同的智育任务,如发展感官、注意、记忆和思维等。

2. 游戏的玩法

游戏的玩法顾名思义就是游戏的具体操作方法,它明确了游戏的组织进程。根据游戏任务和特点采用不同的玩法,目的是吸引游戏参与者积极主动地投入游戏,以体验游戏的乐趣并完成游戏的智育任务。游戏的玩法应该尽可能新颖、清晰,易于幼儿掌握。在飞行棋游戏中,幼儿掷骰子决定棋子的行走,玩法简单明了,幼儿一学就会。游戏的玩法需要巧妙设计,这是决定游戏好玩与否的关键。同样是锻炼幼儿的观察能力,找不同的游戏玩法比在同一张图片找目标物更能吸引幼儿的参与。

3. 游戏的规则

游戏的规则是游戏者必须遵守的约定,规则对游戏起到关键的调节作用,游戏者遵守游戏规则是规则游戏区别于创造性游戏的最大不同。在飞行棋棋盘上有直飞通道、后退棋格、回到原点等,游戏者共同遵守规则才能完成游戏任务。游戏规则可由游戏者协商制订,幼儿需要理解规则的意义,只要游戏者达成共识,游戏规则可以是灵活多变的。如在飞行棋游戏中,幼儿可协商每人用几颗飞行棋子或遇到两颗棋子同占一格时如何处理等。

4. 游戏的结果

游戏的结果是游戏结束时所呈现的状态,如游戏任务的达成度、游戏者的胜负等。良好的游戏结果呈现方式能激发幼儿继续游戏的兴趣和愿望。如在飞行棋游戏中棋子到达终点,在象棋游戏中赢得对方的棋子等。

智力游戏的这些因素相互影响,共同构成了一个完整的游戏,也是为幼儿选择和设计智力游戏的依据。

### (二) 智力游戏的特点

不同种类的游戏具有自身独特的特点,智力游戏最典型的特点是具有趣味性、挑战性和益智性。

1. 趣味性

智力游戏应首先具备游戏活动的基本特点——有趣,即幼儿喜闻乐见、充满兴趣,愿意主动参与。将智育任务巧妙地融于新颖有趣的游戏玩法与规则中,使幼儿在愉悦的情绪体验中完成游戏任务,智力得到发展和锻炼,这也符合幼儿无意注意的心理特点。因此,只关注游戏任务的达成,过程却枯燥乏味的活动注定会被幼儿所舍弃。

2. 挑战性

智力游戏应准确把握幼儿的年龄特点,符合幼儿的智力与学习规律,任务难度处于幼儿学习的最近发展区,能使幼儿充分调动已有经验,以促使其积极调动思维从而获得成功,智力因素得到合理的运用与开发。游戏难度过高容易挫伤幼儿的游戏积极性,使其体验不到完成游戏的成就感;游戏难度太低则会使幼儿感到乏味,失去兴趣,处于低水平游戏状态。

3. 益智性

智力游戏的目的在于锻炼和开发幼儿的智力,游戏紧紧围绕观察、记忆、思维等智力因素来组织和开展,这也是智力游戏的突出特点。

### 三、智力游戏的教育作用

智力游戏在教育中往往被当作开发幼儿智力、锻炼幼儿思维的手段,主要作用在于提高幼儿的观察力、记忆力、反应能力、思维能力等。在游戏玩法和规则的约束作用下,幼儿的规则意识有了提高,并在与同伴的游戏中提高了语言表达及人际交往能力。

1. 促进幼儿观察、注意、记忆、想象、思维等智力因素的发展

根据游戏任务的不同,幼儿的各方面智力因素在游戏中得到发展。找不同或找相同类游戏能够促进幼儿的观察力发展,走迷宫游戏能够锻炼幼儿的注意力,情境再现类游戏则是围绕幼儿的记忆力而设计的。

2. 提高幼儿的规则意识和人际交往能力,促进其社会性的发展

幼儿的规则意识和遵守规则的能力并不是与生俱来的,而是在参与活动、与人交往的过程中逐步习得的。在智力游戏过程中,幼儿首先学习理解游戏规则,再尝试遵守规则进行游戏,违反游戏规则会被同伴指出并纠正。同伴之间相互监督、协调,使得规则得到强化,进而将规则意识和行为迁移至其他领域。幼儿的游戏过程就是幼儿的交往过程,规则的制订与改变需要参与者协商、谈论和决策,规则的遵守需要参与者监督、提醒,游戏中幼儿的表达与理解能力、合作能力等社会交往技能技巧将得到锻炼,人际交往能力也将随之提高。

3. 幼儿的身体动作在智力游戏中得到锻炼

在智力游戏的开展过程中,幼儿通过操作具体材料精细动作得到发展。例如,在摇骰子取小棒的游戏中幼儿需要将得来的小棍棒插在刺猬背上的小孔里,可锻炼手部精细动作;而在叠杯游戏中,根据卡片图案的颜色排列快速叠出相应颜色的杯子,对手部动作的灵敏性和速度都提出较高要求。

### 四、智力游戏的分类

根据凭借物的不同,可将智力游戏分为:利用图片进行的智力游戏,如拼图、迷宫等;利用专门的玩教具开展的智力游戏,如棋类、搭建和拼塑类;还有利用语言进行的智力游戏,如"脑筋急转弯"。根据智力游戏任务与目的的不同,可将智力游戏分为训练感官的游戏、发展注意力的游戏、发展记忆力的游戏、发展观察力的游戏、发展想象力和创造力的游戏,以及发展思维能力的游戏。此处重点介绍以游戏任务进行分类的智力游戏。

#### (一)训练感官的游戏

训练感官的游戏具体可以划分为听觉、视觉、嗅觉、触觉和味觉游戏,幼儿的具体形象思维特点决定了他们喜欢看一看、摸一摸、听一听、闻一闻的活动,围绕这些感官可设计多种类型的智力游戏。

脑力大挑战

1. 关于听觉的游戏

与听觉相关的智力游戏可分为两类:分辨声音特征的游戏和分辨声源方位及声向的游戏。

(1)分辨声音特征的游戏

分辨声音特征的游戏主要是训练幼儿分辨各种声音,区别声音的性质,如音高、音强、音长、音色等,以及从物体的音响特征来识别物体的能力。游戏可采用蒙上幼儿眼睛的方式,也可采用遮住分辨物的方式。可在幕布后用不同的物品发出不同的声音请幼儿分辨;或在室内不同方位同时发出多种声音,请幼儿根据指定的声音寻找声源;还可请幼儿听声音辨别是哪位同伴等。

(2)分辨声源方位及声向的游戏

分辨声源方位及声向的游戏是根据声音来辨别声音所发出的位置和方向。

声源固定:保教人员给每个幼儿分配一种声源,分布在室内的不同方位,请幼儿根据指定声源寻找声源位置;或请同伴用变声的方法在室内讲话,幼儿根据声音方位猜猜是谁的声音。

声源移动:蒙上幼儿的眼睛,保教人员手持小铃,在幼儿的前、后、左、右方向摇动,幼儿根据铃声的方位改变行走的方向;蒙上幼儿眼睛,将一只响铃球在幼儿面前向某一方向滚去,请幼儿根据

铃铛球滚动时所发出的声音去向,准确地找到球;幼儿手拉手围成圈,在圈上行走,游戏者站在圈内,通过听圈上同伴的声音来辨别是谁。

2. 关于视觉的游戏

(1)分辨颜色的游戏

分辨颜色的游戏目的在于使幼儿学会辨认物体的各种颜色。可从静态物的基本颜色入手,如在一组多种颜色的卡片中找出颜色相同的卡片进行配对;逐步扩大到一些中间色,如对一种颜色的多张深浅浓淡卡片进行配对;再向动态辨色游戏发展,利用色的合成、叠加、视觉暂留现象等,如利用三原色进行颜料水的混合变色、橡皮泥的糅合混色,或是在陀螺上标记不同的颜色,旋转时产生的视觉暂留现象等。

(2)分辨形状的游戏

分辨形状的游戏主要指根据事物的形状特征进行区分、辨别、匹配等的游戏(图5-1-1、图5-1-2)。

图5-1-1　请找一找动物的影子

图5-1-2　找一找组成动物的图形

(3)分辨空间的游戏

分辨空间的游戏主要是训练幼儿的目测能力,就物体的大小、远近、粗细、前后等单项概念进行识别或综合分辨。蒙氏教具中的插座圆柱体需要幼儿根据圆柱体的直径、高矮等来进行操作,以锻炼幼儿的空间知觉(图5-1-3)。

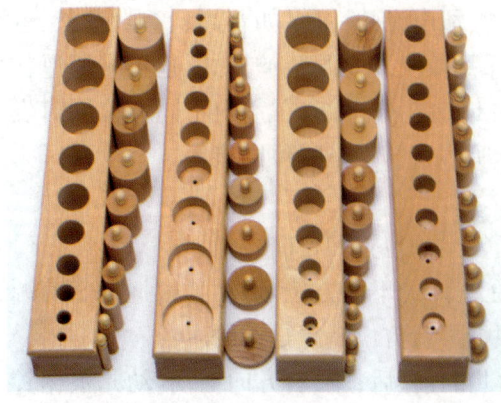

图5-1-3　插座圆柱体

3. 关于触觉的游戏

触觉游戏是训练身体触觉器官的游戏,皮肤是身体的触觉器官,皮肤表面散布着触点,触点的大小不尽相同,分布不规则,一般情况下指腹最多,所以指腹的触觉最灵敏。针对手部触觉的游戏可以分为三个难度层次:第一层次可以从物体的相对特性来设计游戏,如在箱子里放上大小不等的两个球、长短不一的笔、软硬不同的布料等,幼儿按要求摸取物品;第二层次可以从物体的相同特征来设计,如在两个箱子中分别放入相同的物品,幼儿按要求取出相同的物品;第三层次是分辨物体的相似特征,如在箱子中放入相似的纽扣、棋子、瓶盖等,要求幼儿取出指定物品。更多关于触觉的游戏可参考感统游戏模块。

### （二）发展注意力的游戏

发展注意力的游戏主要在于训练幼儿注意力的稳定性,培养幼儿的有意注意,提高幼儿注意的分配和转移能力。例如,在幼儿喜欢的迷宫类游戏中幼儿需要集中注意力找到路径,这可锻炼幼儿注意力的稳定性。

### （三）发展记忆力的游戏

发展记忆力的游戏主要是运用记忆再认和记忆再现来提高幼儿的有意记忆能力。例如,请幼儿记忆卡片的内容10秒,然后反扣卡片,让幼儿翻出相同内容的卡片(图5-1-4)。

图5-1-4　翻出相同的卡片

### （四）发展观察力的游戏

观察是一种有目的、有计划的知觉过程,是智力的基础成分。良好的观察能力并非天生的,需要后天的不断训练,培养幼儿的观察能力是智力游戏的重要方面。训练幼儿观察力的游戏可从提高观察的目的性、持久性和细致性以及学习观察的方法等方面着手(图5-1-5)。

图5-1-5　请找一找手机、气球、指示牌、眼镜和棉花糖各有多少?

### （五）发展想象力和创造力的游戏

想象力是人在已有形象的基础上,在头脑中创造出新形象的能力,如说到"苹果",头脑中出现苹果的表象,想象力的培养有赖于表象的积累和丰富的生活经验。创造力是指产生新思想,发现和创造新事物的能力。想象是创造的基础,重视幼儿想象力的培养、抓住幼儿创造力培养的关键期是智力游戏的重要任务。发展想象力和创造力的游戏主要有想象再造游戏和想象创造游戏。想象再造游戏是指根据他人的言语描述或图形示意,在头脑中形成相应的新形象的游戏(图 5-1-6);想象创造游戏是指不基于现成的描述而独立地创造新形象的游戏(图 5-1-7)。

图 5-1-6 编故事

图 5-1-7 我心中的海底世界

### (六)发展思维能力的游戏

发展幼儿思维能力的智力游戏主要功能是发展幼儿的比较、分类、排序、逻辑判断及推理能力,常借助玩教具展开,并被作为教学游戏。例如,源自玩具逻辑狗的游戏,采用各种任务锻炼幼儿的逻辑能力(图 5-1-8)。

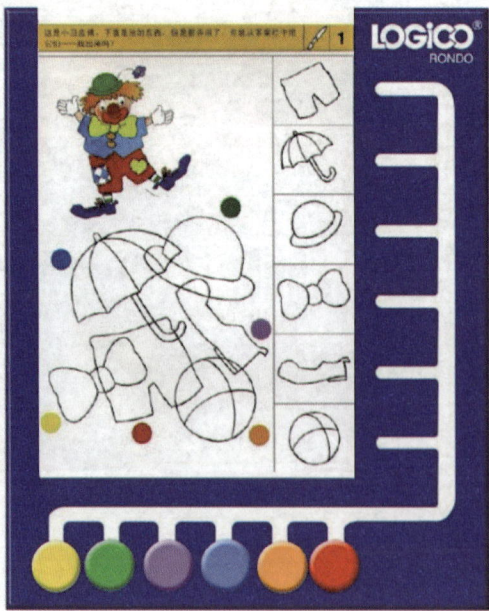

图 5-1-8 请将不同颜色的圆扣送到指定位置

## 任务二 智力游戏的组织与指导

### 任务情境

中一班区域游戏时,浩浩和阳阳正在益智区玩"记忆对对碰",这是本周新投放的游戏材料,保教人员已为幼儿讲解并示范过游戏的玩法:双方轮流翻开盖子,若盖子下面的图案一致则成功拿走盖子,最后谁得到的盖子多谁就赢。保教人员观察到浩浩和阳阳在游戏过程中没有按照游戏规则进行,而是默认双方可以一直翻,直到配对成功才轮到对方。

思考:如果你是保教人员,看到此现象你会怎么做?

记忆对对碰

### 任务要求

了解幼儿园智力游戏组织与指导的一般流程,能够在游戏开始前为幼儿创设适合的游戏环境,提供充足的游戏材料和游戏时间,引导幼儿掌握游戏的玩法;在游戏进行中,认真观察幼儿游戏,适时检查和提醒幼儿遵守游戏的玩法与规则,培养幼儿的策略意识,提升幼儿的游戏水平,并关注个别幼儿的需求;游戏结束时,能组织幼儿对游戏展开评价。

微课
智力游戏的组织
与指导

### 一、智力游戏开始前的组织与指导

#### (一) 创设独立、安静的游戏环境

《纲要》明确指出:"环境是重要的教育资源,应通过环境的创设和利用,有效地促进幼儿的发展。"智力游戏的开展需要幼儿的注意力、记忆力和思维能力等智力因素的高度参与,保教人员需要为游戏创设一个相对独立、安静的游戏环境,可以安排在活动室中独立的角落,或用低矮的玩具柜、挡板构建出一个独立的游戏区(图5-2-1)。游戏区内有可供幼儿使用的 2～3 组桌椅,游戏材料置于开放、低矮的玩具柜,幼儿可根据自己需求自由取放。保教人员在游戏区开设之初,可以与幼儿协商制订游戏区规则,如遵守游戏区的人数限制、有序使用游戏材料、玩一个取一个、游戏结束物归原位、爱护游戏材料等。可将游戏规则以图文并茂、共同约定的方式布置在游戏区,通过有意义、精心设计的环境为幼儿的游戏行为提供支持。

图 5-2-1 益智区

### （二）提供充足的游戏材料和游戏时间

丰富多样又可自由选择的游戏材料是吸引幼儿游戏的关键,保教人员可依据班级的教育任务和要求、幼儿的年龄特点选择和编制丰富多样的智力游戏材料。智力游戏材料的选择应贴近幼儿生活,符合幼儿的生活经验,难度适当且有一定的挑战性,以使幼儿通过游戏能获得成就感。游戏材料的数量要充足,小班幼儿游戏材料的投放要满足一人一份独立操作的需求,到了中、大班则须为幼儿提供能合作完成的游戏材料。小班幼儿可选择任务简单、规则简明的游戏,可供幼儿看一看、闻一闻、动一动等独立动手操作类的材料;针对中、大班幼儿可为他们提供发展幼儿注意力、记忆力、观察力等能力的游戏材料,游戏规则复杂,竞争性强,对幼儿有一定挑战性。针对班级幼儿的不同学习水平,游戏材料的选择和设置也应有层次差别,以满足不同发展水平幼儿的游戏需求,如为中班幼儿既提供飞行棋、五子棋等较简单的棋类游戏,又提供跳棋、围棋等较复杂的棋类;对于扑克牌游戏,既提供搭建类的游戏玩法,又提供配对、理牌等游戏玩法。

足够的游戏时间可以保障幼儿进行自主、深入、专注的智力活动,游戏难度不同,所需的游戏时间也不同,智力游戏一般至少需要 30 分钟。

### （三）指导幼儿掌握游戏的玩法

智力游戏包含特定的游戏规则,幼儿必须掌握了游戏规则才能开展游戏。因此,在游戏前保教人员应通过示范、讲解、共同游戏等方法指导幼儿掌握游戏的玩法。小班幼儿的智力游戏任务与规则比较简单,保教人员可通过示范、形象的语言指导幼儿游戏的玩法,吸引幼儿游戏的兴趣。中班幼儿可采用讲解为主、示范为辅的方式介绍游戏规则,在游戏过程中通过观察、指导、共同游戏等方式监督幼儿对游戏玩法和规则的执行情况,督促幼儿遵守游戏规则,帮助能力弱的幼儿进行游戏,培养幼儿的毅力和自律能力。大班幼儿能够接受任务难度大、游戏规则复杂多变的智力游戏,保教人员可主要采用讲解的方式介绍游戏的玩法与规则,还可鼓励幼儿在现有游戏规则的基础上,按照自己的需求协商制订新的游戏规则,引导他们正确看待游戏的输赢。

## 二、智力游戏过程中的组织与指导

### （一）智力游戏过程中的观察

观察是保教人员指导游戏的前提,因此,在智力游戏中也需要对幼儿的游戏行为进行观察。保教人员要从幼儿的游戏行为和情感态度中分析幼儿的现有经验、游戏需求以及身体、动作、语言、认知和社会性等方面的发展水平,从而为制订游戏计划、投放材料、指导游戏等提供依据。智力游戏中,可从游戏玩法的掌握、游戏规则的执行、游戏策略的使用等维度对幼儿的游戏行为进行观察,如表 5 - 2 - 1。

表 5 - 2 - 1　智力游戏观察记录表

幼儿姓名_____　班级_____　日期_____
观察者_____　　观察地点_____

| 观察要点 | 记　　录 |
| --- | --- |
| 游戏玩法的掌握 | |
| 游戏规则的执行 | |
| 游戏策略的使用 | |
| 游戏持续时间 | |

续　表

| 观察要点 | 记　　录 |
|---|---|
| 游戏任务完成水平 | |
| 是否喜欢游戏 | |
| 是否创造游戏规则 | |
| 分析 | |
| 对策 | |

### （二）智力游戏过程中的指导

**1. 适时检查和提醒幼儿遵守游戏的玩法与规则**

游戏的玩法与规则是支撑智力游戏的重要因素,游戏中幼儿对于游戏玩法和规则的掌握是循序渐进的。保教人员在引导幼儿学完游戏玩法之后,幼儿并不一定能全部领会,在游戏中可能会出现对于玩法理解不到位或违反游戏规则的行为。因此,保教人员应通过观察了解幼儿的游戏状况,适时提醒幼儿并给予指导,或一同参与游戏进行间接指导,以协助其更好地完成游戏任务。在规则方面,游戏中要注意培养小班幼儿的规则意识;注意培养中、大班幼儿在游戏中的坚持性、自律能力以及能主动遵守游戏规则;鼓励大班幼儿根据自身需求灵活变化游戏规则。

不过,保教人员应避免不时中断幼儿游戏以纠正其"不正确"的动作,而伤害幼儿游戏的积极性。例如,在"记忆对对碰"的游戏中,一方幼儿出现连续翻盖直到配对成功为止的行为,而对方并没有提出不同意的观点,保教人员应允许幼儿采用自己的方式开展游戏,保护幼儿对游戏的兴趣。当幼儿对违反规则的行为提出异议时,保教人员可组织幼儿讨论游戏的玩法与规则,并在此基础上逐渐对玩法与规则提高要求,最后使幼儿能够主动遵守游戏规则。

**2. 培养幼儿的游戏策略意识,提升游戏水平**

玩好智力游戏需要游戏者积极开动脑筋、调动思维、掌握游戏技巧,这些称为游戏策略,游戏策略是游戏者心智活动的外在表现。例如在"捉迷藏"游戏中,躲藏者与寻找者都需要保持安静不发声,这是游戏取胜的关键。又如"记忆对对碰"游戏,此游戏的任务是锻炼幼儿的有意识记能力,游戏策略为幼儿有意识记每个翻盖下的游戏图片,不仅自己翻开的翻盖图案需要识记,对方翻开的翻盖图案也要识记,并尽量多翻瓶盖。然而在游戏过程中,我们发现有的幼儿在进行配对时仅靠碰运气,有的幼儿则会反复翻看同一个瓶盖,并没有使用游戏策略。面对这些情况,成人需要有意识地去教幼儿游戏策略吗? 有研究表明,小班幼儿在保教人员示范策略动作后,运用策略的水平有明显提高,但是若干星期后,这种游戏策略的运用水平出现明显的回落。这说明,由于幼儿没有理解这一策略的意义,凭机械模仿所获得的游戏策略是不稳定、不持久的。因此,游戏策略的获得应该是幼儿自己在游戏过程中、在游戏经验的积累中,慢慢反思、总结出来并内化的。保教人员可以提问使用游戏策略的幼儿是如何配对的,通过游戏同伴的解答来引起其他幼儿的观察;或者在游戏结束时组织幼儿对游戏进行分享交流、总结游戏策略,从而提高幼儿的游戏策略意识,进而提升幼儿的游戏水平。

**3. 及时更新游戏材料**

游戏材料不能在学期初投放完后就不再变动,否则幼儿会逐渐对游戏材料失去兴趣。保教人员应定期观察幼儿的游戏情况,了解幼儿对材料的选择喜好、游戏水平的变化、游戏中存在的问题等,有针对性地对游戏材料给予更新和调整,剔除幼儿不喜欢的材料,改变游戏的玩法或增加游戏的难度重新激发幼儿对材料的兴趣,并定期增添一些新的游戏材料。如在"拯救小动物"的游戏材料中,幼儿通过思考破解密码锁的密码,从而打开锁救出小动物。而游戏中的密码需要定期更新,并逐渐提升难度,使得幼儿不断开动脑筋才能完成游戏。如果密码一成不变,幼儿很快便会对游戏材料失去兴趣。

4. 注意对个别幼儿的照顾

智力游戏中保教人员应当根据幼儿的不同需求提出不同的要求,进行不同的练习。尤其是对于能力较弱的幼儿,保教人员应多鼓励,吸引他们参与智力游戏;或经常与幼儿共同游戏,进行间接、个别的指导,以提高其游戏能力,增强其信心,激发其对智力游戏的兴趣。对于一些能力较强的幼儿,可以提供有较高难度层次的游戏材料,满足其不断挑战、钻研的需求。

**知识加油站**

### 规则游戏的指导要点[1]

以下指导要点可供教师在组织和指导幼儿的规则游戏中参考:

1. 尽可能选择可以让大多数幼儿参与而不是旁观、等待的游戏。如幼儿常玩的"数七"游戏所有人都可以参与,而"你来比画我来猜"游戏则只有少部分可以参与。

2. 游戏如果需要分组的话,最好采用随机分组的方式帮助幼儿分组,而不要让幼儿因性别、能力、性格等因素而体验来自同伴的"忽视"或"拒绝"的压力。

3. 让幼儿体验到游戏成功的快感而不是挫折,所选择的规则游戏要适合幼儿的年龄特点和发展水平。太容易的游戏会使幼儿感到乏味,太难的游戏会使幼儿感受挫折。

4. 保持规则的灵活性。如果幼儿要求而且他们也都同意改变规则时,应当允许他们改变规则。改变规则的过程正是建构规则意义的过程以及发展社会性交往和人际理解的过程。

5. 降低游戏的竞争性:①把重点放在游戏的过程上而不是"赢"上。对游戏活动的评价应当针对幼儿的游戏技能或快乐,而不应当过分注意"赢者"。②把幼儿的注意力引导到"赢者"所用的有效策略上,引导幼儿学习伙伴的策略,意识到他人的想法和观点。

6. 幼儿参与游戏必须基于自愿原则,允许个别幼儿在集体游戏时间独自游戏。

### 三、智力游戏结束后的组织与指导

由于智力游戏有比较完整的游戏结果,需要相对独立的游戏时间,因此保教人员需要特别注意以合理的方式让幼儿愉快地结束游戏。保教人员可在游戏结束前提醒幼儿,使其做好心理准备。如果游戏时间已经结束而幼儿游戏兴趣依然很浓,可以允许幼儿适当延长游戏时间,以满足幼儿的游戏需求;或允许幼儿将未完成的游戏成果保留,下次可继续完成,切忌强行要求幼儿终止游戏而伤害了幼儿的游戏兴趣。

游戏结束后,保教人员需要根据游戏中的观察及时组织评价。智力游戏的评价是组织幼儿分享交流游戏经验、提升幼儿游戏水平的重要时机,保教人员需要重视此环节的组织工作。评价的内容可围绕游戏中的闪光点与存在的问题,并主要从游戏策略的使用和游戏规则的执行两方面展开;评价的方法可采用操作验证法、讨论法和展示法等。

---

① 刘焱.儿童游戏通论[M].北京:北京师范大学出版社,2004.

### （一）讨论法

对幼儿游戏中存在的问题可组织幼儿一起讨论，来找到解决办法。如在"记忆对对碰"游戏中，幼儿会一直翻盖直到配对成功再轮到对方翻的现象，这一现象不利于游戏任务与目的的实现。因为幼儿没有出现有意识记，只是靠碰运气，而且这种现象与行为也不能调动幼儿的竞争意识和游戏兴趣，不利于游戏的开展。保教人员在观察到这一现象时，可于游戏结束后组织幼儿集体讨论如果继续这样游戏会产生的后果，引导幼儿遵守游戏规则，促进游戏任务的实现。

### （二）操作验证法

当幼儿在游戏中出现较好的游戏策略与行为时，可在评价环节组织幼儿验证这种策略、再现这种行为，以促使其他同伴的模仿与学习。例如在拼图游戏中，保教人员发现部分幼儿在游戏过程中能够先找到边角的拼块进行固定，这在拼图中非常关键。保教人员可安排幼儿在评价环节现场操作验证此方法的有效性，也可提前将其游戏的过程拍成视频在评价环节播放，鼓励其他幼儿学习。

### （三）展示法

对幼儿完成较好的游戏作品或游戏成果可在评价环节进行展示。如在数独游戏中，保教人员可将幼儿完成的作品进行分享、展示，促进幼儿间的学习与交流。又如在理牌游戏中，幼儿按照花色与数字将扑克牌理顺，并迅速发现所缺少的扑克牌，保教人员则可将幼儿的游戏成果进行呈现，以激发其他幼儿的游戏兴趣及提升游戏的水平。

## 任务三 不同年龄段幼儿智力游戏的特点与指导

### 任务情境

了解以下三个智力游戏的游戏玩法，说一说这些游戏的任务分别是什么，猜一猜它们分别适合哪个年龄段的幼儿。

游戏一：拼五官

玩法：幼儿运用五官自由拼出各种表情（图5-3-1）。

图5-3-1 游戏：拼五官

游戏二：拯救小动物

玩法：幼儿根据提示找出密码锁的密码，打开密码锁，把笼子里的小动物拯救出来(图5-3-2)。

图5-3-2  游戏：拯救小动物

游戏三：抢地盘

玩法：游戏双方轮流掷骰子，掷到几就拿出几个雪花片，凑够5个雪花片就可以成功抢占1个格子的地盘，并用不同颜色的圈圈出来，比比谁抢的地盘多(图5-3-3)。

情境

智力游戏

图5-3-3  游戏：抢地盘

>> 任务要求

掌握小、中、大班幼儿智力游戏的特点，并掌握相应的指导方法。

### 一、小班幼儿智力游戏的特点与指导

微课

不同年龄段智力游戏的特点

1. 小班幼儿智力游戏的特点

小班幼儿智力游戏主要围绕感官训练、分类和归类练习等内容；游戏任务简单，具有很强的趣味性和情境性；幼儿的直觉行动思维特点决定了游戏的操作性要强，要能调动幼儿去动手操作，边做边想；游戏规则较为简单，幼儿基本上可以自由进行；由于游戏较为简单、轻松，幼儿在游戏中几乎不会用到游戏策略；游戏中，幼儿

往往对某一特定动作较为感兴趣,对于游戏结果不太关注。

2. 小班幼儿智力游戏的指导

针对小班幼儿的游戏特点,保教人员可以从以下四个方面进行指导。

(1)在为幼儿选择游戏时,要注意选择趣味性强、游戏玩法与规则简单的游戏。如"挖掘宝藏"(图5-3-4)和"拼五官"游戏玩法简单易理解,没有明确的游戏规则,但是具有很强的情境性和趣味性,能吸引幼儿参与的兴趣。

(2)讲解游戏的玩法及规则时要生动、简洁、形象,边示范边讲解。

(3)在游戏中注意保护幼儿的游戏兴趣,培养幼儿积极参与游戏的意识,避免因过于注重游戏结果而不停纠正幼儿的游戏行为,导致幼儿对游戏失去兴趣。

(4)在游戏中注意培养幼儿的规则意识,提醒幼儿遵守游戏规则。保教人员可适当提醒幼儿遵守游戏规则,激发幼儿的规则意识。

**游戏案例:挖掘宝藏**

游戏材料:沙盘、磁铁、金属物件、沙子平整板。

图5-3-4 游戏:挖掘宝藏

游戏玩法:将金属物件埋在沙子里,幼儿使用有磁铁的探头在沙子中进行寻宝。

## 二、中班幼儿智力游戏的特点与指导

中班幼儿智力游戏的目标为训练幼儿的有意记忆,培养幼儿的注意力、有序观察事物的能力,正确认识各种物体的特征和用途,体会物体的空间关系、事物之间的相互关系和相互作用,获得最初的自然科学知识。

1. 中班幼儿智力游戏的特点

中班幼儿的理解能力已有很大的提高,其游戏的难度比小班增加不少;游戏玩法常常包括多个步骤,游戏规则也变得复杂,而且游戏规则中带有更多的控制性,如在"拯救小动物"的游戏中幼儿必须按照游戏的规则要求先观察密码提示,破解密码,再打开密码锁救出小动物;游戏中增加了竞争性,提高了幼儿游戏的兴趣;在游戏策略方面,中班幼儿开始形成自己的游戏策略。

2. 中班幼儿智力游戏的指导

针对中班幼儿的游戏特点,保教人员可以从以下四个方面进行游戏指导。

(1)在为幼儿选择游戏时注意内容难度适中,使其处于幼儿最近发展区内,既能锻炼幼儿各方面的智力,又能使幼儿通过自身的思考与努力获得成功。

(2)注意使幼儿在游戏中获得愉快的情绪体验,激发幼儿积极参与游戏的兴趣。在幼儿不理解游戏玩法或规则时,保教人员可耐心示范与指导,允许幼儿在自己的理解水平上进行游戏。

(3)注意培养幼儿完成游戏任务的坚持性。由于游戏规则变得复杂、游戏难度增加,幼儿在游戏中遇到困难时保教人员应及时鼓励其坚持完成任务。

(4)在游戏中注意提醒幼儿遵守游戏规则,但避免过度纠正幼儿的错误动作,以免挫伤其游戏兴趣。

**游戏案例：益智对对碰**

游戏材料：57 张卡牌、一个铃铛。（图 5-3-5）

游戏玩法：两人游戏，均分卡牌，同时出牌，找出两张卡牌中的相同图案，最先按铃并大声说出相同图案的即可赢得对方卡牌，卡牌多者获胜。

图 5-3-5 游戏：益智对对碰

### 三、大班幼儿智力游戏的特点与指导

1. 大班幼儿智力游戏的特点

大班幼儿的智力游戏任务较为复杂，难度大，有时一个游戏包括多项游戏任务，游戏的知识性大于娱乐性；游戏的步骤较多，游戏规则复杂，通常允许幼儿一起协商改变游戏规则；在游戏中幼儿形成了一定游戏策略，并能主动使用游戏策略。

2. 大班幼儿智力游戏的指导

（1）在为大班幼儿选择游戏内容时，应注意游戏本身的趣味性与吸引力，以使幼儿愿意积极参与游戏。游戏内容应具有一定的难度，能促进幼儿智力发展。

（2）在组织游戏时，保教人员可通过语言介绍游戏的玩法与规则，培养幼儿独立思考的能力。

（3）游戏中要求幼儿遵守游戏规则，同时允许幼儿通过协商改变游戏规则。

（4）在分享与评价环节，可通过幼儿分享交流，引导其关注游戏策略的使用。

**游戏案例：德国心脏病**

游戏材料：卡牌若干、一个铃铛。（图 5-3-6）

游戏玩法：游戏可多人参与，每人均分卡牌，背面朝上。游戏一共有 56 张牌，4 种水果，每张牌有 1～5 个相同水果。当每名玩家打出他的牌时，如果谁看到台面上共有 5 个相同的水果，就可以马上按铃。如果是正确的，按铃者收回桌面上所有的牌，把它们背面向上放入自己的牌库；如果错了，给每名玩家一张牌。游戏过程中谁用完了所有的牌就出局了。

图 5-3-6 游戏：德国心脏病

**知识加油站**

**智力游戏的创编**

首先,确定主题,明确任务。在创编智力游戏之前,应确定主题、明确任务,即游戏是为了发展幼儿哪方面的智力因素,为了培养幼儿哪方面的能力。根据智力游戏的种类,有发展观察力、记忆力、注意力、思维能力等的游戏,可先确定教育目标,然后再进行游戏的设计。

其次,要确定游戏适合的年龄阶段。游戏主题和任务确定下来之后,要明确游戏对象的年龄特点。根据小、中、大班幼儿不同年龄特点,同一游戏主题也可以设计出不同难度的游戏,这就需要了解不同年龄段幼儿的智力发展水平及特点。

最后,设计游戏的玩法与规则。在确定了游戏主题和年龄段后,接下来要构思游戏的玩法和规则。这一项内容,一方面要注意游戏的趣味性和新颖性,要在了解幼儿的年龄特征和心理特点的基础上进行游戏设计;另一方面,应广泛积累智力游戏的内容与玩法经验,才能总结同类游戏的特点,再进行创造性的设计。

设计一个成功的智力游戏,既需要具备与智力相关的知识,也需要有一定的游戏设计经验,还需要仔细观察幼儿的兴趣、关注点等,再创造性地对以上内容进行设计。可以说,智力游戏设计是一个复杂的工程。

## 模块小结

通过本模块,学习了智力游戏的特点、结构,了解了智力游戏从游戏任务的角度分类包括锻炼各类感官、记忆力、注意力、观察力、思维能力、想象力、创造力的游戏;重点学习了智力游戏开始前、过程中、游戏结束后的组织与指导方法,游戏前保教人员需要为幼儿创设良好的游戏环境,投放合适的游戏材料,教会幼儿游戏的玩法;游戏开展过程中,保教人员需要提醒幼儿遵守游戏的规则,培养幼儿的规则意识,及时更新游戏材料,注意关注个别幼儿的需求;游戏结束后,针对幼儿的游戏情况及时组织评价。

### 思考与练习

**一、多项选择题**

1. 智力游戏的结构包括(　　)。
   A. 游戏的任务　　　B. 游戏的玩法　　　C. 游戏的规则　　　D. 游戏的结果

2. 根据智力游戏任务的不同,可将智力游戏分为(　　)。
   A. 训练感官的游戏
   B. 发展注意力的游戏
   C. 发展记忆力的游戏
   D. 发展想象力和创造力的游戏以及发展思维能力的游戏

**二、思考题**

1. 尝试为大班幼儿选择一个智力游戏,说说游戏的任务、玩法、规则、结果。
2. 在组织幼儿进行智力游戏的过程中,保教人员要注意从哪些方面开展指导?

### 聚焦考证

**一、单选题**

1. 幼儿赛跑、下棋一般属于（　　）。

A 表演游戏　　　　　　　　　　　　　　B 建构游戏

C 角色游戏　　　　　　　　　　　　　　D 规则游戏

2. 下列游戏属于智力游戏的是（　　）。

A 抢椅子　　　　　　B 吹泡泡　　　　　　C 木头人　　　　　　D 哪里错了

**二、面试题**

（一）展示题

1. 题目：玩牌。

2. 内容：幼儿游戏牌。

3. 基本要求：

（1）制作幼儿用游戏牌。

① 利用现场提供的材料为幼儿制作游戏牌道具，并设计玩法。

② 所设计的游戏主要利用了幼儿什么经验，适宜于哪个年龄段？

（2）模拟向幼儿介绍自制游戏牌的玩法。要求语言简洁，玩法符合幼儿年龄特点，易于让幼儿接受。

（3）请在 10 分钟内完成上述任务。

（二）展示题

1. 题目：挑牙签。

2. 内容：模拟向幼儿介绍"挑牙签"的游戏材料。材料：牙签一把。玩法：2～4 个幼儿游戏，将一小把牙签握在手中，随意散放，用其中一根牙签将其他牙签挑走。挑走的时候注意不能使其他牙签移动位置。如果使其他牙签位置移动，就由另一方挑牙签。交替进行。最后挑得多的获胜。

3. 基本要求：

（1）模拟演示。

① 演示游戏玩法。

② 语言简洁、有条理，玩法讲解能让幼儿理解。

（2）回答问题：这个游戏能促进幼儿哪些方面的发展？回答 2 个即可。

（3）请在 10 分钟内完成上述任务。

# 模块六

## 音乐游戏的组织与指导

任务一 → 音乐游戏概述

任务二 → 音乐游戏的组织与指导

任务三 → 不同年龄段幼儿音乐游戏的特点与指导

教 学 课 件

### 模块导读

德国著名音乐教育家奥尔夫说过:"每个孩子心里都有一颗音乐的种子。"教师的任务就是让每颗音乐的种子都发芽,而音乐游戏则是促使种子发芽的有效手段。本模块将带学习者走进幼儿音乐游戏,在游戏中学习音乐,在音乐中进行游戏,了解幼儿音乐游戏的概念、特点、作用和内容,学习音乐游戏的组织与指导,了解不同年龄段幼儿音乐领域学习与发展目标,掌握不同年龄段幼儿音乐游戏的组织与指导。

### 学习目标

1. 知识目标
(1) 了解音乐游戏的概念、特点、作用和分类;
(2) 掌握各年龄段音乐游戏的特点与指导方法。
2. 能力目标
(1) 能组织和指导音乐游戏开始前、音乐游戏过程中、音乐游戏结束后的活动;
(2) 能为各年龄段的幼儿选择合适的音乐游戏内容;
(3) 能对各年龄段幼儿的音乐游戏进行有针对性的指导。
3. 情感目标
(1) 树立科学的游戏观,正确认识音乐游戏;
(2) 体验合作学习的乐趣,获得学习的成就感。
4. 思政目标
培养热爱幼儿、尊重游戏的价值观,树立崇高的职业理想。

### 内容结构

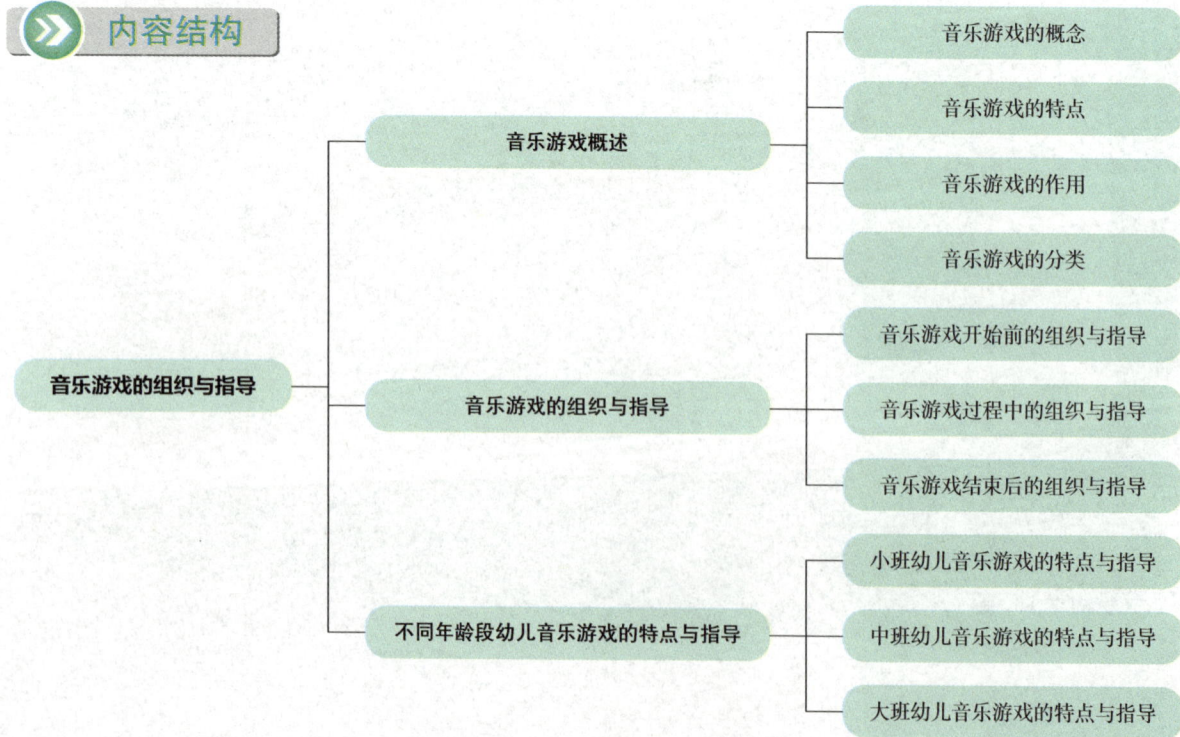

## 任务一　音乐游戏概述

情境

### ▶▶ 任务情境

"丢丢丢手绢,轻轻地放在小朋友的身后,大家不要告诉他,快点快点抓住他,快点快点抓住他。"丢手绢的游戏是很多人童年记忆中的音乐游戏。

思考:什么是音乐游戏呢? 它有什么特点? 有什么作用? 幼儿园中有哪些类型的音乐游戏?

丢手绢

### ▶▶ 任务要求

掌握音乐游戏的概念和特点;理解音乐游戏是以培养幼儿音乐能力为主的游戏活动,它不仅以发展音乐能力为主要目标,而且对发展幼儿的身心健康有着极其重要的作用;了解游戏的分类,结合案例了解歌唱游戏、韵律游戏、演奏游戏和欣赏游戏。

### 一、音乐游戏的概念

音乐教育活动是幼儿园教学中一项主要的教育内容,对幼儿进行音乐教育,不仅能够陶冶幼儿情操,增强幼儿对美的感受和理解,还能激发和培养幼儿发现美、表现美、创造美的能力。"游戏是儿童的生命",幼儿音乐游戏是幼儿音乐教育中不可或缺的教学形式,它作为幼儿园音乐活动的重要内容,发挥着极其重要的作用。

幼儿音乐游戏

音乐游戏一般是指以音乐为背景,或在音乐伴奏、歌曲伴唱的同时,以个人、多人合作或集体的游戏方式,用动作、表演、演奏或欣赏等形式来表现和体验音乐的性质、内容与形象。幼儿音乐游戏旨在培养和发展幼儿音乐能力,促进幼儿身心发展。在音乐游戏中,音乐和游戏相辅相成,它将教育教学的要求以生动有趣的游戏形式表现出来,幼儿在游戏的情境中感受音乐,在音乐的氛围中进行游戏,在乐此不疲的游戏和玩耍中,掌握音乐知识和技能,提高审美。

### 二、音乐游戏的特点

#### (一) 音乐性

音乐是音乐游戏的灵魂,游戏是学习音乐的手段,音乐游戏必须伴随着音乐才能实现发展音乐能力的目的,音乐游戏最大的特点就是"音乐性"。幼儿在游戏中感受音乐的流动、旋律的起伏、节奏的跳跃、音色的变化、速度的稳定与变化、情绪的变化与发展,并随时根据音乐的变化做出反应,用手中的乐器、自己的身体,外化音乐表现音乐。在保教人员的启发下,幼儿逐渐从接触音乐到感受音乐、认识音乐,进而表现音乐。

#### (二) 游戏性

好玩、好动是幼儿的特点,因而音乐游戏必须具有游戏性。音乐游戏内容要生动形象、幽默夸张,才能提高幼儿兴趣;音乐游戏玩法要有新意有变化,才能保持幼儿的学习兴趣。具体来说,音乐游戏的游戏性表现在情境性、挑战性、互动性和创新性。

### (三)趣味性

要让幼儿自觉、快乐地投入游戏,有效地完成学习效果,"趣味性"必不可少。从歌词到音乐,从题材到形式,从结构到风格……要贴近幼儿生活,富有童趣,或幽默或有趣。在听辨欣赏游戏中,情绪过于悲伤、结构过于复杂的音乐不符合幼儿的认知特点,情绪积极、节奏鲜明的音乐更容易被幼儿接受。

### (四)综合性

音乐游戏表现形式丰富,它可整合歌唱、语言、舞蹈、律动、乐器伴奏甚至美术等多个领域。当前幼儿园课程改革更是鼓励保教人员用开放的观念,寻找音乐与各种艺术以及艺术之外内容的联系,让幼儿在更广泛的艺术领域学习音乐、理解艺术、体验世界,这体现了幼儿音乐游戏内容和表达方式的综合性。幼儿在音乐游戏中,感受音乐、提高审美、体验情感,同时学习规则、表现音乐、创造音乐、发展动作的协调性、社会交往能力等,这体现了游戏目的的综合性。

### (五)社会性

音乐游戏具有多种社会性特征,有趣的音乐游戏吸能引幼儿主动参与,让幼儿带着愉悦的心情去遵守游戏的规则和要求,加强对自己行为的约束。在游戏的过程中也会受到其他幼儿的督促和提醒,从而矫正自己的行为,养成遵守规则进行游戏的良好习惯进而能够与同伴友好互动、合作,促进自我社会性发展。

## 三、音乐游戏的作用

### (一)促进幼儿音乐能力的发展

音乐游戏是以培养幼儿音乐能力为主的游戏活动,幼儿的音乐能力主要包括音乐感知能力、音乐表现能力和音乐创造能力。

1. 促进幼儿音乐感知能力的发展

音乐感知能力是一种内在的音乐体验能力,它包括感知音乐的表现要素、感知音乐的情绪情感、感知音乐的体裁与风格等。

(1)感知音乐的表现要素

音乐感知能力是一种内在的音乐体验能力,它包括感知音乐的表现要素,如音高、节奏、曲式、力度、速度、音色、和声等。在游戏中加强幼儿对音乐要素的感知,能让其加强对各种音乐要素的敏感度,潜移默化地提高听觉感知能力。

(2)感知音乐的情绪情感

音乐感知能力还体现在感知音乐的情绪情感上,每一个音乐作品都会表现出一定的情绪情感,在音乐游戏中幼儿可捕捉音乐的喜怒哀乐,为今后建立丰富的音乐情感奠定基础。

(3)感知音乐的体裁与风格

音乐体裁是指作品的存在形式,主要分为声乐体裁和器乐体裁。幼儿游戏以歌曲或器乐曲为载体,让幼儿感知摇篮曲、进行曲、圆舞曲、变奏曲、中国名曲、外国名曲等不同风格、不同特点的音乐作品。音乐游戏把这些深奥的音乐概念和音乐文化渗透在幼儿活动中,对幼儿未来的音乐探索和音乐兴趣有着不可忽视的作用。

## 2. 促进幼儿音乐表现能力的发展

幼儿音乐表现能力主要包括演唱能力、律动能力、演奏能力和综合表演能力。音乐游戏是综合性的活动,幼儿在游戏中感受音乐带来的艺术美,用自己的动作、歌唱、语言、表情、手势、乐器表现自然界和社会生活中的美好事物,艺术作品中的美好形象,促进音乐表现能力的发展。

## 3. 促进幼儿音乐创造能力的发展

幼儿游戏是萌发幼儿创造能力的摇篮,幼儿在音乐游戏中创编歌词、创编动作、创编节奏、创编表演形式等,并在通过音乐认识自我、认识世界的过程中激发音乐潜能,用独特的表现方式表达音乐,促进音乐创造能力的发展。

### (二) 促进幼儿身心发展

幼儿音乐游戏不仅以音乐能力为主要目标,而且对幼儿身心健康的发展有着非常重要的作用。

#### 1. 促进幼儿身体的发展

幼儿音乐游戏离不开幼儿的身体运动,幼儿在游戏时身体处于运动状态,歌唱活动增强肺活量以及声带的柔韧性,韵律活动促进手脚动作的协调,打击乐器还能促进中枢神经系统的配合能力。

#### 2. 促进幼儿语言的发展

音乐和语言密不可分,一首首欢快活泼的幼儿歌曲往往就是一首首朗朗上口的儿歌,一首首优美的乐曲无不诉说着一个个有趣的故事。音乐游戏让幼儿在玩的过程中不知不觉地发展了语言能力。

#### 3. 促进幼儿认知的发展

幼儿游戏内容包罗万象,幼儿在音乐游戏中认识自然万物、学习生活常识,学会关注、听辨不同类型声音以及声音中包含的情感。通过音乐游戏,保教人员引导幼儿学会观察、直接获得感性经验,提高想象力,为抽象思维的发展奠定基础。

#### 4. 促进幼儿情感的发展

音乐是情感的艺术,音乐游戏让幼儿在积极的情感体验中获得美好的生活经验,在接受审美教育的同时,与音乐在情感上产生共鸣,促进幼儿情感的发展。

#### 5. 促进幼儿社会性的发展

幼儿是独立的个体,又是社会的一分子。在音乐游戏中,幼儿独立的音乐个性能够得到充分的发展,同时游戏的过程有助于幼儿集体意识、合作意识的形成,提高其交往能力,游戏中的规则意识又考验其自制力和耐心。在音乐游戏中,幼儿的社会性得到发展。

## 四、音乐游戏的分类

音乐游戏按游戏的发起者和组织者来分,可分为自娱性的音乐游戏和教学性的音乐游戏。

### (一) 自娱性的音乐游戏

顾名思义,自娱性的音乐游戏指幼儿自发生成的、没有目的的自然游戏。游戏的内容、规则、玩法基本由幼儿决定,保教人员主要为幼儿提供游戏材料,并要学会观察、隐形指导,尽量避免干扰幼儿的游戏。

### （二）教学性的音乐游戏

教学性的音乐游戏是指保教人员有目的、有计划组织的音乐游戏。游戏的内容、规则、玩法基本由保教人员掌握，保教人员会根据幼儿的已有经验引导幼儿系统地接触音乐，使他们的音乐体验得到强化和提炼，让其在游戏中掌握歌词、旋律、节奏、律动，并能根据音乐的强弱、长短、快慢、音色的变化等进行创造性的表演。教学性的音乐游戏按游戏内容的不同，可分为歌唱游戏、韵律游戏、演奏游戏和欣赏游戏。

#### 1. 歌唱游戏

歌唱游戏是幼儿园音乐教育活动中的重要组成部分，一般以歌唱为主，伴随角色游戏、律动、朗诵、打击节奏等形式。幼儿通过歌唱等活动，感受艺术魅力，提升对音乐的感受、理解和表达能力，表达欢快愉悦的心情，陶冶身心。例如，"王老先生有块地"是大班歌唱游戏，幼儿在学唱歌曲的同时，进行着游戏表演。

### 案例链接

#### 大班歌唱游戏"王老先生有块地"

**活动目标**

1. 富有童趣地演唱歌曲，能稳定地演唱十六分音符节奏。

2. 用动作、声音表现王老先生和小动物，用游戏的方式进行声部的合作。

3. 体验歌唱、合作带来的快乐。

**活动准备**

钢琴、PPT、《王老先生有块地》的音乐及乐谱，座位呈半圆形，让幼儿有较大的活动空间。

王老先生有块地

**活动过程**

一、趣味练声

师生合作趣味练声《我爱我的小动物》。

二、学歌曲

引导语：这是王老先生的大农场，他在地里都养了什么动物？

1. 教师演唱歌曲《王老先生有块地》。

提问：王老先生在他的地里养了什么动物？它怎么唱歌的？

2. 学习小鸡的叫声。

幼儿通过朗诵、歌唱,唱稳十六分音符。

3. 学习"咿呀咿呀哟"(用动作表现很高兴)。

引导语:王老先生高兴吗?你从歌词里面能发现王老先生很高兴吗?

用欢乐的歌声和动作表现王老先生愉快的心情——"咿呀咿呀哟"。

4. 用动作表现歌曲。

5. 改编歌词。

引导语:王老先生还会在他的地里养什么动物?

(1)用不同动物的叫声巩固十六分音符的节奏。

(2)用不同的动作表现王老先生和他的动物。

**三、合作游戏**

1. 教师表现第二声部。

```
1 1 1 5 6 6 5 | 3 3 2 2 1 − | 1 1 1 5 6 6 5 | 3 3 2 2 1 − |
王 老 先 生 有块地, 咿呀咿呀哟,   他在 地里养 小 鸡, 咿呀咿呀哟,

1 1 1 1 1 1 | 1 1 1 1 1 1 1 1 1 | 1 1 1 1 1 1 | 1 1 1 1 1 1 1 1 1
叽 叽 叽 叽 叽 叽  叽 叽 叽 叽 叽叽叽叽 叽, 叽 叽 叽 叽 叽 叽  叽 叽 叽叽 叽叽叽叽 叽,

1 1 1 1 1 1 | 1 1 1 1 1 1 1 1 1 | 1 1 1 5 6 6 5 | 3 3 2 2 1 − |
叽 叽 叽 叽 叽 叽  叽 叽 叽 叽 叽叽叽叽 叽, 王老先生有块地, 咿呀 咿呀哟。

1 1 1 1 1 1 | 1 1 1 1 1 1 1 1 1
叽 叽 叽 叽 叽 叽  叽 叽 叽 叽 叽叽叽叽 叽。
```

老师用小鸡的固定叫声与幼儿演唱歌曲,形成声部合作。

引导语:请小朋友演唱歌曲时,听听老师的歌声有什么变化?

| × × 　 × 　 × × 　 × | × × × × 　 × × 　 × × 　 × |

2. 用动作和声音分别表现王老先生和小鸡两种角色。

(1)两拍一动,表现王老先生蹒跚走路,演唱主旋律。

(2)一拍一动,表现小鸡走路,表演小鸡的叫声。

3. 情景游戏。

幼儿分角色扮演王老先生和小鸡,两种角色合作表演,并在游戏过程中形成声部合作。

**四、进行游戏评价与活动小结**

　2. 韵律游戏

　　韵律游戏是在音乐或节奏乐器的伴奏指导下,用肢体动作感受和表现音乐的长短、强弱、高低、快慢、音色、性质的变化,或运用肢体动作表现某种形象、事物,表达某种情感的游戏活动。韵律游戏可以调节幼儿的情绪,发展幼儿的动作协调性,培养幼儿的想象力和创造性。例如,小班韵律游戏"小老鼠上灯台"呈现了幼儿在游戏中的律动活动及动作创编。

## 案例链接

**小班韵律游戏"小老鼠上灯台"**

**活动目标**

1. 感知音乐中的人物形象和故事情节,感受歌曲欢快的旋律。

2. 能根据音乐进行简单的律动,自主创编动作。

3. 体会猫捉老鼠的紧张感,体验集体游戏的乐趣。

**活动准备**

《小老鼠上灯台》的音乐及乐谱、小老鼠和猫的头饰。

小老鼠上灯台

1=C 2/4
♩=80

```
5  5   3 | 5 6  5 | 5  5   3 | 5 6  5 |
小 老   鼠   上 灯  台,   偷 油   吃,   下 不  来。

i i i i | i 6 i  5 | 5 6 5 3  5 2 | 1    0 ‖
喵 喵 喵 喵,  猫 来   了,   叽 里 咕 噜  滚 下    来。
```

**活动过程**

**一、听歌识别故事情节**

引导语:小朋友们,今天老师带来了一首歌曲,你们听一听,歌曲里面都有谁呀?发生了什么事情呢?

幼儿听音乐,然后回答问题:小老鼠到哪里去了?它干了什么?后来谁来了?小老鼠是怎样从灯台上下来的?

**二、基本的韵律活动**

1. 教师引导幼儿用动作自由表现。

引导语:小朋友们,你们认为小老鼠可以怎么爬上灯台?怎样偷油吃呢?你会用怎样的动作去表现呢?

幼儿探索动作自由表现。

引导语:小老鼠滚下来的音乐是从高到低,还是从低到高呢?它的速度是怎么样的?你会用怎样的动作去表现呢?

2. 师生用动作自由表现。

引导语:小朋友们都表演得非常棒,现在老师和小朋友们跟着音乐表演一下!(播放音乐)

3. 幼儿和同伴合作,用动作模仿老鼠和猫。

引导语:现在老师邀请两个小朋友合作表演,一个人模仿老鼠,一个人模仿小猫,跟着音乐一起表演。

教师引导幼儿做动作,尽量运用四肢进行表演。

4. 播放音乐,教师带领幼儿集体表演。

引导语:现在小朋友们自己选择扮演小老鼠或者小花猫,跟着音乐一起用动作去表演吧!

**三、游戏猫捉老鼠**

引导语:现在,老师带你们做一个游戏,请小朋友们来当小老鼠一起去偷油吃,但是要小心猫。猫出来会叫三声"喵喵喵",之后,它就要来抓老鼠了,这时小朋友们就要跑回家,坐在自己的小板凳上,这样猫就抓不到你们了。

教师扮演猫,幼儿扮演小老鼠,共同游戏。

**四、活动延伸**

可以让幼儿想象故事情节,画出"小老鼠上灯台,偷油吃"的场景。

**教学建议**

1. 教师鼓励幼儿大胆想象、自主创编,发现两次表演动作的不同,并及时对幼儿进行引导。

2. 游戏过程中教师应注意幼儿安全,防止幼儿在逃跑过程中受伤。

### 3. 演奏游戏

幼儿演奏游戏是指通过身体、乐器来锻炼幼儿节奏感的游戏。大部分幼儿都喜欢敲敲打打,对声音具有一种天生的敏感性,可以说,演奏是幼儿与生俱来的能力。演奏游戏把音乐、节奏和游戏三者结合,让幼儿在趣味盎然的游戏中感受多种节奏,培养幼儿的音乐节奏感。例如,小班演奏游戏"小铃在歌唱"呈现了幼儿在游戏中的节奏模仿与演奏。

**案例链接**

#### 小班演奏游戏"小铃在歌唱"

**活动目标**

1. 能够辨别小铃的音色。

2. 能模仿老师的节奏敲打节拍。

3. 喜欢用乐器来表演音乐,体会玩节奏的乐趣。

**活动准备**

小铃人手一份,《小铃在歌唱》的音乐及乐谱。

小铃在歌唱

1=D 2/4
♩=80

3 3  1 0 | 5 5  5 0 | 3 3  1 0 | 2 2  2 0 |
叮 叮  当   叮 叮  当   叮 叮  当   叮 叮  当,

1 1  1 3 | 5 6  5 3 | 2 2  2 5 | 3 0 2 0 | 1 — ‖
小 朋  友 们 仔 细 听, 小 铃 小 铃 在 歌 唱。

**活动过程**

**一、导入活动**

教师念谜语:一对好朋友,每天爱唱歌,叮叮叮,叮叮叮,声音顶呱呱。

教师:猜猜这是什么?(出示乐器小铃)

教师:我的名字叫小铃,唱歌声音叮叮叮,我有两个小喇叭,声音好听顶呱呱。

**二、乐玩节奏**

1. 教师示范,激发幼儿兴趣。

教师：听，谁在发出好听的声音？

教师：小铃在跟我们打招呼呢，我们应该怎么样？

引导幼儿用手拍出节奏"×× ×○ | ×× ×○ | ×× ×○ | ×× ×○ |"。

2. 运用小铃模仿演奏。

教师：我现在要给每个小朋友发一个小铃，请你们用这个小铃和我做游戏。

教师：看看哪个小朋友能够用你们手上的小铃宝宝演奏出和老师演奏得一样好听的声音。

教师引导幼儿模仿教师拍出简单的节奏：

$$×× \quad ×○ \quad | \quad ×× \quad ×○ \quad |$$

叮叮　当，　　叮叮　当

$$× \quad ×× \quad | \quad × \quad ×× \quad |$$

叮　叮当，　　叮　叮当

3. 变化节奏，配器演唱。

（1）教师播放音乐，带领幼儿跟着音乐敲小铃准确演奏。

教师：接下来，我们跟着好听的歌曲《小铃在歌唱》用我们的小铃宝宝来唱歌，好吗？

（2）鼓励孩子跟着音乐边唱边演奏，体验用小铃表演的乐趣。

（3）教师变化铃铛的节奏，让幼儿跟着变化节奏，边唱边奏，体验用小铃表演的快乐。

三、活动延伸

教师引导幼儿用画笔画出自己想象的小铃的伙伴。

**教学建议**

1. 这是一个节奏练习活动，在组织幼儿活动之前教师要跟幼儿说明规则，在需要敲打时才发声，避免幼儿自行演奏造成游戏混乱。

2. 在教学过程中，如果出现混乱、幼儿不按要求演奏的情况，教师可自己做一些规范性行为停止混乱游戏。

4. 欣赏游戏

幼儿的音乐欣赏游戏指幼儿在保教人员的引导启发下，通过聆听音乐得到情感体验，并以游戏的方式进行情感表达的音乐活动。幼儿园的音乐欣赏游戏通常分为两步：聆听与感受、分析与理解。聆听与感受是让幼儿用耳朵充分感受、欣赏自然产生或是音乐中的各种音响效果，从旋律、音高、音长、音强、节奏、结构等方面去"触摸"音乐语言；对音乐的分析与理解是让幼儿通过游戏的形式潜移默化去体验、感受音乐之美，理解音乐形象。例如，"逛逛动物园"呈现了大班幼儿对音乐的欣赏。

**案例链接**

**大班音乐欣赏游戏"逛逛动物园"**

**活动目标**

1. 在情境游戏中听辨动物形象的音乐，探索用动作自由表现。

2. 了解游戏的玩法，学会遵守规则。

3. 在听辨音乐、创编动作的过程中体验音乐游戏的快乐。

**活动准备**

1. 经验准备：幼儿有听辨乐器音色的经验，熟悉动物的形象。

2. 材料准备：课件以及各种动物的图片及相关音乐。

**活动过程**

一、情境导入

（出示动物园的图片）引导语：这是什么地方？今天我们一起来逛逛动物园。下面我们来听听音乐猜一猜动物园里有什么动物。

二、聆听音乐，初步建立音乐与动物形象的联结

1. 教师逐段播放音乐，引导幼儿听一听、猜一猜、动一动。

引导语：小朋友们，听一听下面这段音乐，你觉得像什么动物？

教师引导幼儿从动物的形象、体重、走路的感觉来猜测，猜对后，带领幼儿跟随音乐自由探索，用动作模仿动物形象，如小鸟飞、袋鼠跳、大象走路。

2. 教师小结：原来今天大象、小鸟、袋鼠、小马的场馆对我们开放了。

三、进行游戏"小朋友参观动物园"，巩固对音乐形象的感知

在教室划分四个区域，分别放上大象、小鸟、袋鼠、小马四张图片，代表四个动物场馆。

1. 介绍玩法：幼儿在音乐伴奏下参观动物场馆，听到哪个动物的音乐就开始模仿这个动物的动作，并随着音乐的节奏来到这个动物的场馆，跟着音乐做动作，直到这段音乐结束。

2. 示范游戏：听到袋鼠的音乐，模仿袋鼠跳到袋鼠场馆。

3. 幼儿进行游戏。

四、进行游戏"小动物坐大巴去春游"

幼儿把凳子排成三列创设小动物坐大巴车的情境，教师提供大象、小鸟、袋鼠、小马的头饰，每个幼儿选择一种头饰扮演一种动物。

1. 介绍玩法。

根据音乐播放的顺序，听到某一动物音乐时，相应动物就要下车模仿该动物的动作，等音乐结束摆出该动物标志性的动作或造型，然后再坐回位子上（大巴车上）。如听到小鸟的音乐，扮演小鸟的幼儿就从位子上站起来，在空地上表演小鸟的动作，音乐结束摆出小鸟标志性的动作或造型，然后再坐回到大巴车上自己的位子。

2. 集体游戏。

教师随机变化音乐顺序，幼儿听辨音乐、表现音乐，巩固对音乐形象的认知。

3. 进行游戏评价。

音乐游戏整合歌唱、语言、舞蹈、律动、乐器伴奏甚至美术等多个领域，具有综合性特点。在幼儿音乐游戏中，常常会融合歌唱、韵律、演奏、欣赏等内容，最常见的是歌唱游戏和韵律游戏的融合、歌唱游戏和演奏游戏的融合、欣赏游戏和歌唱游戏及韵律游戏的融合等。教师应开放观念，让幼儿在游戏中感受音乐、表达音乐、发展身心。

**知识加油站**

### 幼儿艺术领域的学习要点

艺术是人类感受美、表现美和创造美的重要形式，也是表达自己对周围世界认知和情绪态度的特有方式。

每个幼儿的心里都有一颗美的种子。幼儿艺术领域的学习关键在于充分创造条件和机会，

在大自然和社会文化生活中萌发对美的感受和体验,丰富想象力和创造力,学会用心灵去感受和发现美,用自己的方式去表现和创造美。

幼儿对事物的感受和理解不同于成人,他们表达自己认知和情感的方式也有别于成人。幼儿稚嫩的笔触、动作和语言往往蕴含着丰富的想象和情感,成人应对幼儿独特的艺术表现给予充分的理解和尊重,不能用自己的审美标准去评判幼儿,更不能为追求结果的"完美"而对幼儿进行千篇一律的训练,以免扼杀其想象力与创造力的萌芽[①]。

## 任务二　音乐游戏的组织与指导

### ▶▶ 任务情境

观看幼儿音乐游戏"小白兔"视频:"山上有老虎,山下有猎户,我是一只小小白兔,早上采蘑菇,好呀好辛苦,小小白兔睡觉不打呼。"

思考:保教人员在组织和指导音乐游戏"小白兔"时要做些什么工作呢?在音乐游戏开始前,保教人员要如何创设游戏环境,如何构建游戏基础?在音乐游戏过程中,保教人员又要如何指导?在游戏结束后,保教人员又要如何评价?本任务将聚焦幼儿园音乐游戏的组织与指导,引导学生对游戏开始前、游戏过程中、游戏结束后的组织与指导建立全面清晰的认知。

情境

小白兔

### ▶▶ 任务要求

掌握幼儿音乐游戏的心理环境和物质环境的创设,了解音乐游戏的基础构建,会进行音乐游戏开始前的组织与指导;在游戏过程中学会观察幼儿,会组织与指导幼儿开展音乐游戏;能开展游戏结束后的组织与指导,掌握音乐游戏评价方法。

### 一、音乐游戏开始前的组织与指导

#### (一)音乐游戏的环境创设

##### 1. 物质环境

创设适宜游戏的物质环境,提供充足的游戏材料,有助于激发幼儿的游戏欲望。保教人员可在活动室的区角设置音乐活动区(图6-2-1、图6-2-2),投放各式各样的乐器以及丝巾、头饰等表演物品,有利于幼儿自主开展自娱性的音乐游戏。幼儿喜爱的小舞台、音乐区都是音乐游戏的物质环境,保教人员要充分发挥小舞台的作用,不断更新小舞台的布置,激发幼儿进行游戏的愿望。

---

[①] 中华人民共和国教育部. 3—6岁儿童学习与发展指南[EB/OL]. (2012 – 10 – 9)[2022 – 04 – 30]. http://www.moe.gov.cn/srcsite/A06/s3327/201210/t20121009_143254.html.

图 6-2-1　音乐活动区 1

图 6-2-2　音乐活动区 2

　　自娱性的音乐游戏中保教人员要学会观察,隐形指导,只有当幼儿出现不会操作需要帮助时或幼儿之间出现争执无法解决时,教师才适时介入指导,其余时间让幼儿拥有自己的空间,自娱自乐,教师在一旁观察即可。在开展教学性的音乐游戏时,教师要根据游戏的需要创设游戏的空间和情景,并准备相应的道具和材料、合适的游戏空间、丰富的游戏材料,让幼儿玩得更尽兴、更有效。

　　2. 心理环境

　　音乐游戏的心理环境主要指音乐游戏的氛围以及音乐游戏中师生的关系和同伴的关系。音乐游戏的心理环境应该是宽松、自由的,在游戏中幼儿心情愉悦、大胆尝试、敢于表现,能够享受游戏的乐趣(图 6-2-3)。

图 6-2-3　宽松、自由的游戏心理环境

　　俗话说:"兴趣是最好的老师。"保教人员要创设良好的音乐情境,建设良好的游戏心理环境,激发幼儿对音乐游戏的兴趣。教师可根据幼儿的年龄特点,运用启发性的语言,创设有趣的故事情境,为幼儿营造轻松富有趣味的游戏氛围,并用富有感染力的动作和表情感染幼儿,让幼儿对参与游戏充满期待。如小班歌唱游戏"我爱我的小动物",保教人员通过故事导入:"今天是大象的生日,四个好朋友来到大象家里做客,大家玩得可高兴了,一起唱歌跳舞。你们听听看,大象的好朋友是谁呢?"故事情境的导入以及问题设疑,有助于吸引幼儿的注意力,提高其学习的兴趣。

　　(二) 音乐游戏的基础构建

　　1. 了解幼儿的经验与喜好

　　不管是自娱性还是教学性的音乐游戏,保教人员都要通过观察了解幼儿对

微课

音乐游戏的
基础构建

什么感兴趣、幼儿已有经验是什么,并根据幼儿的喜好和经验,在音乐活动区域定期更换材料,精心设计、组织教学性的音乐游戏。这样不仅能激发幼儿积极参与各类游戏的兴趣,也能更好地发挥游戏的作用,落实教学目标。

2. 加强对音乐元素的构建

在各种音乐活动中引导幼儿加强对音高、力度、音色、节奏、曲式等音乐元素的体验和感知,有助于提升幼儿的音乐感受力和表达能力。

3. 完成音乐游戏的活动设计

组织教学性的音乐游戏前,保教人员要对音乐作品中的音乐要素进行挖掘和提取,并精心设计,尝试让音乐要素看得见、摸得着、能感受、能操作。音乐游戏活动设计跟其他游戏一样,主要包括活动内容、活动目标、活动准备、活动过程四个部分。活动过程要通过丰富的活动,引导幼儿用动作、表演、演奏或欣赏等形式来表现和体验音乐的性质、内容与形象,培养和发展幼儿音乐能力,促进幼儿身心发展。

4. 以幼儿视角体验游戏

设计了游戏的情境、歌谣、动作后,为使各个要素相互衔接,需要保教人员以幼儿的视角预先操作体验,以更好地了解幼儿的心理能量何时得到释放,游戏需求是否得到满足。

## 二、音乐游戏过程中的组织与指导

### (一)音乐游戏的观察

保教人员要观察幼儿在活动中的表现和反应,以关怀、接纳、尊重的态度与幼儿交往,支持、鼓励他们大胆探索与表达;善于发现幼儿感兴趣的事物、游戏和偶发事件中所隐含的教育价值,敏感地察觉他们的需要,尊重幼儿在发展水平、能力、经验、学习方式等方面的个体差异,因人施教,把握时机,积极引导,努力使每一个幼儿都能获得满足和成功。保教人员要观察幼儿游戏过程中的支持环境,及时根据幼儿的发展需要创设游戏环境。保教人员组织音乐活动时通过观察,了解幼儿的认知、爱好、能力等特点,在设计、组织幼儿音乐游戏时,以幼儿认知现状与身心实际为基础,发掘游戏资源,整合音乐素材,让音乐游戏贴近幼儿的身心特点,切实服务于幼儿认知发展。保教人员还需结合观察过程中发现的问题,对不同幼儿开展针对性引导、差异性帮扶,让幼儿健康快乐成长,和谐全面发展。

### (二)音乐游戏的指导

1. 介绍音乐游戏的玩法

音乐游戏有具体的玩法和规则。传统的游戏组织策略是保教人员会详尽地交代具体的游戏规则,必要时还会让幼儿复述游戏规则以检验幼儿是否掌握规则。但实际情况是,保教人员介绍规则时,幼儿早就按捺不住想玩游戏,早就心不在焉。实际上游戏的价值并不在于幼儿学会了某个游戏,而是在游戏过程中促进了音乐能力和身心的发展。保教人员在组织游戏时,介绍规则应有所保留,可让幼儿了解游戏的基本玩法后就开始游戏,让幼儿在游戏的过程中发现问题、讨论问题、解决问题,从而不断地理解、补充、完善规则。游戏的玩法也是可以自由创造的,并不一定是保教人员"传授"给幼儿,而是双方作为游戏伙伴共同创造出来的。保教人员可以提供游戏的思路和大致的游戏玩法,而将具体动作、顺序等细节交给幼儿设计,在发挥幼儿主动性的同时,还能更好地顺应幼儿的能力水平和审美特点。

2. 让幼儿充分感受音乐

音乐游戏是"用音乐来做游戏,在游戏中学音乐"的综合性艺术活动,在音乐游戏中,音乐是灵魂。保教人员在组织音乐游戏时,要给每个幼儿充分感受、体验音乐的时间,幼儿对音乐理解了,才会产生联想。可在游戏的情境中,引导幼儿从听、说、动和想等多方面感受与体验音乐,充分感知音乐的变化与故事人物、动作的关系,充分感受音乐是开展音乐游戏的基础。

**3. 让幼儿产生情感的共鸣**

音乐是一种描绘情感的艺术,要让幼儿从音乐中获得美的熏陶,尽情投入地玩游戏,产生情绪情感的共鸣。在音乐游戏中,保教人员自己的情绪情感表达要与音乐所表达的情感一致,并且体态表情和语言都要传递出对游戏的强烈兴趣,这样幼儿才能够被感染和带动,进而投入到游戏中。

**4. 给幼儿自主表现的机会**

《纲要》中强调:"提供自由表现的机会,鼓励幼儿用不同艺术形式大胆地表达自己的情感、理解和想象。"保教人员要努力创设宽松、自由的环境,鼓励幼儿大胆表达他们独特的感受和表现,克服过分强调技能技巧和标准化要求的偏向。

**5. 给幼儿自主创新的机会**

《纲要》中强调:"尊重每个幼儿的想法和创造,肯定和接纳他们独特的审美感受和表现方式,分享他们创造的快乐。"幼儿在自主创新的过程中能够发展能力、创新思维、体验快乐。创新和变化可以通过转换角色来实现,比如中班音乐活动"在农场",保教人员可以引导幼儿变化不同的角色,自主创编歌词和动作;还可以引导幼儿创编不同节奏的叫声。又比如音乐游戏"找一个朋友碰一碰",刚开始手指碰手指、肩膀碰肩膀,再后来肚子碰肚子、耳朵碰膝盖。在保教人员的引导下,幼儿不断自主创新,会使游戏更有趣味。

### 三、音乐游戏结束后的组织与指导

#### (一) 音乐游戏的评价

《纲要》指出:"评价是幼儿园教育工作的重要组成部分,是了解教育的适宜性、有效性,调整和改进工作,促进每一个幼儿发展,提高教育质量的必要手段。"可见评价在幼儿音乐游戏中的重要地位。

**1. 评价主体的多元化**

保教人员、幼儿及其家长、管理人员均可以是音乐游戏评价的参与者。音乐游戏评价中,要防止在讲评环节出现老师"一言堂"的现象,忽略幼儿的表达需求,保教人员要引导幼儿进行自我评价,引导他们看到自己和同伴的优点,发现自己的不足。

**2. 评价内容的多样化**

评价时,可以针对游戏主题,幼儿表现出的音乐能力、创造能力、合作能力以及幼儿在游戏过程中表现的闪光点,并用及时奖励法进行评价反馈。

**3. 评价方式的具体化**

保教人员对幼儿在音乐游戏中的表现所做出的回馈要具体形象,不可抽象、笼统,以让幼儿从老师的点评中认识到自己在游戏中的优点和不足。

**4. 评价标准的个体化**

幼儿由于年龄阶段、个体特征、成长环境的不同,音乐能力、身心发展存在差异,保教人员要关注幼儿的个体差异,建立个体化的评价体系,关注幼儿的个体发展,突出纵向评价。

#### (二) 音乐游戏的整理

音乐游戏结束后,要及时整理游戏器材,并观察幼儿游戏的表现,结合游戏主题及时调整、投放相应的音乐游戏材料。

### （三）音乐游戏的延伸

幼儿对于喜爱的游戏往往乐此不疲，并在重复游戏的过程中提升音乐能力，愉悦身心。音乐游戏活动结束后，可在音乐活动区或其他活动中继续延伸。保教人员可在音乐区投放相应材料，引导幼儿在活动区开展自娱自乐的音乐游戏，也可组织幼儿在语言活动、其他的音乐活动中巩固、拓展、变化游戏。

## 任务三　不同年龄段幼儿音乐游戏的特点与指导

### ❯❯ 任务情境

音乐游戏"爬呀爬"：爬呀爬呀爬呀爬，一爬爬到头顶上，爬呀爬呀爬呀爬，一爬爬到小脚下……

思考："爬呀爬"这个音乐游戏对幼儿发展有什么作用，它属于哪个年龄段？

《爬呀爬》音乐短小、节奏平稳、旋律对比很明显，适合在小班开展，它主要让幼儿通过手和身体不同部位的接触，感受、表现 $\frac{2}{4}$ 节拍均匀的节奏，旋律的上行、下行趋势，以及游戏带来的快乐。

爬呀爬

每个年龄段幼儿的身心发展水平不同，因此对事物的感受和体验有其独有的特点，本任务将聚焦根据幼儿的年龄特点，选择相应的音乐内容，采取相应的活动策略，以促进幼儿音乐能力和身心的发展。

### ❯❯ 任务要求

了解《指南》中音乐活动的目标与要求；会分别根据小、中、大班幼儿音乐游戏特点，选择相应的游戏内容，采用合适的指导方法。

《指南》中指出："艺术是人类感受美、表现美和创造美的重要形式，也是表达自己对周围世界的认识和情绪态度的独特方式。""幼儿艺术领域学习的关键在于充分创造条件和机会，在大自然和社会文化生活中萌发幼儿对美的感受和体验，丰富其想象力和创造力，引导幼儿学会用心灵去感受和发现美，用自己的方式去表现和创造美。"[①]

音乐游戏是音乐领域最主要的活动，也是实施音乐活动最重要的途径。它的目标和艺术领域的音乐学习与发展目标一致。保教人员要了解各年龄阶段幼儿音乐游戏的特点，掌握各年龄段幼儿音乐学习与发展目标，建立对幼儿发展的合理期望，实施科学的保育和教育，引导幼儿学会感受和发现美以及用自己的方式去表现和创造美。

---

① 中华人民共和国教育部. 3—6 岁儿童学习与发展指南[EB/OL]. (2012 - 10 - 9)[2022 - 04 - 30]. http://www. moe. gov. cn/srcsite/A06/s3327/201210/t20121009_143254. html.

## 一、小班幼儿音乐游戏的特点与指导

### （一）小班幼儿音乐领域的学习与发展目标

小班幼儿音乐领域的学习与发展主要内容是感受与欣赏、表现与创造，目标如表6-3-1所示。

表6-3-1　小班幼儿音乐领域的学习与发展目标①

| 内容 | 目标 | 具体指标 |
| --- | --- | --- |
| 感受与欣赏 | 目标（一）　喜欢自然界与生活中美的事物 | 1. 喜欢观看花草树木、日月星空等大自然中美的事物 |
| | | 2. 容易被自然界中的鸟鸣、风声、雨声等好听的声音所吸引 |
| | 目标（二）　喜欢欣赏多种多样的艺术形式和作品 | 喜欢听音乐或观看舞蹈、戏剧等表演 |
| 表现与创造 | 目标（一）　喜欢进行艺术活动并大胆表现 | 经常自哼自唱或模仿有趣的动作、表情和声调 |
| | 目标（二）　具有初步的艺术表现与创造能力 | 1. 能模仿学唱短小歌曲 |
| | | 2. 能跟随熟悉的音乐做身体动作 |
| | | 3. 能用声音、动作、姿态模拟自然界的事物和生活情景 |

### （二）小班幼儿音乐游戏的特点

小班幼儿处于象征性游戏初期，此阶段幼儿的象征性游戏内容和情节都比较简单，常常重复同一动作，而且游戏主题不稳定，常随外部条件和自己情绪的变化而改变。受思维水平的限制，他们对游戏规则的理解较差，自我控制的水平较低。这个时期幼儿音乐认知有限，歌唱能力、小肌肉群、联合性动作发展得还不好，理解能力、感悟能力以及记忆力水平和语言表达能力稍低。但感官发育有所增强，对鲜明的节奏、清晰的旋律能够较好掌握；可完成对简单动作的模仿；可以完成一些基本舞步，如小碎步、小跑步、横移步；能自由运用手、臂、躯干来做单纯的动作；能进行简单的齐唱、齐奏。小班幼儿音乐游戏内容简单、角色单一，保教人员要用有趣的形象、好玩的方法，引导幼儿去聆听、歌唱、模仿动作的同时去感受和发现美，并用自己的方式去表现美。

微课
各年龄班音乐游戏的特点

### （三）小班幼儿音乐游戏的指导

#### 1. 音乐游戏内容的选择

小班幼儿音乐游戏的内容应和幼儿的日常生活及身体动作紧密联系，幼儿喜欢小动物，因此音乐游戏的主角常常是拟人化的小动物。根据小班幼儿的能力特点，所选择的音乐时长不能过长；曲调应简单明了；节奏应简单，由四分音符、八分音符组成的节奏型和二分音符组成的节奏型幼儿最容易掌握；音乐速度应适中明快，节拍以 2/4、4/4 节拍为主；歌曲音域一般在 c～a；歌词要尽量简单、形象、押韵。

#### 2. 音乐游戏过程的指导

幼儿对事物的感受和理解不同于成人，他们表达自己认识和情感的方式也有别于成人。在音

① 中华人民共和国教育部. 3—6 岁儿童学习与发展指南［EB/OL］. (2012 - 10 - 9)［2022 - 04 - 30］. http://www.moe.gov.cn/srcsite/A06/s3327/201210/t20121009_143254.html.

乐游戏中要时刻引导幼儿去学习、去联想、去探索,不要拘泥于特定形式,不要刻意强调歌唱技能、舞蹈技能,要让他们在自然和谐的环境中感知体验歌唱、律动、打击乐器、欣赏作品的快乐。幼儿稚嫩的歌声、动作和语言往往蕴含着丰富的想象和情感,成人应对幼儿独特的艺术表现给予充分的理解和尊重,不能用自己的审美标准去评判幼儿,更不能为追求结果的"完美"而对幼儿进行千篇一律的训练,以免扼杀其想象与创造的萌芽。

对小班幼儿音乐游戏要互动多一点,动作简单一点,便于幼儿模仿。还要引导幼儿尝试感受音乐节奏、旋律的显著变化,并注意变换动作,引导幼儿用简单的动作进行创造性的表现,体验游戏的乐趣。

### 案例链接

#### 小班音乐游戏"小手爬"

小手爬

**活动目标**

1. 感受、表现 $\frac{2}{4}$ 节拍均匀的节奏和旋律上行、下行趋势。

2. 通过手和身体不同部位的接触,感受创造、表演、游戏带来的快乐。

**活动过程**

一、和着音乐以动作的形式表现歌曲

和着音乐感受上行和下行趋势,跟着老师一拍一动感受 $\frac{2}{4}$ 节拍均匀的节奏。引导幼儿感知发现音高上行和下行的趋势,并用手在身体不同部位触摸来表现音高的上行和下行趋势。

二、以动作加念白的形式表现歌曲

这首歌曲富有童趣,歌词简单、形象,但是由于歌曲音域为 c1～c2,小班幼儿不容易唱,可以动作加念白的形式,随着音高的上行和下行进行手的高低变化。

三、引导幼儿创造表现

1. 引导幼儿改变动作方式。

用手表现走、跑、跳、滚等动作,表现上行和下行以及 $\frac{2}{4}$ 拍的节奏,感受创造、表演、游戏带来的快乐。

2. 引导幼儿改变角色,改变场所。

想象其他动物会在哪儿爬,以不同的动物的动作表现上行和下行以及 $\frac{2}{4}$ 拍的节奏,感受创造、表演、游戏带来的快乐。

## 二、中班幼儿音乐游戏的特点与指导

### (一)中班幼儿音乐领域的学习与发展目标

中班幼儿音乐领域的学习与发展主要内容是感受与欣赏和表现与创造,目标如表 6 - 3 - 2 所示。

表 6 - 3 - 2 中班幼儿音乐领域的学习与发展目标[1]

| 内容 | 目标 | 具体指标 |
|---|---|---|
| 感受与欣赏 | 目标(一) 喜欢自然界与生活中美的事物 | 1. 在欣赏自然界和生活环境中美的事物时,关注其色彩、形态等特征 |
| | | 2. 喜欢倾听各种好听的声音,感知声音的高低、长短、强弱等变化 |
| | 目标(二) 喜欢欣赏多种多样的艺术形式和作品 | 1. 能够专心地观看自己喜欢的文艺演出或艺术品,有模仿和参与的愿望 |
| | | 2. 欣赏艺术作品时会产生相应的联想和情绪反应 |
| 表现与创造 | 目标(一) 喜欢进行艺术活动并大胆表现 | 经常唱唱跳跳,愿意参加歌唱、律动、舞蹈、表演等活动 |
| | 目标(二) 具有初步的艺术表现与创造能力 | 1. 能用自然的、音量适中的声音基本准确地唱歌 |
| | | 2. 能通过即兴哼唱、即兴表演或给熟悉的歌曲编词来表达自己的心情 |
| | | 3. 能用拍手、踏脚等身体动作或可敲击的物品敲打节拍和基本节奏 |

### (二)中班幼儿音乐游戏的特点

中班幼儿的思维较小班幼儿有了进一步发展,认知范围、认知能力、动作发展能力、活动能力、交往能力、音乐能力、创造能力都比小班幼儿有明显的进步。中班幼儿音乐游戏要求加强幼儿对音高、音色、速度、音强等音乐元素的辨析能力,以及对不同体裁、性质、风格乐曲的分辨能力。

### (三)中班幼儿音乐游戏的指导

#### 1. 中班幼儿音乐游戏内容的选择

中班幼儿音乐游戏的音乐作品形象特点要鲜明,为幼儿所熟悉;音乐旋律的高低、长短、强弱可以有更多的变化;音乐结构形式上可以是二段体或三段体,每个段落间要有幼儿能明确认识的间奏,便于幼儿用身体动作来表现;歌唱游戏的歌曲音域选择范围最好在 c1～b1,尽量选择贴近幼儿

---

[1] 中华人民共和国教育部.3—6 岁儿童学习与发展指南[EB/OL]. (2012 - 10 - 9)[2022 - 04 - 30]. http://www.moe.gov.cn/srcsite/A06/s3327/201210/t20121009_143254.html.

生活内容的歌曲,歌词适合朗诵和记忆,歌唱材料适合肢体表演。有些保教人员在教学实践中只是片面追求教学目标,因而过于注重规则性、表演性的游戏,但这些游戏没有教学的意义也不能吸引幼儿的兴趣,幼儿处于"被游戏"状态。也有保教人员为了游戏而游戏,只是单纯地让幼儿高兴,没有实现提高幼儿审美能力和音乐素养的目的,这类游戏不利于幼儿的成长。因此,幼儿音乐游戏的选择要符合趣味性、音乐性、游戏性、综合性和社会性等特点。

2. 中班幼儿音乐游戏的指导

根据中班幼儿以形象思维为主、好奇好动的特点,中班幼儿音乐游戏可通过故事讲述、猜谜导入、情景化教学激发幼儿的兴趣、丰富幼儿的想象。游戏开始前保教人员要加强对音乐的分析,游戏的设计要与音乐贴合;在游戏过程中,要引导幼儿用心体验音乐,用动作感受音乐、表达音乐,在合作、创意表达音乐的过程中体验音乐游戏的乐趣。

## 案例链接

### 中班音乐游戏"小·老鼠打电话"

小老鼠打电话

1=D 2/4
♩=80
词曲:陆成

5 0 5 0 | i i i | 5 0 5 0 | ż ż ż | 2 4 3 2 4 3 | 1 1 1 |

1 3 3 0 | 5 5 5 3 0 | 1 3 1 3 1 3 | 5 5 3 | 4·5 4 3 | 2 2 2 |
小老鼠, 打电话, 找个朋友 过家家,

4 5 4 5 4 3 | 2 2 2 | 1 2 3 4 | 5 5 6 | 5 3 0 | 5 3 0 |
电话本呀 手中拿, 五四 三二

2 3 2 | 1 - | 5 0 5 0 | i i i | 5 0 5 0 | ż ż ż |
六 七 八。

2 4 3 2 4 3 | 1 1 1 ‖: X X | X X X | X X X X | X X X :‖
鼠:喂 喂 你好呀, 请你快到 我的 家。
猫:好好 知道啦, 马上就到 你的 家。

2 4 3 2 4 3 | 1 1 1 | 1 - | 1 3 1 3 1 3 | 5 5 3 | 4 5 4 5 4 3 |
(猫走) "喵"

2 2 2 | 1 2 3 4 | 5 5 6 | 5 3 0 | 5 3 0 | 2 3 2 |
朋友怎么 会是它, 原来 号码 打错

1 - ‖
了。

**活动目标**

1. 感受歌曲诙谐幽默的特点,能唱准附点音符、休止符处的歌词,培养音乐节奏感,发展表现力。

2. 尝试用动作、表情、声音等方式大胆表现歌曲,体验与同伴合作表现、体验音乐活动的快乐。

**活动准备**

小老鼠、小猫头饰以及电话机、多媒体。

**活动过程**

一、复习歌曲《小老鼠打电话》

引导语:听,是什么声音? 电话铃响了,我们一起去接电话吧。

二、学习歌曲《小老鼠打电话》

引导语:瞧,这是谁? 小老鼠也在打电话。它为什么要打电话? 让我们仔细听一听。

(一)初步理解歌词

1. 第一遍倾听歌曲(不加猫叫)。

提问:小老鼠为什么要打电话? 它是怎么打的? 电话号码是多少?

让我们来听一听:

××○|×× ○|×× |×–(用多媒体出示节奏图谱)

53 0|53 0|2 32|1–

练习: 五四○|三二 ○|六 七|八–|。

2. 加入语言。

(二)进一步理解歌词

1. 第二遍倾听歌曲(教师表演猫走路的动作和叫声)。

提问:小老鼠给谁打电话? 小老鼠是怎样邀请朋友的? 朋友又是怎么回答的?

2. 学习有节奏地对话。

(1)用多媒体出示节奏图谱,教师示范有节奏地对话。

(2)教师扮演小老鼠,请幼儿有节奏地和老师对话。

(3)幼儿扮演小老鼠和老师有节奏地对话。

‖: x  x  | x x x | x x x x | x x x :‖

3. 提问与小结。

提问:小老鼠的朋友会是猫吗? 为什么小老鼠给猫打电话?

小结:原来是小老鼠拨错电话号码了,打给了小猫。你们平时在打电话的时候可千万别把电话号码拨错了。

(三)完整演唱歌曲

教师引导幼儿完整倾听并表情丰富地演唱歌曲《小老鼠打电话》。

三、玩游戏:小老鼠打电话(进一步复习巩固歌曲)

1. 介绍游戏玩法:游戏有两个角色,一名幼儿扮演猫,其他扮演小老鼠。演唱并表演完歌曲之后,听到猫大叫一声后小老鼠才可以表现出害怕的样子和逃跑。

2. 幼儿表演游戏。

3. 改编歌词(改变动物的形象)进行律动游戏。

幼儿游戏活动指导

## 三、大班幼儿音乐游戏的特点与指导方法

### (一) 大班幼儿音乐领域的学习与发展目标

大班幼儿音乐领域的学习与发展主要内容是感受与欣赏和表现与创造,目标如表6-3-3所示。

表6-3-3 大班音乐领域的学习与发展目标[①]

| 内容 | 目标 | 具体指标 |
|---|---|---|
| 感受与欣赏 | 目标(一) 喜欢自然界与生活中美的事物 | 1. 乐于收集美的物品或向别人介绍所发现的美的事物 |
| | | 2. 乐于模仿自然界和生活环境中有特点的声音,并产生相应的联想 |
| | 目标(二) 喜欢欣赏多种多样的艺术形式和作品 | 1. 艺术欣赏时常用表情、动作、语言等方式表达自己的理解 |
| | | 2. 愿意和别人分享、交流自己喜爱的艺术作品和美感体验 |
| 表现与创造 | 目标(一) 喜欢进行艺术活动并大胆表现 | 1. 积极参与艺术活动,有自己比较喜欢的活动形式 |
| | | 2. 能用不同的表现手法表达自己的感受和想象 |
| | | 3. 艺术活动中能与他人相互配合,也能独立表现 |
| | 目标(二) 具有初步的艺术表现与创造能力 | 1. 能用基本准确的节奏和音调唱歌 |
| | | 2. 能用律动或简单的舞蹈动作表现自己的情绪或自然界的情景 |
| | | 3. 能自编自演故事,并为表演选择和搭配简单的服饰、道具或布景 |

### (二) 大班幼儿音乐游戏的特点

大班幼儿好学好问,有极强的求知欲望,他们喜欢问"为什么",对于身边的一切事物都喜欢深入地了解和探究。他们的合作意识增强,喜欢与同伴合作开展游戏;能逐步明白公平的原则,规则意识增强。音乐能力、创造能力逐步增强,舞蹈动作、语汇日益丰富,对动作的记忆逐渐加强,能用已掌握的空间知识进行创造性表现,表达方式丰富多样。大班幼儿音乐游戏的情节变化丰富多彩,曲式结构和乐曲内容也更加复杂,游戏强调合作、规则、创造、表演。

### (三) 大班幼儿音乐游戏的指导

1. 大班幼儿音乐游戏内容的选择

大班幼儿音乐游戏内容选择更宽泛,音乐范围可在轻柔欢快的经典音乐、儿童音乐、中国风的音乐基础上,增加特定风格的中国音乐(如民族音乐),同时也可选用具有异域风情的外国音乐,或选用部分情绪健康的成人音乐作品。音乐游戏的情节变化要丰富多彩,曲式结构和乐曲内容给大班幼儿充分的想象空间。

2. 大班幼儿音乐游戏的指导

大班幼儿创造力、想象力丰富,合作能力、情感表达有了很大进步,这个阶段保教人员要做好观察者和引导者。保教人员引导时间不能过长,应多给幼儿独立接触音乐的机会;切勿强行灌输,应引导幼儿在游戏中学习音乐,在游戏中探索音乐、创编情境、形成新规则;要引导幼儿探索用多种合作方式参与音乐游戏,体验同伴间愉快交流的情感。在大班音乐游戏中,还要适量增加规则性游戏

---

[①] 中华人民共和国教育部. 3—6岁儿童学习与发展指南[EB/OL]. (2012-10-9)[2022-04-30]. http://www.moe.gov.cn/srcsite/A06/s3327/201210/t20121009_143254.html.

140

和表演性游戏,给大班幼儿充分的想象空间,让幼儿尽情想象,表达对音乐的感受。

## 案例链接

### 大班音乐游戏"江南"

**活动目标**

1. 感受歌曲《江南》所描写的情景,感受歌曲轻快的风格,培养音乐节奏感,发展表现力。

2. 学唱《江南》,能有表情地演唱歌曲。

3. 能和着旋律、根据情节进行游戏,能区分并交换角色,能大胆地用肢体动作表现鱼儿和莲叶嬉戏、逗乐的情景,体验与同伴共同游戏的乐趣。

**活动准备**

音乐《江南》,黄、绿、蓝三色标记,幼儿学过古诗《江南》。

**活动过程**

一、回顾古诗

提问:古诗里写了谁? 它们在干吗?

二、感受音乐

1. 完整感受音乐《江南》,提问:歌曲里面有谁? 你能用动作表现莲叶和小鱼吗?

2. 教师结合幼儿的动作,引导幼儿用肢体动作表现小鱼和莲叶嬉戏的情景。

三、探索玩法

1. A 段游戏:结合 A 段音乐引导幼儿探索莲叶和小鱼的动作。

① 自由表现莲花的形态和开花的位置。

引导语:荷塘里的荷花到处都有,有的开得高,有的开得低,有的开向东,有的开向西……那我们再试试,这次荷花可以开在身体的哪些地方?

幼儿随音乐练习荷花、莲叶的动作。

② 自由表现、学习小鱼的动作。

引导语:你能用动作表现小鱼吗?

结合幼儿的动作,教师引导幼儿学习小鱼的动作。

2. B 段游戏:结合 B 段音乐引导幼儿探索,想象并表现鱼儿逗荷叶的情景。

① 幼儿和老师玩游戏"鱼戏莲叶"。

引导语:美丽的荷塘里,小鱼在和莲叶玩游戏,它们是怎样玩的? 现在小朋友们当莲叶,老师当小鱼,我们来试一试吧。

教师扮演小鱼,幼儿扮演荷叶合作表演。

② 教师引导幼儿探索想象并自由表现"鱼戏莲叶"。

结合音乐节奏的变化探索、变换小鱼的动作,自由表现鱼戏莲叶。

引导语:听一听,什么地方音乐速度更快了、小鱼更调皮了? 可以怎样去逗莲叶? 鱼儿和莲叶是怎么玩的? 做了哪些动作?

教师扮莲叶,幼儿扮演小鱼合作表演。

3. 完整游戏。

① 请两名幼儿当"小鱼",其他幼儿做荷叶,合作游戏。

A 段小鱼和莲叶各自做律动,B 段小鱼和莲叶合作做游戏。

引导幼儿学会聆听音乐,明确什么地方是各自做律动,哪一句是小鱼、莲叶找到自己的朋友,哪一句开始是小鱼莲叶开始合作游戏。

② 请四名幼儿当"小鱼",其他幼儿做荷叶,合作游戏。

③ 幼儿自由选择小鱼和莲叶的角色随音乐完整游戏。

④ 更换角色,随音乐完整游戏。

4. 进阶游戏。

① 请四个幼儿做游戏"小鱼木头人"。

A段分角色做律动,B段合作游戏时玩躲猫猫,莲叶闭眼时小鱼要用搔痒痒等动作逗莲叶,莲叶一睁眼小鱼就要一动不动,选出最佳表演者。

② 集体进行游戏"小鱼木头人"。

**延伸活动**

1. 在户外开展鱼戏莲叶、网小鱼的游戏。

2. 在表演区准备道具,如纱巾,进一步丰富、拓展角色游戏。

## 知识加油站

### 幼儿的音乐能力发展特点

3～4岁(小班)幼儿,音域比较狭窄,一般可唱5～6个音,即C调的do～la;音量小,呼吸较短促,音准仍较差;节奏感发展处于过渡阶段;小肌肉动作联合动作发展较弱,应多选上下肢简单的大动作,韵律活动中应以律动(模仿小动物的动作)为主。还可以用打击乐器演奏简单的节奏。在欣赏音乐方面,3～4岁的幼儿以直观感受音乐为主,他们更关注音乐外部特征性的东西,对音乐的表情还不理解。此时可多选歌曲和单乐段、形象鲜明或带有拟声音的乐曲。

4～5岁(中班)幼儿,音域有所拓展,一般为c1～b1(do～si);音量比小班幼儿有明显增大,呼吸有所发展,唱歌时一口气的时间比3～4岁幼儿要长,但有时仍掌握不好,音准有明显改善,开始注意歌唱时的表情;4～5岁幼儿的节奏感发展较好,动作能自如合拍,控制动作的能力有所发展,因此可选择身体协调动作为主,一些运用小肌肉的细小动作为辅。此时的幼儿,对打击乐器的兴趣较高,演奏能力也明显提高。在音乐欣赏方面,开始能区分音乐中明显的力度、速度变化等,能欣赏内容较广泛以及性质、风格较多样的音乐作品。

5～6岁(大班)幼儿,音域一般为b、c1～c2,音量较大,呼吸较自如,音准能力有很大进步,能处理歌曲的强弱、快慢等,节奏感发展较好,能根据音乐的节奏自如合拍地做动作,动作的协调性、控制能力有很大发展,动作能够随音乐的速度、力度变化而变化。因此,在韵律活动的选材中应以舞蹈为主。可以在演奏打击乐的基础上学习创编简单的节奏乐。在音乐欣赏方面,此时幼儿能辨认熟悉的音乐作品的情绪,感知作品中的细节部分,能区分不同类型的作品,能初步理解各音乐手段的作用,音乐记忆力和审美能力有所发展,能表现出自己对某类音乐作品的喜好。[①]

---

① 吕媚媚. 幼儿教师音乐技能——声乐[M]. 北京:北京师范大学出版社,2022.

>> **模块小结**

　　音乐游戏是以培养幼儿音乐能力为主的游戏活动,它不仅以培养音乐能力为主要目标,而且对幼儿的身心发展有着极其重要的作用。通过本模块的学习,了解了音乐游戏的概念、特点和作用,结合案例认识了歌唱游戏、韵律游戏、节奏游戏和听辨游戏等不同类型的音乐游戏。游戏开始前要进行心理环境、物质环境的创设和音乐游戏的基础构建;游戏过程中要注意观察幼儿,并根据幼儿特点、游戏特点组织指导幼儿音乐游戏;游戏结束后要进行评价和整理。在实践中,要学会根据《指南》中音乐活动的目标要求和各年龄阶段幼儿音乐游戏的特点,选择相应的游戏内容,采用合适的指导方法。

✎ **思考与练习**

1. 请说一说音乐游戏的概念、特点。

2. 为什么说音乐游戏不仅能促进幼儿音乐能力的发展,还能促进幼儿身心的发展?

3. 幼儿园中最常见的音乐游戏有哪些类型? 起到怎样的作用?

4. 请分析歌曲《合拢放开》的音乐要素,设计丰富的体验方式,让音乐要素看得见、摸得着、能感受、能操作,并模拟幼儿教师介绍"合拢放开"的游戏玩法。

合拢放开

5. 结合本模块的内容,请尝试设计一份音乐游戏教案,并模拟组织游戏。(分组合作,自选大班、中班、小班来设计)

✈ **聚焦考证**

1. 教师在区角中投放了多种发声玩具,小班幼儿在摆弄这些玩具时( )。(2018上半年幼儿园教师资格证考试《保教知识与能力》真题)

　　A. 能概括不同声音产生的条件

　　B. 对音乐产生兴趣,感受不同声音

　　C. 能描述出玩具是怎么发声的

D. 能描述不同玩具发声的特点

2. 教师在组织中班幼儿歌唱活动时,合理的做法是(　　)。（2018上半年幼儿园教师资格证考试《保教知识与能力》真题）

A. 要求幼儿用胸腹式联合呼吸

B. 鼓励幼儿用最响亮的声音歌唱

C. 鼓励幼儿唱八度以上的音域

D. 要求幼儿用自然的声音歌唱

3. (　　)幼儿在进行艺术欣赏时常常用表情、动作、语言等方式表达自己的理解。

A. 小班　　　　　　　B. 中班　　　　　　　C. 大班　　　　　　　D. 托班

# 模块七

## 体育游戏的组织与指导

任务一 ➡ 体育游戏概述

任务二 ➡ 体育游戏的组织与指导

任务三 ➡ 不同年龄段幼儿体育游戏的特点与指导

教 学 课 件

## 模块导读

体育游戏是幼儿园体育中的重要内容和主要形式,它是以发展幼儿基本动作为主要内容,以游戏为形式,以增强幼儿体质为主要目的的一种活动。在幼儿园,保教人员每天都要组织、指导幼儿开展各种各样的体育游戏。由于不同年龄段、不同班级、不同幼儿的身体和心理发展水平不一致,不同地域的环境条件不同,因地制宜地组织和指导幼儿进行体育游戏就成为保教人员的重要能力。保教人员只有具备组织和指导幼儿体育游戏活动的专业技能,才能更好地发挥体育游戏的功能并促进幼儿身心和谐发展。

## 学习目标

1. 认知目标
理解体育游戏的概念、内容、特点及教育作用等基本知识。
2. 能力目标
(1) 学习开展体育游戏的流程和各环节的组织与指导方法。
(2) 掌握小、中、大班幼儿体育游戏的特点及组织指导策略。
(3) 掌握体育游戏活动中培养幼儿自我保护能力及创设安全游戏环境的方法。
3. 情感目标
对体育游戏活动的组织与指导感兴趣,愿意积极尝试组织与指导体育游戏活动。
4. 思政目标
重视身体健康教育,能够积极探索促进幼儿身体健康、加强体育锻炼的游戏方法。

## 内容结构

## 任务一　体育游戏概述

### 任务情境

在幼儿喜欢的体育游戏中,球类游戏往往占有重要地位,它不仅能带给幼儿快乐的情绪体验,而且对幼儿的身体灵敏性、体能发展、交往协作能力有良好的促进作用。观看幼儿园大班体育游戏"疯狂足球",了解幼儿足球游戏组织与指导的各个环节,感受幼儿园体育游戏的巨大魅力。

情境

疯狂足球

思考:结合"疯狂足球"游戏视频,想一想体育游戏具有怎样的特点与价值?

### 任务要求

了解体育游戏的基本理论,通过体育游戏相关案例理解体育游戏的概念、意义及分类,了解体育游戏对幼儿基本动作的发展、体能锻炼以及意志品质发展的作用。

### 一、体育游戏的概念与特点

#### 1. 体育游戏的概念

体育游戏也称活动性游戏或运动游戏,是依据幼儿年龄特点和身心发展水平,根据一定的体育任务设计的,由身体动作、情节、角色和规则组成的一种活动性游戏,是幼儿体育活动的主要形式。体育游戏力求体现童趣,在活动中鼓励幼儿积极尝试、体验动作、积累经验、感受乐趣,使幼儿玩在其中、乐在其中、学在其中。

#### 2. 体育游戏的特点

(1) 强调快乐的情绪体验

体育游戏强调在富有趣味性的游戏中,激发幼儿参与活动的兴趣,使他们乐于运动、积极运动,在运动中获得满足感、成功感,并将幼儿的身体发展与个性培养相结合。

(2) 强调运动经验的积累

游戏中,幼儿各种肢体动作的发展、身体运动经验的获得,是综合性的、可持续性的,是幼儿通过自身的体验和探索不断发展和逐步形成的。

(3) 强调运动氛围的自主宽松

微课

体育游戏概念

游戏中,幼儿可按自己的兴趣选择活动内容,用自己喜欢的方式尽情玩耍,以及尝试用适宜的方法调整自己的运动行为。保教人员应给予幼儿一定的探索空间和创造空间,使幼儿的主体性(图 7 - 1 - 1)得以充分发挥与发展。

体育游戏同时也是一种综合"运动""游戏"和"指导"三个要素的身体练习活动。这三个要素要相辅相成、合理配合,如果过分侧重身体运动,那么难免相仿于成人的训练,幼儿就会感到枯燥、有压力和痛苦;如果过分侧重自由游戏,幼儿就难免疏于散漫和嬉戏;如果过分侧重教学指导,就会压抑幼儿的自主性,减弱锻炼的作用以及游戏的趣味性。

图 7-1-1　体育游戏：跳鞍马

## 二、体育游戏的价值

体育游戏是幼儿认识自我和探索、体验、认识外部环境的重要方式,幼儿在体育游戏过程中获得的经验,不但有助于其提升意志品质、社会认知以及发展基本动作,而且有益于幼儿的心理健康,可以促进幼儿身心各方面的发展。具体来说,体育游戏的价值主要表现在以下四个方面。

### 1. 有助于促进幼儿身体正常发育和基本动作发展

体育游戏不是机械的训练,而是将基本动作技能的锻炼融入趣味性较强的游戏之中,幼儿可在游戏中练习走、跑、跳、攀爬、平衡等基本动作。对于幼儿来说,游戏活动本身就是一种有效的基本动作练习,开展丰富多彩的体育游戏有助于培养幼儿参加体育活动的兴趣和习惯,增强体质,促进幼儿身体正常发育和机能协调发展。

### 2. 有助于幼儿意志力等心理品质的发展

在体育游戏中引导幼儿积极参与、忍受体育锻炼中的不适考验、克服体育游戏中的各种挫折,对磨炼幼儿的意志品质具有非常重要的作用。在游戏的过程中,幼儿需要克服困难以完成相应的任务或者动作,特别是富有挑战性的游戏活动,对于培养幼儿顽强的意志力、坚韧力更具优势。游戏中的挑战,对幼儿的心理会产生一定的压力,而当他们在同伴、老师的鼓励和适当的帮助下完成任务所产生的心理满足,就是一种正面激励,有利于幼儿意志力的发展。

### 3. 有助于幼儿沟通合作与社会化的发展

基于幼儿的年龄因素,幼儿园体育游戏活动大多数情况下都是采取团体活动的方式,因为它能创造一个团体沟通的环境。沟通能力对于促进幼儿的社会性发展具有重要作用,特别是体育游戏本身的环节设置、目标设置,会创造更多的幼儿间的沟通、合作机会,这就促进了幼儿沟通能力、组织观念以及团队意识的培养。

### 4. 有助于幼儿创造力与想象力的发展

在体育游戏中幼儿充分展现着自主能动性,积极地投入到游戏中。体育游戏给幼儿提供了创造、探索的机会,为完成游戏环节的相关要求,幼儿要充分发挥想象力、创造力并通过自己的亲身努力获得成功,进而促进游戏水平、运动能力及动作技能的提升。

## 三、体育游戏的分类

为了使体育游戏更好发挥作用,要对各类体育游戏进行科学的分类、合理的安排。同时,应将

幼儿的发展水平、需要同各类体育游戏的特点相结合,来开展体育游戏。根据划分的维度不同,体育游戏可进行以下 8 种划分:

① 按游戏组织形式:分为自主体育游戏和体育教学游戏。

② 按游戏有无情节:分为主题游戏和无主题游戏。

③ 按游戏活动的形式:分为接力游戏、追拍游戏、争夺游戏、角力游戏、猜摸游戏等。

④ 按游戏活动内容:分为走、跑、跳(图 7 - 1 - 2)、钻、攀爬、投掷、平衡、球类游戏等。

⑤ 按游戏对身体素质的作用:分为速度游戏、灵敏性游戏、力量游戏、柔韧性游戏、耐力游戏等。

⑥ 按游戏活动场地:分为户外游戏和室内游戏。

⑦ 按游戏使用器材不同:分为持轻器械游戏和徒手游戏。

⑧ 按游戏人数:分为单人游戏、双人游戏、集体游戏等。

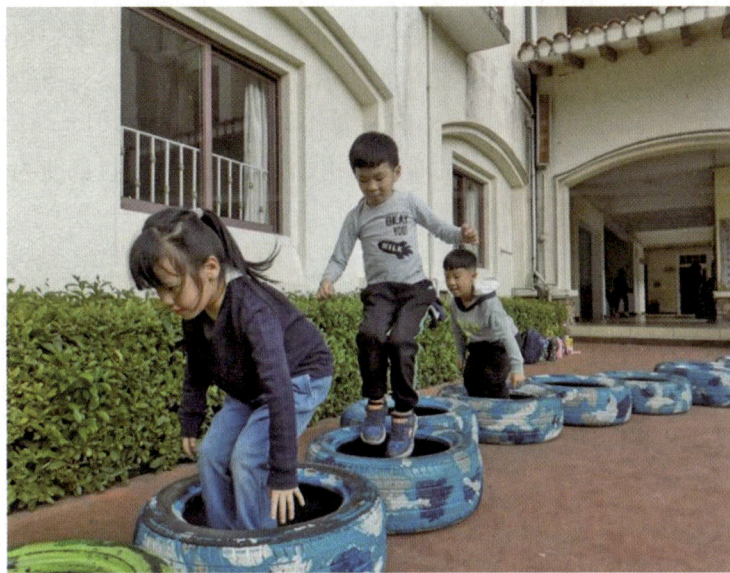

图 7 - 1 - 2　体育游戏:跳轮胎①

## 任务二　体育游戏的组织与指导

### 任务情境

旧轮胎是幼儿园日常生活中较容易收集到的物品,教师根据这个阶段许多幼儿很喜欢车的特点以及体育游戏的组织流程,设计运用轮胎来进行体育游戏。但保教人员在组织体育游戏中,会出现幼儿四处乱跑或者乱成一团的状况,导致游戏无法继续进行,也有部分幼儿对游戏兴趣不高或因怕苦怕累而出

情境

轮胎乐②

---

① 本图片来源于东莞市南城森林湖幼儿园。

② 中班体育游戏,此案例来自东莞市南城创思金域华府幼儿园。

现不参加游戏活动的情况。

思考：体育游戏的开始、过程、结束各环节的组织与指导究竟应该怎样实施呢？

>> 任务要求

了解体育游戏开始前的场地、器械准备，游戏过程中保教人员应具备的指导技巧、能力以及体育游戏结束的组织与指导的科学性；通过体育游戏相关案例，了解体育游戏过程中保教人员应如何对幼儿进行观察、结合幼儿的运动状况推进体育游戏的开展。

## 一、体育游戏开始前的组织与指导

### （一）体育游戏的场所准备

满足幼儿体育游戏需求的第一步是游戏场地，保教人员要尽可能提供一切能够帮助幼儿获得更多自由游戏和运动的机会。如果已经辟有专门的运动空间，则要考虑其构造和设施是否能满足幼儿的需求。大多数情况下，幼儿园都把室外区域看作体育游戏领域，但是，体育游戏的开展并不一定要限制在室外，合适的室内空间、合理的布局结构、恰当的器材摆放，都能为幼儿提供开展体育游戏的条件。

1. 体育游戏功能室

体育游戏功能室要足够大，运动空间越是拥挤，幼儿能够闪避的机会越少，身体碰撞、摩擦和争执就会出现得越频繁。所以体育游戏的开展，需要安排功能多样、空间较大的房间才能满足要求。如果体育游戏功能室随时都对幼儿开放的话，在设计时就应该尽量减少幼儿在里边嬉戏打闹时发生冲突的概率。在规划和建构体育游戏功能室时，下面四点是必须要注意的：

（1）空间应该足够大（大约 200 平方米），并应修筑一间小储物间（大约 20 平方米），用储物间墙上的搁架和柜子收纳玩具和材料。可以在体育游戏功能室各处散放玩具，或在体育游戏功能室中央放置一辆"游戏车"（装有不同的球、绳、轮胎、体操彩带、橡胶垫、棉花等可用于游戏的推车）。

（2）应该营造出温馨友好、充满乐趣的氛围，自然的光源、明亮而温暖的颜色、天然材料（如木材）的运用和可调节的取暖通风设备有助于做到这一点。

（3）可以在墙上或天花板上钉一些木条之类的材料（充当槽轨），能够用它们来悬挂线、环圈、绳子或秋千，这样就能把体育游戏功能室的墙面灵活利用起来。扣眼和挂钩必须设置在离地较高的木条上。

（4）可以让幼儿在墙上画一些标记作为目标区域，应该使墙壁尽可能光滑（不要挂图片之类的物品），这样墙壁就能被应用到游戏中去（比如在玩球时用作反弹的墙面等）。

2. 户外体育游戏区

在幼儿园的整体规划和建设中，对体育游戏环境必须有全局观，以及基于自然与社会双方面因素相互关联、相互作用的生态学视角进行考虑，并根据体育活动的目标和幼儿园人力、物力和财力的情况对户外场地和游戏空间进行精心布局。

在结构上，操场、跑道、大型器械的分布要结合整体建筑与园舍的风格特点做到既相互关联又相对独立，满足全园幼儿在不同时段有充足的空间进行锻炼。

在功能上，要充分运用整体资源，不仅要对大的功能区进行考虑和设计，也要将小的功能区与大的功能区相结合，协调考虑，特别是对运动线路的规划，要使全园的各个角落、区域都能够通过道路合理循环，达到既能巧妙运用又能疏散拥挤的标准。尽量采用自然的种植物进行区域间隔，操场、道路的铺设尽可能使用草坪、鹅卵石、木料等，尽量不使用人工合成的塑胶材料，虽然塑胶具有一定的缓冲功能,但其化学原料对幼儿的伤害非常大。当幼儿在种植着树木、花草的绿荫道路上奔跑,在宽阔的草坪上做操、踢球,在绿篱中捉迷藏,在水池边铺着鹅卵石的小路上散步……幼儿所获得的将不仅仅是体格的强健,还将收获大自然对幼儿的馈赠:对心灵的抚育、对生命的珍爱、对自然的接受与敬畏。

每个幼儿园户外空间各异、面积不一,在进行体育游戏环境规划时都应因地制宜、创造性地利用好自然空间。例如,原来低洼的地方可以设计成小河、沟渠,在上面架设晃悠悠的桥索。如果幼儿园户外空间太小,可以立体地利用空间,在进行立体绿化的同时利用好走廊、通道和楼梯,综合统筹建筑结构和户外场地的衔接,在墙壁设计横向攀岩,在高大的树木间设计秋千、摇椅、跷跷板,或者将沙池与戏水池巧妙组合等。

充分利用园所资源,"一物多玩、重复利用、多角度开发",一方面可使幼儿园现有的设备、设施、器械、材料乃至园舍、保教人员等现有资源扩大使用效能;另一方面也需在新资源投入、设备设施更新建设方面融入新的视角,多元考虑固定资产投入的效应。在幼儿园体育环境的创设上,应考虑多样化与多功能相结合的原则。

(1) 地面材料与地表形式的多样化,如草坪、石路、沙地、土地、木质区域等草石相间、方圆结合、曲直交替等。

(2) 在地形方面,设置应有高有低、有凸有凹、平地斜坡相结合、阶梯平缓相间隔等。

(3) 在区域的划分上,应设置器械区、沙水区、团体活动区、小组活动区、种植区、养殖区等,各区之间以多样化的绿化带相关联,既能够相互关照又各自独立。同时,各功能区的使用也应从多角度开发和运用。

3. 其他游戏场地

除了大环境的总体规划和布局,一些小环境在幼儿体育游戏环境的创设上也可以和大场地互为补充。例如:在宽阔的走廊、地面上可画些跳格子、脚印、几何图形供幼儿进行一些动作练习(如跳、跨等);走廊上方可悬挂一些自制玩具或精美可爱的小饰物,高低不同、适合不同能力的幼儿跳起触物;还可以在一些小空间如安全的楼层平台、楼梯转角、走廊交会等处放置一些小型的体育器械,如呼啦圈、拉力器、皮球、高跷、沙包等,供幼儿休息或课间随时进行活动;幼儿园的一些小空间和角落可以用柔软的地毯、垫子或褥子铺垫好,作为一个"喧闹角";在墙角设置一根爬绳只需要很少空间,如果把绳子紧钉在墙上,可以代替攀爬需要的云梯。

总之,总体规划和创设一个合理、科学、多样化、多功能性的环境是有效开展体育活动的前提和保证,是有效激发幼儿体育活动兴趣的大物质空间。

### (二)体育游戏器械和材料准备

在配备幼儿园的体育游戏器械时,要挑选适合3~6岁幼儿玩耍的器械和材料。

1. 甄选器械和材料的标准

(1) 安全性强、结实耐用。

(2) 与幼儿的年龄以及发育、发展水平相适应。

(3) 器械材料多样化,能被不同个性和身体条件的幼儿使用。

幼儿园应按照本地、市幼儿园体育器械配置标准进行大、中、小型体育器械的配置,配置的器械与幼儿园根据体育活动需要自制的器械或者非专用体育器械相结合,充分利用园所现有资源和本地自然物产资源,使园所体育活动环境创设丰富多样。

一物多用、重复利用、多角度再开发是对教育资源的创造性运用,也是充分利用资源的好思路。例如,各种形式的绿篱、灌木可以成为幼儿躲闪、捉迷藏活动的天然屏障,也可以成为幼儿绕跑练习的道路设置;弯曲的小路可以成为散步、立定跳远、进行队列穿梭练习以及小组球类活动的好场地;

大型玩具可以成为练习各种基本动作的好地方;还可利用沙池练习跳跃攀爬运动,利用墙面练习投掷动作……总之,保教人员应综合利用与多样开发各种设施,使幼儿获得发展。

### 2. 巧用半成品材料

高结构的游戏材料往往会限制幼儿的想象与思考,为避免体育游戏中的材料和体育设施在应用过程中变得越来越专门化和单一化,对日常生活中的物品、材料进行超越其本身用途的非常规使用会激发幼儿的创造力。半成品材料正是因其可进一步进行塑造的不成熟或半成熟状态,包含重新改装的可能性,激发了幼儿的创造欲望。可以由保教人员提议,引发幼儿思考其所拿到的东西是否有其他使用方式,鼓励他们把想法付诸行动,探索材料在体育游戏中的价值。例如,幼儿拿到非常简单的东西,如一张报纸、一个鸡毛掸子等,它们在游戏中的用途则是全新的:报纸可以用来充当鬼怪身上沙沙作响的大衣;而踩在两根鸡毛掸子上,就可以假装在地板上滑旱冰。

### (三) 体育游戏开始前的热身运动

在体育游戏开始前,要做好游戏开始前的准备活动,使幼儿的身体由相对平静的状态逐渐过渡到活动状态,激发幼儿参与体育游戏活动的兴趣。热身运动包含活动手、脚和颈部等部位,以帮助幼儿激活身体主要肌群、扩大关节的可活动范围,增进血液循环,并使体温升高。

然后,根据体育游戏基本部分的内容,做一些有针对性的准备活动,为体育游戏的开展做好适应性准备。例如,对于基本体操或模仿活动为主的体育游戏,可开展一些运动负荷不大的游戏,也可以进行一些简单的舞蹈或律动等。

微课

体育游戏的
身体准备

**知识加油站**

## 热身运动举例

**上肢运动**

1. 伸展运动(图7-2-1):双手抱着一个球做上下屈伸运动,也可运用单杠悬垂做屈伸动作,让幼儿了解上肢运动的方式。

2. 振臂运动(图7-2-2):上半身挺直,手臂向左右两侧伸直,然后有规律地做上下振动的动作。可或由前方向上至左右摆动,还可交互摆动。刚开始摆动时要用力,还原时可自然摆动。

3. 旋转运动(图7-2-3):两只手臂以肩关节为轴,像是画一个大圆圈般旋转,可扩大肩关节活动的区域。可一只手臂逆时针旋转,另一只手臂顺时针旋转,两只手臂画"8"字旋转。可以改变旋转的速度,或快速或慢速旋转。

| 图7-2-1 抱球上下屈伸 | 图7-2-2 手臂上下振动 | 图7-2-3 手臂画"8"字旋转 |

下肢运动

1. 伸展运动：脚跟紧贴地面或者脚跟抬起，以确保做好伸展运动为宜。用手按压膝盖而让双腿完全伸展。双手不能离开双腿，如果幼儿不能保持平衡，可让幼儿扶着栏杆或扶着保教人员做伸展运动。掌握正确的下肢伸展运动动作后，可以边摆动手臂或旋转手腕，边做下肢伸展运动。

2. 前后摆腿（图7-2-4）：保教人员可以用手支撑或是轻扶幼儿腰部的方式来帮助平衡性较弱的幼儿。下肢可以与上肢一起进行摆动。慢慢用力，逐渐增大摆动的幅度。

3. 左右摆腿（图7-2-5）：让幼儿尽可能在保持平衡的状态下进行。如幼儿难以保持平衡，可利用墙壁或椅子来辅助，或者以2人1组的方式进行。运动时慢慢用力，逐渐增大摆动的幅度。下肢可与上肢一起摆动。

4. 跳跃（图7-2-6）：分别用双脚或单脚进行弹跳，或是采取其他跳跃方式，可2人1组或运用栏杆等辅助跳跃，跳跃时须让幼儿保持平衡。让幼儿进行有节奏的跳跃，像球弹起一样。

5. 前后踢腿（图7-2-7）：双臂向左右伸开，一边设法取得平衡，一边慢慢向前后踢腿。

6. 左右踢腿（图7-2-8）：尽量在膝关节不弯曲的情况下向左右踢腿，使腿充分伸展。

图7-2-4　前后摆腿　　图7-2-5　左右摆腿　　图7-2-6　双脚或单脚进行弹跳　　图7-2-7　前后踢腿　　图7-2-8　左右踢腿

## 二、体育游戏过程中的组织与指导

有效组织幼儿开展体育游戏，才能保证体育游戏发挥最大的教育效果。通过体育游戏中幼儿自身的身体运动，可以学习或探索新的或较难的运动内容，巩固已学过的各类动作和游戏等。一次活动一般安排1～2项游戏活动内容。在内容的安排上应注意新旧搭配、急缓结合，全面锻炼幼儿的身体。

1. 集合

准备活动完成之后，保教人员可以用多种方法让幼儿在游戏现场排成所需的队形，注意不要让幼儿迎风和面向太阳站立，保教人员应站在幼儿都能看得见的位置。常用的集合方法有：用口令、铃鼓、响铃、哨声或其他信号来集合幼儿。要想达到预期的指令效果，一般需要事先对幼儿进行训练，让他们知道集合信号的意思。

集合的方法还包括：用儿歌来集合幼儿，这种方法适合于中、大班幼儿，需要进行较长时间的训练；用过渡性游戏集合幼儿，这种方法需要幼儿提前具备过渡性游戏的经验，例如，幼儿经常开展的游戏"木头人""老狼老狼几点钟"等。

2. 讲解示范

讲解主要是保教人员向幼儿介绍游戏的名称、方法、动作要求、交替信号和规则等。语言要生动形象、简明扼要、富有感染力和鼓动力,同时,讲解语言还应能被幼儿所理解和接受,既能激发幼儿玩游戏的兴趣,又能使幼儿对游戏有直观的印象,知道游戏的名称和玩的方法。

由于幼儿思维的具体形象性,讲解最好要结合动作示范,对于某些比较复杂的动作可以做慢动作示范,并在游戏开始前让幼儿先进行一定的练习,还可以请能力较强的幼儿做示范。有的动作如钻、爬,请幼儿示范的效果更好。

讲解和示范游戏玩法时要突出游戏的规则,以保证游戏的顺利进行。

3. 分队(组)、分角色

分队、分角色要根据幼儿的年龄、游戏的内容和角色的要求灵活分配。各队的人数应合理,力量搭配要相当,竞赛性游戏的分队(组)要注意能力强弱和男女幼儿的搭配,使各队力量大致均等。主要角色往往在游戏中起主导作用,掌握着游戏的进程和情节的发展。一般由保教人员担任,待幼儿熟悉游戏玩法后,也可由能力强的幼儿担任。有的可由保教人员指定或幼儿互相推举,也可用歌谣或游戏的方法(如点将法)使每个幼儿都有机会担任主要角色,以有意识地通过不同角色对幼儿进行教育。

新授游戏一般多用指定法分配角色。小班可先由老师担任主要角色;中、大班,应根据具体情况,针对幼儿某方面的特点有目的地分配角色。已经玩过的游戏可灵活地采用民主法、随机法、猜拳法和轮流法来确定游戏角色,不要只让少数能力强的幼儿担任主要角色或游戏中的组织者。

4. 在游戏情境中促进游戏的深化

体育游戏一般都有一定的内容和情节。在游戏进行中,适当增添一些玩具、头饰等辅助材料,使扮演的角色更加形象逼真,可提高幼儿对游戏的兴趣和完成动作的质量。例如练习从场地一端跑向另一端,每个幼儿手拿小风车,会增加跑的兴趣;练习跳时,戴上小兔的标志就会跳得更自然、更起劲;练习纵跳时在高处系上响铃或打击物,就会激发幼儿跳得更高;初学肩上投掷时,在适当的高度悬挂一根绳,让幼儿将沙袋向绳的上方掷出,就会使幼儿投掷的角度更正确。但是用辅助材料要根据需要,主要目的应是有利于提高动作的质量,不能因单纯追求形式多样而阻碍动作的发展。

在体育游戏过程中也可根据情况随时调整游戏的指导方法,例如:一位老师带幼儿玩"狼和小兔"的游戏,将游戏规则中要求幼儿"三人一组、两人搭窝、一人躲进窝"作为游戏的难点。游戏前,老师组织幼儿反复练习难点动作,看到幼儿都能及时、顺利地搭窝、进窝,便信心十足地开始了游戏。但当狼来的时候,老师反复提示却没有几组"小兔"能顺利完成搭窝、进窝的动作。第二遍游戏开始前,老师再次强调游戏规则,"小兔"依然不能很好合作,乱成一团,似乎总不能明确自己的任务。这位老师开始思考:如果给幼儿定好角色,是不是就可以避免产生这种混乱的局面呢? 于是就让幼儿重新自由组合,每三只"小兔"组成一个家,有"爸爸、妈妈、宝宝",并让他们自己商量:"大灰狼来了,家人该怎么做?"第三次游戏开始了,大灰狼来了,"快快快! 躲到窝里来",搭窝的"爸妈"催促着"宝宝"快进窝,"快! 搭高些!"为了让"宝宝"进窝更顺利,"爸爸妈妈"相互提醒着,情境在游戏中发挥了重要的作用。

### 三、体育游戏结束后的组织与指导

体育游戏的结束部分是每次活动的尾声,也是下次活动的开始,此时,幼儿的身体各个器官一般已出现疲劳,大脑皮层的兴奋度开始下降。这个阶段的重要任务是组织有效的放松、整理活动,使幼儿身心逐渐恢复到相对安静状态,同时通过放松部分的练习,教会幼儿自我锻炼后放松的方法,一般占总时间的 10%～20%。

在体育游戏活动过程中,很多时候幼儿会分散在操场的不同区域开展游戏,然而体育游戏的结束部分一般只有简短的几分钟,此时不宜花费大量时间去调整队形。在结束活动部分的队形可不拘泥于整齐的队列,可自由站位做些有益于幼儿身心放松的活动,如小律动、捶打游戏,或者让幼儿寻找出适合自己的放松活动形式。

小班最好结合游戏的情节自然结束,如说:"天黑了,小猫快回家吧!"幼儿跟随老师离开活动场地,自然地转入其他活动。中、大班应简要小结。语句简洁的点评会起到画龙点睛的效果,例如:今天的游戏中,小朋友们的规则意识非常好! 某某小组在游戏中互相配合,共同完成任务的速度很快! 如果小朋友们在跳的时候再大胆、勇敢些,相信你们下一次的游戏会更加成功。这样不但让幼儿提升自我评价意识,也给出幼儿进一步努力的方向,增强幼儿对下次游戏的期待和目标意识。

### 四、体育游戏的安全指导

幼儿体育游戏的安全教育就是在幼儿体育游戏中,教育者首先建立良好的安全意识,对客观存在的环境与条件充分评估,同时结合教育对象的年龄特点对幼儿进行安全教育,培养幼儿在运动中学会保护自己的身体不受伤害。

幼儿运动器官还没有发育成熟,因此身体协调能力较差,兴奋过程的活动强于抑制过程。虽然幼儿喜欢体育游戏,但在体育游戏中却很容易受伤。因此,如何让孩子玩得开心,又能保证其身心不受伤害,也就显得尤为重要。这个时期幼儿的骨骼比较柔软,有弹性,脊柱的弯曲还没定型,肌肉收缩力差,长时间保持一种姿势就会使有关肌肉群负担过重。各种活动交替,可使骨骼肌肉各部位有张有弛,有充分的血液供给,得到更多的营养,促进其发展。体育游戏的开展,正是为了让幼儿在活动中使身体各部分运动起来,在操节、跑动、跳跃、钻爬、使用器械中,让幼儿的运动器官得到锻炼,使幼儿身体的协调性、灵活性、柔韧性得到充分的发展。幼儿在运动中,往往会出现磕、碰、撞等现象,对幼儿造成不同程度的伤害。另外,活动主要是依靠大脑高级神经系统的调节,不能长时间使某些部分的神经细胞处于抑制状态。因此,在幼儿体育游戏中,结合幼儿年龄特点融入科学合理的安全意识和措施是每一个教育者的重要责任。

#### (一) 建立自我保护意识

在幼儿体育游戏中,幼儿安全意识的建立也可称为幼儿自我保护意识的建立,或称为幼儿自我保护能力的培养,这在幼儿生命成长和发展过程中占据着不可替代的地位,懂得自我保护是幼儿生命安全的重要保障。强健的体魄与心智的良好发展要建立在安全意识和安全环境这两个基本因素之上,只有保障了这两个最基本的生存因素,幼儿的身体才能得以健康发展。

幼儿在体育游戏过程中,身体血液循环会加快、心跳速度会不断变化,体表排汗、呼吸、消化系统等方面都会产生一系列的变化,从而对幼儿心理也产生众多影响。肢体的空间知觉、身体的平衡感、运动中的速度,以及在完成某些动作时对困难的挑战、与同伴的合作、遇到碰撞、摔倒后的疼痛等,都在帮助幼儿获得体验的同时使其得到心理素质上的磨炼。例如,"踩高跷"是幼儿非常喜爱的一项运动,在培养幼儿动作协调、灵活方面有着积极的作用,但高跷这个器材使用起来难度较大,稍有不当就会发生危险。因此在活动前,保教人员首先要检查器材是否完好,数量与幼儿的人数是否相当,同时特别注意自身示范动作的规范性。保教人员可按步骤示范:第一步,让每一个幼儿都看到先将高跷放平;第二步,抓住绳子顶端;第三步,踩上高跷时双脚的位置要一前一后;第四步,将手中所持的绳子拉直、抓牢。在安排此项活动时,先让幼儿学习单脚踩高跷,并结合相应的平衡练习及时给予辅导。当幼儿踩的位置有偏差或者抓绳子的方法不对时,保教人员要随时纠正错误动作,并给幼儿充足的时间进行尝试,活动场地要保证有足够的空间,人员不能太密集。

### (二) 把握适当的活动量

活动量是指在体育活动中,人体所承受的生理负荷量。

幼儿体育游戏运动量是否合适,要根据幼儿在游戏中的精神情绪和完成动作的情况增加或减少游戏的组数及参加活动的人数进行评估。具体调节方法可以通过"扩大或缩小游戏的场地范围""延长或缩短游戏的时间及休息时间",增加或减少运动量。

**知识加油站**

**活动量**

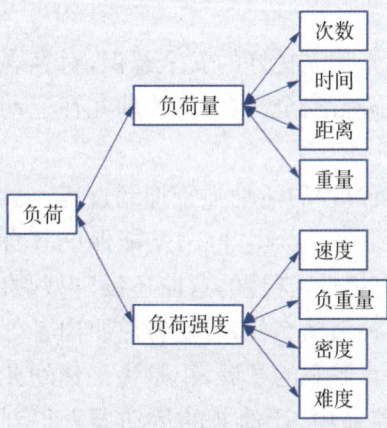

图7-2-9 运动负荷

"活动量"属"运动负荷",也称运动量,是指进行身体运动时,人体所承受的生理负荷量。运动负荷包括负荷量与负荷强度。负荷量通常是以次数、时间、距离、重量来表示;负荷强度一般是以练习的速度、负重量、密度、难度或者以速度、负重量、密度、难度的练习占总练习的百分比来表示(图7-2-9)。

负荷量和负荷强度相互制约,在负荷强度最大时,负荷量肯定是最小的;如果负荷量很大,强度也不可能达到最高。一般来说,当负荷强度在90%~100%时,负荷量最小;当负荷强度在75%~89%时,负荷量能达到中等;当负荷强度在50%~74%时,一般来说负荷量能达到次最大量。相反,当负荷量最大时,负荷强度也只能是最小强度,即30%~50%。

**影响活动量大小的因素**

影响活动量大小的因素有很多,主要有数量、时间、运动的强度、运动的密度等。最常见的运动密度是练习密度,它是指一次体育活动中幼儿身体实际练习与活动总时间的百分比,其公式为:练习密度=身体实际练习时间÷活动总时间×100%,练习密度越大,活动量相对越大。

**心率测定法**

心率测定法是测定活动量大小的一种简便易行又具有一定科学性的方法,主要是测定体育活动中人体心率的变化状况,也称脉搏测查法。

运用心率测定法时,先随机抽查几名幼儿,测定其心率的变化情况。具体指标为:(1)活动前的心率;(2)较大活动量活动之后的心率;(3)活动后的心率;(4)活动后心率恢复到活动前心率所需的时间。

然后,对测查所得的数据进行处理,包括:(1)活动前和活动后的心率之差;(2)活动过程中的最高心率;(3)心率恢复时间。

最后,根据测定结果,全面、客观、综合地了解活动过程中保教人员掌握和控制活动量的情况,以及此项活动使幼儿身体所产生的负荷情况。

幼儿生理反应不能达到重度疲劳的程度,具体见活动中幼儿生理反应观察表(表7-2-1)[①]。

---

① 上海市中小学(幼儿园)课程改革委员会.《学前教育教师参考用书(试用本):运动(3—6岁)》[M].上海:上海教育出版社,2009.

表 7-2-1  活动中幼儿生理反应观察表

| 时间 | 外显指标 | 生理反应 | | |
|---|---|---|---|---|
| | | 轻度疲劳 | 中度疲劳 | 重度疲劳 |
| 活动中 | 面部色泽 | 略红 | 很红 | 十分红或苍白 |
| | 排汗情况 | 正常 | 较多 | 虚汗 |
| | 呼吸情况 | 中速、略快、有规律 | 加快、加深 | 急促、节律紊乱 |
| | 运动情绪 | 正常 | 有倦意 | 疲乏 |
| 运动后 | 饮食情况 | 正常 | 一般 | 略有减少 |
| | 睡眠质量 | 正常 | 一般 | 略有下降 |
| | 精神状况 | 正常 | 一般 | 略有恍惚 |

### （三）正确使用体育游戏的器械和材料

体育游戏的器械、器材种类繁多，大型、中型、小型都有，各具特色，功能也不同，保教人员应引导幼儿正确、安全使用并充分发挥不同器械、器材的功能。

**1. 大型器械、器材**

大型器械、器材的功能比较多，综合性很强，玩法很多，灵活性大，在安全使用和培养幼儿安全意识方面可以从以下方面考虑。

在活动前，安全管理人员全面核查器械的牢固程度，各部件组成的连接处是否完好、有无损坏、是否在使用期限内，器械的表面设施是否光滑，是否存在裂痕等。然后，保教人员同幼儿一起观察并探讨本次活动中将如何使用、有哪些地方针对不同年龄的幼儿、是否存在安全隐患，针对相关问题做好标志，包括集体使用时人流活动的方向、密度，使用各部位的顺序。同时，还要考虑不同身体状况幼儿使用中的难度，不同季节幼儿着装对使用时的影响等。注意评估幼儿在该器械、器材中的使用密度是否合理，时刻注意观察幼儿的行为，在多种用法和新的玩法开发过程中建立幼儿的安全意识，在幼儿的运动量、情绪发展、社会性合作等达到一定程度后，保教人员给予及时的提醒。体育器械由于反复使用，不论在坚固的程度上和结构上都会有所损坏，如秋千、蹦床、攀爬网等，所以保教人员要定期检查器械，防止幼儿在活动时发生意外。

**2. 中、小型器械、器材**

在使用中型和小型体育器械、器材时，要特别考虑的是使用的合理性以及在使用过程中的承受状况。小型器材要特别注意幼儿各自持有时的安全性。例如，跳绳、哑铃、短棒、小旗、投掷的沙包等，在摇动、挥舞、扔投的时候必须保证幼儿之间相互的安全距离，在安排与设置距离的同时，提醒幼儿对距离进行观察和评估，建立幼儿自我保护的安全意识。

### （四）合理使用游戏场地

**1. 避免在人多的地点开展剧烈活动**

例如"捕鱼游戏"，要四散跑才能不被捕鱼人捉住，这时应避免与玩类似游戏的班级在一起玩。或者是给幼儿画圈，不许跑出圈。再如，进行平衡木练习，可以选择靠操场边缘的地方，防止其他幼儿的冲撞。

**2. 根据游戏特点设定活动范围**

保教人员是活动的组织者、设计者，这就要求保教人员要有较高的照顾全局的能力。在体育活动中应根据游戏分配人数,设定游戏区域,减少不利因素的产生。例如,"占圈游戏"就是训练幼儿的反应能力,人数越多碰撞机会就越多,幼儿只想得到圈,那么他考虑别人的时候就少了。因此,圈数一组不能超过 5 个,而且活动范围不能过大。

总之,做好幼儿在体育活动中的安全教育、协助幼儿建立良好的自我保护意识、培养幼儿的自我保护能力,要综合考虑安全因素与注意提升幼儿安全意识,提高幼儿对体育游戏活动的兴趣,增强幼儿动作的协调性和灵活性,使保护与锻炼同步,为幼儿拥有健全的体魄打好基础。

## 任务三　不同年龄段幼儿体育游戏的特点与指导

### ▶▶ 任务情境

球类游戏是幼儿非常喜欢的活动,体育游戏"我和篮球去春游"让幼儿在欢声笑语的活动体验中提升运动技能和对篮球游戏活动的兴趣。但是,并不是每一个体育游戏都能让幼儿投入玩耍,如果不注意幼儿的年龄特点,没有游戏性的情境创设,幼儿就会觉得无趣,就会出现害怕累、对练习不感兴趣的状况,导致游戏无法继续进行。

我和篮球去春游①

思考:幼儿体育游戏的选择和指导受幼儿身心发育状况的影响,各年龄段幼儿身心发育有什么特点? 体育游戏在小、中、大班的组织与指导要点是什么呢?

### ▶▶ 任务要求

了解小、中、大班幼儿身心发展特点与体育游戏特点,并掌握各年龄段体育游戏的组织与指导要点。

### 一、小班幼儿体育游戏的特点与指导

#### (一) 小班幼儿体育游戏的特点

在身体和动作方面,小班幼儿体力和身体素质比较薄弱,大肌肉群开始发育,小肌肉群特别是手指和腕部肌肉群发育较晚,肌肉力量较弱,容易疲劳。动作发展呈现自上而下、自中心而边缘的特点,灵敏度不够,各项基本动作都还不能完全掌握,在器械使用上也比较笨拙。在体育游戏中的动作较为简单,偏向拖、爬、推等大肌肉动作,活动量小,缺乏协调性和准确性,平衡能力差,活动不自主。

不同年龄段幼儿体育游戏的特点

在心理发展方面,小班幼儿处于从直觉行动向具体形象思维的过渡期,认知方式依赖于行动。喜爱游戏、好模仿,对生动形象、色彩明亮的事物感兴趣,但注意力不易集中,

---

① 小班体育游戏,此案例来自东莞市创思阳光幼儿园。

规则意识不强;喜欢在保教人员的带领下参与有情境设置的体育游戏活动,对游戏中的动作、角色、情节都很感兴趣,但是对游戏的结果不大注意。

基于小班幼儿发展特点,小班幼儿的体育游戏应以感知运动类游戏为主。

### （二）小班幼儿体育游戏的指导

基于小班幼儿体力较弱,身体各项基本运动技能较差,在平衡、力量、灵敏度等方面的能力发展都比较慢,走、跑、跳、爬等基本动作发展不够完善,同时在思维上还难以理解许多游戏规则和要求等特点,小班幼儿体育游戏的指导应重在培养其运动兴趣,使其感受游戏乐趣。具体来说,组织与指导小班幼儿体育游戏时应注意以下六点。

① 游戏时间不宜过长,一般在 20 分钟左右,同时,要特别注意季节的变化。夏季小班体育游戏时间要尽量安排在没有太阳直射的运动场地,要特别注意观察幼儿的出汗情况,避免太大的运动量和运动时长,并要保证幼儿的饮水量。

② 通过游戏化的走、跑、跳、爬、钻、投掷、平衡等基本动作的练习活动,来发展幼儿的身体运动机能和大肌肉动作,培养其对体育活动的兴趣,促进他们骨骼、肌肉、心肺等的生长与发育,进而达到增强体质的目的。

③ 小班体育游戏情境性要强,但游戏中的动作不要太难,游戏内容和情节都要比较简单,应选取幼儿熟悉的动物角色和日常接触到的内容及游戏材料;游戏中的角色要少,便于幼儿模仿,常常可以采用集体做同一动作这一方法进行练习,不宜让幼儿有过多等待,不要过于要求动作的精准,也不必太注重游戏的结果,一般不采用竞赛性游戏或减少游戏的竞赛成分。

④ 游戏材料要充足,种类不要太多,1～2 种即可,但数量要能满足每个人的需要;游戏规则也要比较简单,是幼儿容易做到的;队形、队列方面的要求不宜太多,可以在场地标示明显的站位点、线,只要幼儿明白起始和终点的位置即可。

⑤ 保教人员的语言要富有童趣、通俗易懂、语速稍慢,动作要领或者规则要求的重点词、句要特别加强语气或者重复 1～2 遍,以保证所有幼儿都能听清楚,并理解保教人员的要求。

⑥ 由于小班幼儿的平衡性还不太好,要特别注意小班幼儿的运动安全:场地的安全、器械的安全、身体器官的安全、心理情绪的安全。

## 二、中班幼儿体育游戏的特点与指导

### （一）中班幼儿体育游戏的特点

在身体和动作方面,中班幼儿体力有所增强,动作有所发展,身体运动技能也相对灵活和协调。身高、体重增长速度相对减慢,心肺机能处于初步发展期,骨骼肌肉仍然相对柔弱。平衡能力和灵敏度有一定的提高,逐步掌握了幼儿园体育游戏的方法和技巧,但躲闪技巧还比较弱。在游戏过程中,一开始做动作有一定的难度,但活动量有一定的提升。

在心理发展方面,中班幼儿注意力比较集中,语言表达、社会交往能力等有明显提高,集体意识增强,对体育游戏感兴趣,能够理解体育游戏的规则,但还比较有限。能够通过合作去完成各种游戏任务,即使一些游戏内容和情节较为复杂,也能理解自己所承担的角色,并能够纠正别人的做法。

基于中班幼儿的发展特点,中班幼儿的体育游戏应以象征性游戏为主。

### （二）中班幼儿体育游戏的指导

虽然中班幼儿在运动能力、语言表达能力和社会交往能力等方面都有明显的提高,但还不适宜进行大运动量、高难度的动作锻炼和竞技训练、比赛。该年龄阶段的幼儿在活动需要和模仿欲望方面日益强烈,但身体骨骼肌肉尚不强健,器官组织的机能尚未成熟,所以需要与能力之间存在较大矛盾,对复杂的游戏规则要求理解有限,体育游戏需要成人的有意的控制、指导和安排。具体来说,组织与指导中班幼儿体育游戏时应注意以下七点。

① 体育游戏的活动目标、任务的难度要相对提高,游戏时间可以比小班适当延长,一般在 25 分钟左右,同时也应注意随季节的变化而变化。

② 应该多给予中班幼儿符合其年龄特点的"故事化、生活化、趣味化"的"走、跑、跳、爬、钻、投掷、平衡"等动作练习,设计轻器械的游戏来锻炼其身心,提高其体能。

③ 中班幼儿喜欢有情节、有角色、有追捉的游戏,对游戏的结果有所注意,应结合这些特点对应设计体育游戏。

④ 中班体育游戏的动作内容和情节要有所变化,游戏中的角色适当增加,角色选择同样要便于幼儿模仿,不宜有过多等待。可以要求动作相应的准确性,可适当开展一些竞赛性游戏,但游戏中竞赛性成分不宜过多。

⑤ 游戏规则适当提升复杂性,但仍应是幼儿容易做到的。队形、队列方面已经可以有所变化,但仍应为幼儿提供清晰的站位点和标示线。

⑥ 保教人员的语言要注重根据情节变化,动作要领或者规则要求的重点词、句要特别加强语气或者重复 1~2 遍,以保证每个幼儿都能听清楚,并理解保教人员的要求。

⑦ 由于中班幼儿的骨骼、肌肉、心肺还不强大,不适宜进行大运动量、高难度的动作锻炼,更不能进行运动员化的竞赛和训练。

## 三、大班幼儿体育游戏的特点与指导

### (一) 大班幼儿体育游戏的特点

在身体和动作方面,大班幼儿体力更充沛,身高、体重方面的增长较为明显,身体动作更加灵敏,身体更结实;身体各部分关节协调能力增强,显得更加协调有力、灵活自如。在保教人员的指导下能够完成一些相对困难的动作技能和技巧动作,能够保证在最快、最稳的情况下完成游戏动作的要求。在动作内容上,能在一项活动中连续完成综合动作技巧。

在心理发展方面,大班幼儿从具体形象思维向抽象逻辑思维发展,认知范围扩大了,观察分析和理解能力有了显著的提高,对游戏规则较为容易理解和接受,并能在游戏中严格按照规则和要求进行活动。开始具有组织能力和控制注意的能力,增强了责任感,喜欢游戏有胜负的结果,对体育游戏的要求不仅仅停留在玩的层面上,更要求体育游戏具有挑战性,对游戏中更加丰富的角色、情节和任务有更多要求,能够讨论分工合作的方法。他们能够理解保教人员的指令,并能在游戏中提出自己的看法,在运动上能够选择自己喜欢并具有一定难度的游戏,喜欢在竞技游戏中有胜负区分。

基于大班幼儿发展特点,大班幼儿体育游戏应以规则游戏为主。

### (二) 大班幼儿体育游戏的指导

大班阶段幼儿器官组织发育日渐完善,活动能力日益加强,活动兴趣愈加广泛,运动模仿欲望及身体活动能力都大大增强,但肌肉、心脏、肺脏、骨骼等仍然较为柔弱。对该年龄阶段的幼儿,保教人员应该多提供符合其年龄特点的多样化体育游戏活动,开展具有较强规则意识的"走、跑、跳、爬、钻、投掷、平衡"等动作练习及轻器械的游戏,以锻炼幼儿的身体素质。在组织与指导大班幼儿体育游戏时,应注意以下七点。

1. 体育游戏活动的目标设定应要求更高,游戏内容的安排也要更为丰富,游戏活动时间可以延长到 30~35 分钟左右,同时也应注意季节的变化,特别是夏季,一定要保证幼儿的饮水量。

2. 要为幼儿提供更多的户外体育游戏和身体锻炼的机会,保证幼儿每天能有 1 个小时以上的体育锻炼时间。

3. 通过加强幼儿体育游戏的活动量和运动负荷来训练他们的基本动作,激发幼儿对体育活动的兴趣,增强运动能力,进而提高身体素质。

4. 大班幼儿喜欢有情节、有角色、有追捉行为、有竞赛性且具有挑战性的游戏,对游戏的结果比较在意,因此应对应设计。此外,还要增加一些无情节的,只为完成某项任务的分组竞赛游戏,游戏的规则也比较复杂,并带有限制性。

5. 大班幼儿体育游戏的规则难度要富有挑战性,幼儿集体意识增强,持久性和耐力也有所增强,在队形、对列方面可以有较多的变化。

6. 保教人员在体育游戏活动中的语言要更注重节奏、速度的变化,以激发大班幼儿的运动兴趣、运动激情,动作要领或者规则要求的重点词、句同样要注意加强,以保证所有幼儿都能听清楚,并理解保教人员的要求。

7. 由于大班幼儿的器官组织发育日渐完善、活动能力日益加强、活动兴趣愈加广泛、运动模仿欲望及身体活动能力都大大增强。所以,体育游戏中各种动作增多,难度加大,保教人员要注意为幼儿创设需要克服一定的困难之后才能达到游戏目的的情节,游戏中的情节和角色之间的关系也可以相对复杂,但仍不适宜进行大运动量、高难度的动作锻炼,更不能进行运动员式的竞赛和训练。

总之,幼儿的基本运动形式会从粗略到精细逐渐发生分化和完善。同时,开始对运动形式进行组合(如跑和跳,扔和接),尤其是协调能力有了很大进步(如平衡能力的发展),小肌肉动作也明显灵活起来。幼儿的运动机能在以下三个层面上继续快速发展:①成绩的提高;②过程质量的完善;③在不同情境中运动的能力的提升。3~4 岁时,随着游戏行为和兴趣的快速发展以及注意力集中时间的增加,幼儿进行某种活动时能维持一定时间。但即使是对于 5~6 岁的幼儿,也不能过于苛求他们的专注力。幼儿运动机能快速发展的原因在于其对游戏和运动的需求、好奇心、对活动的渴望以及对新知识和体验的不断追求。

### ▶▶ 模块小结

本模块主要对幼儿体育游戏的组织与指导进行全面的阐述,从体育游戏的概念、价值、内容,到体育游戏组织与指导过程的前、中、后三个阶段分别进行详细说明。在组织幼儿体育游戏时,要注意幼儿的年龄段特征。特别要说明的是,体育游戏活动中幼儿的自我保护意识培养、场地安全与设备设施的要求要格外注意。体育游戏是幼儿体育活动的主要形式,希望通过本模块的学习能够掌握幼儿园体育游戏的组织方法,为幼儿的健康成长奠定基础。

### ✍ 思考与练习

1. 结合幼儿园见习实际,谈谈如何理解体育游戏与幼儿健康的关系。
2. 幼儿园体育游戏的组织过程有哪些环节,具体内容是什么?
3. 如何在幼儿体育游戏活动中进行安全教育?

### ✈ 聚焦考证

**一、多选题**

1. 体育游戏包含着两种不可分割的、相互联系的学习过程,即( )。
   A. 学习运动 B. 通过运动来学习 C. 动作学习

2. 体育游戏中的基本动作练习,主要包括以下哪些内容?( )

A. 身体移动技能　　　B. 身体稳定技能　　　C. 身体操作器材技能　D. 大肌肉活动
E. 小肌肉活动

## 二、实训题

题目：请展示体育游戏组织与指导的过程包括哪些环节？

内容：展示主要组织环节。

基本要求：

**1.** 设计一个幼儿体育游戏。

（1）利用现场提供的材料为幼儿设计一个体育游戏，并设计玩法。

（2）说明所设计的体育游戏主要利用了幼儿什么经验，适宜哪个年龄段？

**2.** 模拟向幼儿介绍体育游戏的玩法和组织过程，其中包括集合、讲解和示范分队（组）、分角色、在情境中促进游戏的深化、放松结束等环节。

要求：语言简洁，玩法符合幼儿年龄特点，易于让幼儿接受。

**3.** 请在 10 分钟内完成上述任务。

# 模块八

## 感觉统合游戏的组织与指导

### 模块导读

　　伴随着经济的不断发展,人们的生活方式发生了非常大的改变,家长的育儿方式也与以往大有不同,然而幼儿生长发育过程中感觉统合(简称"感统")失调问题逐渐增多。近年来,感觉统合训练逐渐被教育工作者和家长所认识和接受,幼儿园、早教及托育机构几乎都会进行相关的感觉统合训练。作为一名未来的教育工作者,非常有必要了解和学习感觉统合的相关理论与实践知识。

### 学习目标

认知目标

1. 学习感觉统合的相关概念,了解感觉统合失调的基本行为表现及原因。
2. 懂得感觉统合游戏的组织与指导方法。
3. 掌握常用感统器械的功能及使用方法。

能力目标

1. 初步学会辨别幼儿的感觉统合失调行为。
2. 掌握不同类型感觉统合训练游戏的指导要点。
3. 能够正确使用不同类型的感统器械。

情感目标

积极关注幼儿教育过程中的感觉统合问题,能主动运用所学知识积极探索解决。

思政目标

重视并能充分挖掘传统游戏的价值,在幼儿游戏中有耐心、细心和责任心。

### 内容结构

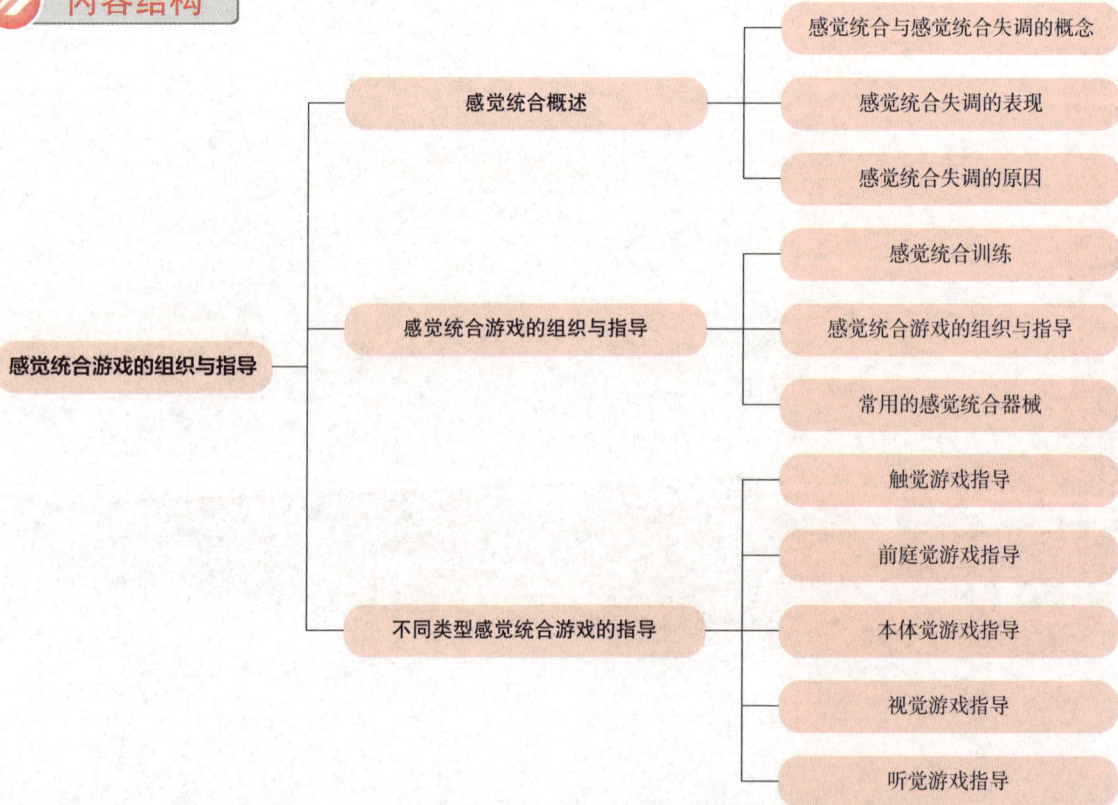

## 任务一　感觉统合概述

### 》》任务情境

在户外游戏时间,几名幼儿在水池边的石头围栏上玩着走平衡木的游戏。小雅最先出发,她侧身走着,一步一步,速度很慢,而后边的小朋友都是正面走在平衡木上,他们嫌小雅速度慢,纷纷跳下来走到她前面,快速通过。在后面的走平衡木游戏上,小雅的动作依然缓慢,但很努力地完成游戏。

思考:小雅在走平衡木游戏上有什么困难? 是什么原因导致的?

情境

走平衡木

### 》》任务要求

对感觉统合有初步的认识,能够理解感觉统合与感觉统合失调的概念,了解并关注幼儿感觉统合失调的行为表现,学会初步判断感觉统合失调行为。

### 一、感觉统合与感觉统合失调的概念

微课

#### (一) 感觉统合

感觉统合这个概念是美国心理学家爱尔丝博士于 1969 年所提出,后经过专家们的共同研究与发展,形成了比较系统的感觉统合理论。

感觉知多少

感觉统合是指将人体器官各部分感觉信息输入组合起来,经大脑统合作用,完成对身体内外的知觉并做出正确反应。感觉统合理论是基于大脑的生物学机制所提出,感觉包括视觉、听觉、嗅觉、触觉、本体觉和前庭觉等,感觉处理过程包括感觉信号的接收、检测、统合、调节、辨别、姿势的反应和动作的执行等,大脑接受这些外部感觉的信息输入,并对这些信息进行加工整合,指导身体做出正确的行为反应。这个信息传导和加工的过程如果能顺畅、有效地工作,人们就能进行良好的学习、生活,这个过程就是感觉统合的过程。感觉统合对于正在生长发育的幼儿尤其重要,能使幼儿较好地适应周围环境,顺利地进行学习和人际交往,因此,应特别关注幼儿的感觉统合系统。

感觉统合依赖于感觉器官的信息输入,因此有必要了解这些感觉器官的作用及功能。

"眼睛是心灵的窗户",眼睛是人体接受信息量最大的感觉器官,是人类顺利生活、工作的重要保障,婴儿刚出生时视力模糊,逐渐可以辨别光线、轮廓,慢慢可以区别不同的色彩,幼儿 6 岁时视觉发育才能完成。因此,要重视给予眼睛保护及适当的刺激,以促进幼儿视觉健康发展。胎儿尚未出生时就已经具备听力了,虽然新生儿一出生就可以听到声音,但是他们的听力远不如成人灵敏。幼儿听力的发展有一个过程,无论是在胚胎期还是出生后,都要高度重视保护幼儿的听觉。

皮肤是人体最先发育的感觉器官,也是人体最大的感觉器官,皮肤上有不同的感受器,如痛觉感受器、热觉感受器等。婴儿出生时,母亲产道的强力挤压是对触觉的一次重要刺激,有助于婴儿触觉的健康发展。在婴幼儿时期,父母的拥抱、抚触对触觉的健康发展有重要作用。

前庭觉又称平衡觉,前庭觉对婴幼儿的成长和学习发展非常重要。前庭传达视、听、嗅、味等信息,这些信息的处理中心在后颈部脑干(大脑中枢神经)前方的前庭神经核。身体任何信息进入大

脑，必经前庭神经核加工，加上又要处理前庭信息，所以前庭神经核是大脑功能最为重要的"过滤器"，通常称为前庭体系。前庭器官位于内耳，包括 3 个半规管、椭圆囊和球囊，是人体对运动状态和头在空间位置的感受器。前庭器官的感受细胞为毛细胞，毛细胞把机体运动状态和头在空间位置的信息传送到中枢，引起特殊的运动觉和位置觉，使人体始终保持平衡状态。

本体觉又称深感觉，是指肌肉、肌腱、关节等运动器官本身在不同状态下产生的感觉，也就是我们人对自己身体的感觉。大脑的顶叶是专门负责本体觉的中枢，本体觉的感受器位于肌肉组织和关节内，这些感受器能感知肌肉伸展或收缩的状态，了解各处关节角度的变化，将信息快速传达到脊髓，往上再送达大脑顶叶，进而产生动觉。本体觉能帮助我们及时了解肢体在空间的位置、姿势和运动的情况，使人保持正常的站姿、坐姿及全身的灵活运动。

### （二）感觉统合失调

感觉统合过程中出现的任何细微问题，都极大地影响着人的感受、想法和行为。据调查显示，几乎所有儿童都存在不同程度的感觉统合失调。感觉统合失调是指通过感觉通道进入大脑的感觉刺激信息不能在中枢神经内形成有效组合而产生的一种缺陷，简称"感统失调"。感统失调发生在中枢神经系统中，感统失调的幼儿无法针对感官信息做出反应，很难运用感官信息来制订计划或执行必要的任务，导致出现好动不安、动作笨拙、协调性差、讨厌被触摸、怕生、黏人、有学习障碍等问题。

## 二、感觉统合失调的表现

如果感统失调症状比较轻微，幼儿通常的行为表现比较隐蔽，在学习和生活上经常会遇到一些不易被察觉的困难，如注意力不集中、身体协调性差、走路容易摔跤等。而这些表现进一步导致幼儿学习成绩落后、行为习惯不佳、人际关系较差，如果保教人员、家长不了解感统失调的相关知识，就会把幼儿的这些行为表现归结为幼儿智力上的不足或态度上的不认真，而采用一些无效的教育方式，不能"对症下药"，对幼儿心理造成伤害，严重影响幼儿的健康成长。如果感统失调症状较为严重，这些幼儿则会表现出颈部僵化、扭曲或倾斜等状态，大多数特殊幼儿都伴随着不同程度的感统失调，这一部分症状较为严重的幼儿需要得到专业的感觉统合诊断和治疗。本模块只探讨感觉统合失调轻微症状的幼儿，以为其设计和组织相应感统游戏，以缓解其感统失调的症状。感觉统合失调的幼儿会在一些言行举止的细节处表现出感统失调行为，主要表现为反应过度或反应不足，不能很好地进行感觉辨别或不能顺利地进行动作协调。任务情境视频中的小雅便是由于前庭觉失调所导致的平衡能力弱，不同感觉器官的障碍和失调所反映出来的幼儿行为表现有所不同，保教人员可以通过细心观察来判断。

## 三、感觉统合失调的原因

了解感觉统合失调的原因不但可以帮助分析、评估幼儿的感觉统合症状，而且有利于为幼儿提供有针对性的感觉统合训练。感觉统合失调原因主要包括以下六类：

① 遗传原因，父母、兄弟姐妹或是其他近亲也有感觉处理障碍。

② 胎儿期间的环境因素导致的，包括胎儿吸收了化学物质、药物、铅等有毒物质；母亲吸烟、吸毒或酗酒；一些无法避免的孕期并发症，如病毒、慢性病、较大的情绪压力、胎盘等问题。

③ 早产儿或胎儿体重过轻。

④ 出生创伤。造成出生创伤的原因包括紧急剖宫产、缺氧，或是出生后不久就动手术。

⑤ 出生后的环境因素，包括环境中的污染物；过渡的刺激，如遭受虐待、战争等；刺激不够，很少有机会活动、玩耍以及与他人互动；长期住院。

⑥ 其他不明原因。

导致不同类型感统失调的原因有所不同,在任务三中会详细阐述。

## 任务二　感觉统合游戏的组织与指导

### ≫≫ 任务情境

幼儿园里有很多感觉统合训练器械,在幼儿运动时常常会派上用场,张老师觉得这些器械跟一般的体育器械没什么区别,也不了解每种器械具体有什么功能以及具体的使用方法是什么,所以在使用时也没有进行特别的指导。

思考:感觉统合器械的具体功能和使用方法是什么呢?

感统器械游戏

### ≫≫ 任务要求

理解感统训练的概念和感统游戏的组织与指导方法,掌握几种常见感统器械的使用方法及功能。

### 一、感觉统合训练

感觉统合失调是一个很复杂的问题,可能会影响幼儿的发展、行为、学习、沟通技巧、人际关系与游戏水平等。感觉统合失调的幼儿并不是长大后自然就好了,通常需要专业的评估、诊断与治疗,运用专业的治疗器械,使症状得到缓解。

多位学者研究表明,感觉统合治疗和训练可改善学习困难儿童的注意力、语言、阅读能力,减少多动行为及提高学业成绩等。参加过感觉统合训练的儿童在不同程度上都得到了一定的改善,其中有 85% 的受训儿童效果显著。美国、日本、欧洲等国家与地区,从 20 世纪 70 年代就开始研究儿童感觉统合训练,如今已发展到了每个学校都设有感觉统合训练室,并取得了不错的效果。近些年,中国大陆也开始引进和开发感觉统合训练理论与技术,而且取得显著效果。

感觉统合训练是指基于儿童的大脑和身体相互协调的需要,引导儿童对感觉刺激做出适当反应的训练,此训练提供前庭、本体感觉及触觉等刺激功能的运动,其目的不在于增强运动技能,而是促进视觉、听觉、触觉等多种功能的正常发挥,改善儿童的学习成绩、运动协调和语言方面的功能,改善大脑对感觉信息的加工处理。

### 二、感觉统合游戏的组织与指导

感觉统合游戏就是运用游戏活动设计的一般原理,把感觉统合从一种临床训练转变为一种游戏活动,从而构成幼儿心理训练和运动训练的结合点。感觉统合游戏不仅适用于感统失调的幼儿,所有幼儿均可参与感统游戏,使感觉器官得到刺激与发展。

#### (一) 观察

组织感觉统合游戏应在保教人员对幼儿感觉统合情况进行长期观察与评估的基础上进行,游戏中保教人员的观察对象为整个班级幼儿,但在整体观察的同时还应注重个别观察指导。在游过程中,主要观察幼儿的生理负荷和心理负荷,进而评估游戏前期准备是否充分、环境设计是否合理、游戏目标是否达成。基于这些观察,保教人员可以及时调整游戏的难度、材料的摆放组合等,以达成游戏目标。

在个别观察中,保教人员要协助个别感统失调幼儿。若感统失调幼儿在个别游戏中表现出不配合与拒绝,如触觉失调幼儿拒绝做触觉刺激的游戏,这时保教人员应耐心等待和指导,从难度较低处入手,及时给予鼓励,切莫强迫幼儿参与,以免造成负面效果。此外,个别幼儿还需要保教人员的协助,如前庭觉失调幼儿拒绝走平衡木时,保教人员需要辅助幼儿,牵着他的手给他支撑。这些都需要保教人员在平时和游戏中仔细观察,敏锐发现需要帮助的幼儿,及时进行指导。

### (二) 组织与指导

#### 1. 尊重幼儿的个别差异

保教人员需要了解班级幼儿感觉统合的整体情况和个别差异,尊重幼儿的个别差异。首先,游戏应该给幼儿带来安全、快乐的情绪体验,并结合学前儿童年龄特点进行设计,感觉统合失调的幼儿在游戏过程中可能会出现紧张、恐惧、拒绝等情绪,保教人员应及时提供个别指导。比如,在进行锻炼肢体协调能力的"滑板"游戏时,要留意幼儿的面部表情和四肢的伸展程度,若有出现四肢肌肉僵硬、表情不正常时,说明幼儿目前还不能承受这样的难度,要及时调整并降低目标要求,调整游戏开展程序,随时观察幼儿在感觉统合游戏中的反应。其次,保教人员要尊重幼儿游戏的自主性,得到幼儿的信任,细心、耐心地指导幼儿,要允许幼儿出错,允许幼儿在游戏中表达自己的想法和意愿;在游戏中要多肯定和鼓励幼儿,少否定,保障幼儿快乐参与的情感体验;保教人员还要仔细观察幼儿的游戏情况,及时给予帮助。

#### 2. 注重游戏的趣味性

乐趣是游戏的基本特征,让幼儿在游戏中放松并获得愉快的情绪体验是挖掘幼儿潜在能力的前提。感觉统合训练游戏要根据幼儿所积累的生活经验,营造幼儿熟悉的游戏情境,并提供丰富多样的游戏器材和实施多元的活动方法,使幼儿对游戏充满兴趣,从而更容易融入游戏。在感觉统合游戏环境创设中,要注意因人而异和注重每一个幼儿的参与及互动,并要注重情感因素与游戏设计的结合。

#### 3. 充分发挥感觉统合器材的作用

感觉统合器材的结构特点和功能特征规定了感觉统合游戏的程序。通过游戏的开展,可使幼儿和感觉统合器材有一个很好的磨合过程,并最后达到使用自如的效果。可通过以下四个方面充分发挥感统器材的作用:

(1) 保教人员需熟练掌握不同类型感统器材的功能及使用方法,在设计游戏时借助器材的典型特点提升感统训练效果,同时可开发多种玩法。

(2) 灵活使用器材,可将器材进行组合运用,组成感统运动环,创设各种运动情境,提高器材在游戏中的使用率。

(3) 游戏前可让幼儿对器材的特征及使用有初步的了解,选择并创设感觉统合游戏。

(4) 根据感统器材和幼儿的可接受程度设计有难度层次的游戏,安排好游戏的先易后难顺序。

#### 4. 保护幼儿的身体安全

感觉统合游戏在很大程度上属于体育类游戏,需要幼儿的体力、耐力付出。在游戏过程中,无论是对器械的使用或是集体互动游戏,保教人员都应该将幼儿的安全放在第一位。确保幼儿正确使用感统器械,防止幼儿身体受到伤害。

### 三、常用的感觉统合器械

微课

常用的感统器械

感觉统合游戏的常用器械有滑板、平衡台、平衡木、羊角球、独角椅、布袋、圆形跳床、彩虹伞、踩踏车、滑梯、脚步器、蜗牛平衡板、手摇旋转盘、踩踏石、晃动独木桥、大陀螺等,下面介绍部分器械。

1. 脚步器(图8-2-1)

训练目标:发展幼儿视觉、触觉、脊柱及四肢运动产生的本体感觉功能,促进和提高幼儿的平衡能力。

使用方法:观察脚印、手印,脚和手按照脚印、手印位置摆放并向前移动。

2. 旋转盘(图8-2-2)

训练目标:训练前庭平衡觉、本体觉、全身协调能力及身体控制能力等。

使用方法:幼儿坐在圆盘上,双手可以扶着圆盘的边沿,双脚着地,通过用力蹬地旋转转盘。

图8-2-1　脚步器

图8-2-2　旋转盘

3. 平衡踏板跳球(图8-2-3)

训练目标:训练平衡觉、身体协调灵活性、身体操控能力及注意力等。

使用方法:双脚站在平衡台上,配合双脚的运动,橡皮球会带动身体跳动。

4. 滑板(图8-2-4)

训练目标:训练前庭平衡觉、颈部张力、本体觉等。

使用方法:俯卧在滑板上,以腹部为中心,身体紧贴滑板,抬头、挺胸,头颈部抬高,双脚并拢抬起,双手伸展慢慢往前爬带动滑板移动。

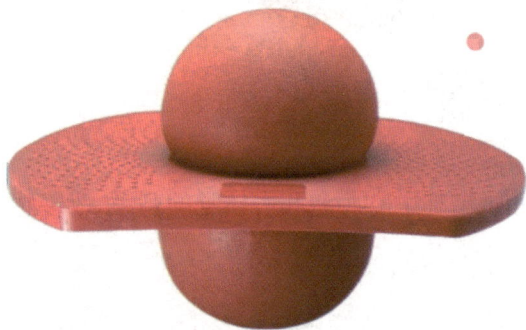

图8-2-3　平衡台

图8-2-4　滑板

5. 爬行圈（图8-2-5）

训练目标：增加感官反应，锻炼协调能力与平衡能力。

使用方法：幼儿在圈内向前爬行，使爬行圈向前滚动。

6. 大陀螺（图8-2-6）

训练目标：训练前庭平衡觉、本体觉、空间认知能力、身体协调灵活性、注意力集中度、自信心及胆量等。

使用方法：幼儿盘腿坐在陀螺内，双手扶住边缘，家长双手抓住陀螺边缘均匀用力，使陀螺旋转并保持平衡，幼儿也可以独立旋转。

图8-2-5　爬行圈　　　　　　　　　　　图8-2-6　大陀螺

7. 四分之一平衡圆（图8-2-7）

训练目标：训练前庭平衡觉、本体觉、空间认知能力及身体协调灵活性。

使用方法：半圆走阶梯，锻炼幼儿爬、跨、跳等能力及身体协调能力；整圆滚动，锻炼幼儿手眼脚协调能力及平衡感；走独木桥，锻炼幼儿平衡能力、专注力等。

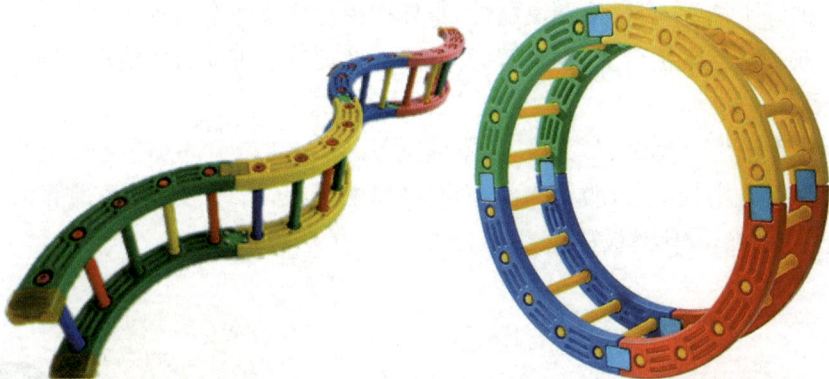

图8-2-7　四分之一平衡圆

8. 圆抱桶和竖抱桶（图8-2-8）

训练目标：训练前庭平衡觉、本体觉、空间认知能力，增加触觉刺激和本体觉的刺激，改善感统失调问题。

使用方法：

竖抱桶：幼儿坐在底座上，双腿紧紧夹住竖抱桶，双手抱紧，头不要仰，保教人员协助前后左右晃动，也可左右旋转。

圆抱桶：幼儿俯卧在圆筒上，双手双脚抱紧桶，保教人员协助其左右晃动。

图 8-2-8　圆抱桶和竖抱桶

## 任务三　不同类型感觉统合游戏的指导

### 任务情境

通常,幼儿们都很喜爱球池、橡皮泥玩具及相关的游戏,但对于部分幼儿来说,这些玩具与游戏是他们不喜欢,甚至是抗拒的。

思考:为什么部分幼儿会抗拒这些玩具与游戏?这些玩具与游戏对幼儿来说有什么特别的意义吗?

触觉游戏

### 任务要求

了解触觉、视觉、听觉、前庭觉、本体觉失调的行为表现及其形成原因,掌握相应的感统游戏指导方法。

### 一、触觉游戏指导

#### (一)触觉失调的行为表现及原因

幼儿触觉失调的行为表现在生活中很常见,也很容易被忽视,需要保教人员细心留意和观察幼儿日常生活中的点滴问题。下面的案例呈现了幼儿触觉失调的行为表现。

**案例**

中班幼儿小宇不喜欢进沙池游戏,总是不停地清理脚上沾到的沙子。小宇不喜欢与小伙伴牵手,他常常一个人徘徊在同伴的身边。在有身体接触的游戏中,小宇不喜欢与别人发生肢体触碰,经常拒绝小伙伴的拥抱。而有时小朋友不小心碰到他时,他很容易与别人发生肢体冲突。班上另一位小男孩小瑞总是横冲直撞、笨手笨脚的。在教室里喜欢到处乱跑，一不小心就会撞到别的孩子，所以总是有孩子向老师投诉他的行为，老师常常需要拉住他，让其坐在自己的身旁。一次区角活动中，小瑞选择了玩水的活动，他把很多水洒在地面上，网兜、水桶、工具丢得满地都是，自己的衣服也彻底湿透了，还把别的小朋友衣服弄湿了，搞得一片狼藉。

**思考** 这两个幼儿行为背后的原因是什么？遇到有同样问题的幼儿，该如何帮助他们呢？

小宇和小瑞的行为表现属于典型的触觉反应过度和触觉反应不足，这些幼儿的触觉系统无法顺利工作。当然，不同的触觉反应程度、类别，幼儿会表现出不同的行为[①]。

1. 对触觉刺激反应过度的行为表现

会躲避亲吻或一般的碰触，经常把别人推开，不让别人靠近；非常讨厌那些会把自己弄得脏兮兮的活动，如烹饪、画画、用粉笔、用胶带等；排斥某种类型的衣服，对袜子的接缝处、鞋子还有衣服的标签特别敏感；非常挑食，不喜欢米饭、有花生粒的花生酱、块状的马铃薯泥、蔬菜，或者对温度很敏感，只喜欢热的食物或冷的食物；讨厌游泳、洗澡、刷牙或剪头发等。案例中小宇的行为表现就属于感觉反应过度。

2. 对触觉刺激反应不足的行为表现

总是在碰触别人或物体，除非用力碰触他，否则他会浑然不知，对疼痛的反应不大，不晓得自己已经受伤；对身体的察觉能力不足，需要持续地用力才能让他知道身体的什么地方被碰触了；不太注意衣服是否舒适，衣服歪了也不知道；对室温不敏感，吃东西时囫囵吞咽，脸上、嘴上、鼻子上弄得脏兮兮的也没察觉到；会咬不能吃的东西，如指甲、头发、衬衫袖口、衣领、玩具和铅笔。案例中小瑞的行为表现就属于感觉反应不足。

3. 有触觉辨别障碍可能会出现的行为表现

好像自己的手不是自己的似的，总是不好用，像是不熟悉的附属品；很难握住工具并使住它，如不太会握笔或使用剪刀、叉子；不能理解物体的物理特性（质感、形状、大小、密度）；若没有视觉线索的帮忙，会出现无法指出身体哪里被碰触、无法只靠触觉分辨出某个熟悉的物体；无法做一些日常例行的事情，如拉拉链、扣扣子、解开扣子、系鞋带、整理衣服；比较喜欢站着，因为这样可以"看到"周围的环境；动个不停或坐在椅子的边缘。

造成幼儿触觉平衡失调的主要原因之一是过度保护。在中国独生子女家庭中，普遍存在对幼儿过度保护现象，因怕幼儿受伤、弄脏而减少了幼儿对外界的触摸与探索，幼儿的触觉器官缺少应有的刺激，因而影响触觉的发展。此外，70%的剖宫产孩子容易出现触觉过于敏感或迟钝、情绪不稳定、胆小、具有攻击性和交往困难等问题[②]。

### （二）触觉游戏指导

感觉统合理论认为，触觉刺激对于幼儿神经系统整体感觉的统合及感觉认知、感觉运动起着非常重要的作用。触觉训练的原则是给予有效刺激，触觉训练中对皮肤刺激的位置可依手、背、脸、躯体、脚等部位渐次进行，游戏对触觉的刺激程度以幼儿感觉舒适为主。生活中的很多物品和活动也

---

① 卡洛尔·斯多克·克朗诺威兹. 感统游戏［M］. 周常，译. 北京：中国发展出版社，2017.
② 丁伟，金瑜. 儿童心理行为及其发育障碍［J］. 中国实用儿科杂志，2003，18(05)：313—315.

都可以为触觉训练所使用,如婴儿时期父母的抚触和拥抱,吹风游戏、挠痒痒游戏,运用较粗的毛巾进行擦浴、使用触觉球按摩、身体挤压类游戏、"会弄得脏兮兮"一类的游戏(如玩泥巴、面粉等)都可以使幼儿身体不同部位得到刺激。也可借助专业的感统器械设计游戏,常用于触觉训练的感统器材有按摩大龙球、波波池、彩虹隧道、平衡触觉板、触觉球、挤压球、滚筒、趴地推球、橡皮泥等。常用的动作类型有抱、磨、擦、滑、按、压、捏、摸、挠、握、贴等。

下面分别呈现手部触觉类、身体触觉类、全身触觉类游戏的案例。

**案例链接**

### 手部触觉类游戏：与小玩具玩捉迷藏

**适合年龄**

3～4 岁。

**游戏目标**

通过捏揉、搓和剥开面团,使手部触觉得到刺激,精细动作得到练习。

**准备材料**

面粉、小小的"宝物"(如纽扣、珠子、漂亮的小石子等)。

**游戏过程**

1. 把面粉倒进大盆里,加水,揉成面团。加入的水量要适当,面团的黏度刚好。

2. 请幼儿来揉捏面团,可以将面团捏成自己喜欢的形状。

3. 请幼儿用面团把橡胶小"宝物"包裹在里面。

师:这些小宝贝很冷,你能为它裹上厚厚的被子吗?

4. 等幼儿都将小"宝物"用面团包住后,师:天气变热了,小"宝物"想出来了,你能把它们拿出来吗?

5. 要求幼儿将面团剥开,将小"宝物"拿出来。

6. 重新要求幼儿在小"宝物"上覆盖一层面团,不完全包住,漏出小"宝物"一部分,可以看到小"宝物"在里面。把所有的面团都放在一起,按照教师的要求来寻找小"宝物",并剥开验证,把所有的小"宝物"都找出来为止。

7. 教师把所有的小"宝物"藏在大面团中,要求幼儿分组寻宝,把所有的"宝物"找出来。

**活动益处**

挤压面团能强化触觉辨别能力与本体觉;剥掉面团能改善动作计划能力、精细动作技巧;寻找想要的东西能增强注意力。

关于"黏糊糊"的游戏,可供使用的材料有很多,如橡皮泥、泥巴、沙子、颜料等,手、脚与材料接触和互动,能够使触觉得到充分发展。

### 身体触觉类游戏：热狗卷

**适合年龄**

4～6 岁。

**游戏目标**

通过挤压、刷、按摩等动作,使幼儿身体触觉得到刺激。

**游戏材料**

大龙球、毯子、地垫、浴巾、刷子。

游戏过程

1. 把地垫铺在地上，让幼儿排成一排趴在垫子上，头伸出来，手放在头顶。教师站在垫子前后两侧，将大龙球从幼儿身上来回滚过。

2. 维持一定的力量，把球压在幼儿身上，从左往右，依次滚过。

师：要不要我更用力？不要用力？更用力？（给幼儿们控制权，让他们来主导活动）

师：我要把你们变得更美味，加一些番茄酱（然后用浴巾、刷子来揉搓幼儿的背部及四肢）。还要加一些芥末，再加一些辣椒，要不要再加一些花生酱？（说话时要同时假装正在加调味料，从头往下，每个幼儿都轮流一次）

3. 用毯子将幼儿们轻轻盖上，并从上到下轻轻挤压一遍。

师：这条热狗加了太多的番茄酱，我要把多余的番茄酱挤出来（用力压幼儿的手脚跟背部，直到多余的番茄酱挤出来）。

4. 当老师跟幼儿都觉得已经"好了"，则把毯子掀开，让幼儿自己从垫子里爬出来。

游戏益处

来自大龙球、毯子、刷子等各种材料的强烈触压，能刺激身体感觉系统。当添加想象中的调味料时，幼儿感觉到有东西在身上敲打，感受到不同工具的触感，能改善其触觉辨别。活动带来的强烈压触感可能会让触觉反应不足的幼儿很喜欢，能让幼儿平静放松下来。

### 全身触觉类游戏：彩虹伞

游戏目标

通过彩虹伞的降落，感受风吹在皮肤上、伞落在皮肤上，刺激身体触觉。

游戏材料

彩虹伞。

游戏过程

1. 幼儿躲在伞下，教师把伞抖高，再轻轻落下，轻轻碰到幼儿的头顶，如此往复，让幼儿感受大伞在空中升高、降低。

2. 伞升高时松开，大伞会在空中飘起，然后再落到幼儿身上。

3. 伞升高时，所有幼儿钻进伞内，坐下，同时用力压住伞的边缘，做成一个蒙古包，老师依次去拉蒙古包。

游戏益处

幼儿身体充分与伞接触，并感受风吹在皮肤上，能刺激身体触觉。

## 二、前庭觉游戏指导

### （一）前庭觉失调的行为表现及原因

前庭觉失调对幼儿运动能力影响较大，在户外运动、体育活动和游戏中，保教人员可以有计划地对幼儿进行观察和评估。

前庭觉游戏指导

案例

　　雅婷在运动时显得非常胆小,所有的秋千、平衡木、滑梯等都使她感到紧张。一次,老师鼓励她坐上一个较低的秋千,她坐在秋千上低低地前后摇晃,没人去推她,脚可以轻轻擦过地面,感觉还不错。后来,她愿意尝试再坐秋千了,老师也会拖着她的手,协助她慢慢走过平衡木。而另外一个女孩子小童,在秋千上姿势千变万化,有时脚跷起来,有时荡得很高,有时把秋千旋转起来,而且从来不会感到头晕。吃饭时,小童坐在椅子上会一边吃一边不停地前后摇晃。

　　**思考**　这两个幼儿行为背后的原因是什么呢? 遇到有同样问题的幼儿,该如何帮助他们呢?

　　雅婷和小童的行为表现属于典型的前庭觉反应过度和前庭觉反应不足,这些幼儿的前庭系统无法顺利工作,会出现一些异常表现。

　　1. 对某些活动出现过度反应的幼儿的行为表现

　　对某些普通的动作刺激反应过度;不喜欢体育活动,如跑步、骑脚踏车、坐雪橇或跳舞;不喜欢游乐场的各种设施,如不喜欢秋千、滑梯、体能攀爬架、旋转木马等;非常小心,动作很慢,总是坐着且活动量很低,对有风险的事踌躇不前;会晕车、晕船、晕机,搭乘火车、电梯也会头晕;执拗、操作技能差、动作不协调且胆小。案例中雅婷的行为表现便属于前庭觉反应过度。

　　2. 对平衡与动作感觉反应不足的行为表现

　　不会注意到物体正在移动;对于某些活跃的活动缺乏内在的动力,不过一旦开始玩,如荡秋千、旋转木马等,玩了很久也不觉得眩晕;不能注意到自己失去平衡,从而无法进行自我保护;喜欢刺激的游戏,什么都敢玩,喜欢从高处跳下来;需要一直动来动去(摇动、摇头晃脑、转圈圈、摇摆)才能做所有的事情;很难乖乖地坐在位子上;喜欢头朝下倒立,趴在床沿将头垂在地上或趴着摇来摇去。平衡感很差,经常跌倒。喜欢荡秋千荡到很高或者玩很长时间。案例中小童的行为表现便属于前庭觉反应不足。

　　3. 对活动存在感觉辨别困难的行为表现

　　在行走或站着的时候,经常容易跌倒;在转弯或者改变方向的时候,经常会不知所措;不会告诉别人他什么时间玩够荡秋千或者旋转木马了,感觉恶心了才停止。

　　关于前庭觉失调的原因错综复杂,有很多因素共同作用,其中母亲怀孕时胎位不正是其中一个重要因素。胎位不正给分娩带来不同程度的困难和危险,常造成婴儿早产或难产,进而影响其平衡能力。另一个重要因素是爬行不足。爬行是幼儿发展的重要阶段和衡量发育水平的重要标志,在爬行过程中幼儿运用各种器官完成一系列复杂动作。幼儿在七八个月时出现爬行行为,但是随着居住环境的缩小、学步车的使用及家长过于保护等原因,一些幼儿的爬行练习不足,进而影响其前庭觉的发展。另外,由于幼儿神经系统发展不完善,容易受到地心引力的影响,进而影响幼儿前庭觉发展。案例中的两个孩子属于典型的前庭敏感和前庭不足。前庭觉是对人类行动影响非常大的感觉,因此应该谨慎处理,不能强迫幼儿体验前庭觉刺激。

　　**(二) 前庭觉游戏指导**

　　训练前庭觉的方法有很多,刺激内耳前庭是矫治前庭觉失调的主要方法,如有节奏的摇摆或旋转运动。可通过经常开展各种姿势的运动来刺激内耳前庭,如滑滑梯、拍球、趴地推球等。常用于前庭觉训练的感统器材有滑板、平衡板、大圆桶、跳床、秋千、平衡木、平衡踩踏车、圆抱桶和竖抱桶等。

常用的动作有:

旋转运动:旋转大圆筒、秋千、座椅等。

摇晃运动:采取俯卧位、仰卧位、侧卧位、头脚颠倒等体位进行秋千、吊床、大龙球的游戏。

平衡运动:走平衡木、平衡板。

跳跃性运动:平衡踩踏车、跳沙坑、滚草坪、滑滑梯、腹部爬行等。

动作类型:跳、钻、滑、滚、推、爬、荡、晃、旋转、摇摆。

下面分别呈现摇晃类游戏、平衡类游戏、跳跃类游戏的案例。

## 案例链接

### 摇晃类游戏:航行到火星

适合年龄

4~6 岁。

游戏目标

通过秋千前后摆动、旋转摆动,使前庭觉得到锻炼。

游戏材料

秋千、保护垫、大小不同的大龙球。

游戏过程

1. 把保护垫放在秋千前面,大龙球放在垫子前面,与幼儿讨论哪个是火星、月亮、冥王星。

2. 依据幼儿希望的方式,推动秋千前后摆动或旋转。

师:我们要去太空旅游,秋千就是我们的火箭,准备登机(教师示范动作)。

3. 先去拜访火星,一起倒计时、准备发射。教师前后摆动或旋转秋千,幼儿假装按下喷射按钮,跳到垫子上。

4. 朝火星滚一颗大球过去,师:这是月亮,我们来拜访月亮啦!

5. 离开凹凸不平的火星到月亮。在月亮上坐着、弹跳,也可以趴在或躺在大龙球上。

6. 在大龙球上弹跳。在月亮上高高弹起,鼓励练习有益于感觉发展的动作。

7. 离开月亮返回地球。

活动益处

直线或旋转荡秋千可以促进前庭觉发展;从秋千跳到垫子上,能改善大肌肉的控制力、运动觉和视觉空间技巧;在大龙球上跳跃可以提升平衡能力。

### 平衡类游戏:顶沙包

适合年龄

4~6 岁。

游戏目标

通过头顶沙包行走,提高幼儿的平衡能力,刺激前庭觉的发展。

通过不断调整沙包的位置和改变行动方式,刺激幼儿的本体觉。

游戏材料

沙包若干。

游戏过程

1. 幼儿每人一个沙包放在头顶上,然后保持平衡向某一指定地点走去。

2. 幼儿在行走过程中要根据指导者的指令改变行动方式和速度,如倒退、加速、蹲着走以及手拉手等。

3. 如果头上的沙包掉下来,幼儿就必须定住不动。

4. 其他幼儿可在保持自己头上的沙包不掉落的前提下,拾起沙包并将其放回"被定人"的头顶上,使其恢复自由。

5. 小班幼儿可以保持平衡走以降低难度,而中、大班幼儿可在保持平衡的同时增加动作以提高难度。

游戏益处

通过控制平衡让沙包不掉下来,提高身体的协调性,刺激前庭觉的发展。

### 跳跃类游戏:欢乐弹跳床

适合年龄

4～6岁。

游戏目标

通过弹跳促进幼儿平衡能力的发展,使前庭觉得到刺激。

游戏准备

跳床、保护垫。

游戏过程

1. 在跳床周围放上保护垫。

师:今天我们要在跳床上开演唱会,要边跳边唱歌。

2. 幼儿跟着歌曲节拍弹跳,要大声说出歌曲的名字,并大声唱出来。

活动益处

在弹跳床上一上一下地跳跃,能提供强烈的前庭刺激。跳跃对关节与肌肉产生强大压力,可改善本体觉与动作技巧。

## 三、本体觉训练游戏指导

### (一) 本体觉失调的行为表现及原因

本体觉协助人们用肢体表达自己,让人们能以省力又有效率的方式移动身体。有了本体觉,人们可以平稳地走路、快跑、爬楼梯、坐下、站立、伸展和躺下。同时,当拥有正常的本体觉,人们可以信任自己的身体,感到安全与安心,从而产生情绪上的安全感。本体觉的功能理解起来较为抽象,但是本体觉对正常生活所产生的很多细微影响,常常会被忽视,幼儿的本体觉失调行为需要保教人员运用专业知识去敏锐发现。

小越在教室走路时总是身体前倾,把脚重重地踩到地面,发出很大的响声;他很难安静地坐在椅子上,总是突然爬到或跪到地板上。已经 5 岁的他还不能两脚连续下楼梯,而且非常谨慎,与往常冒失的行为大不相同。

**思考** 小越行为背后的原因是什么? 作为保教人员该如何帮助他?

小越的行为异常于其他孩子,因为本体觉障碍影响了他的动作姿势和移动身体的方法。本体觉失调的表现如下:不能有效整合来自肌肉与关节的感觉,有碰触方面的障碍,或平衡与移动方面的障碍;不容易有身体知觉;身体僵硬、不协调、笨拙,经常跌倒或打翻东西;会撞到或靠在其他东西以及人的身上;难以完成不熟悉和比较复杂的动作;如果不用眼睛看着,就无法做日常熟悉的事;夹发夹、开关电灯、使用教室的工具往往太过用力,以致经常弄坏这些东西;拉扯和扭转衣服,一直拉着长 T 恤的下摆,或是咬袖子和衣领;上下楼梯有困难;走路时双脚踩踏地面砰砰直响,坐在自己脚上,伸展四肢,戳自己的脸颊,拉手指头,或者把手指关节弄得咯咯响(为了获得更多刺激)。

造成本体觉感统失调的原因可能有:父母对幼儿的保护过度,造成幼儿操作能力欠缺;都市化生活造成活动空间狭小,幼儿爬行不足、缺少运动或集体活动;幼儿园教育忽视室外运动;父母对幼儿寄予很高的希望,过度关注幼儿的认知发展,却忽视了幼儿应有的户外运动;随着电视、电脑等各种媒体过多地进入幼儿的生活,替代了幼儿的操作性和运动性活动,家中又缺乏适合幼儿的活动项目,从而使幼儿在成长过程中容易出现本体觉差的现象。

### (二)本体觉游戏指导

本体觉失调的幼儿经常蹦蹦跳跳,撞到其他人身上或撞到家具、墙壁,这是他用自己的方式治疗自己,保护垫的游戏会带给他相当大的满足。在保护垫上跳跃、翻滚所产生的重击,能对肌肉和关节产生压力,是很强烈的本体觉刺激。提高幼儿的耐力和力量、提高平衡能力,也可以促进本体觉的发育,日常生活中鼓励幼儿多走路、少坐车,自己上下楼梯,自己背包;在户外体育活动中,经常开展跑跳、钻爬、攀登、拍球等活动。

关于本体觉的干预方法,最基本、最重要的是培养幼儿的身体操作能力。从简单的吃饭、穿脱衣服、画画、骑车到高难度的体能动作都需要本体觉。身体操作能力是幼儿期最重要的学习能力,大小肌肉的控制、手眼协调、动作灵活等都必须幼儿亲自操作。

常用于本体觉训练的感统器材有:跳床、晃动独木桥、滑板、圆形平衡板、躲避球等。

下面分别呈现挤压类、身体姿势类、感统器械类游戏的案例。

**案例链接**

**身体挤压类游戏:阳光隧道**

**适合年龄**

4~6 岁。

**游戏目标**

通过爬行和翻滚使肌肉与关节产生压力,进而锻炼本体觉。

游戏准备

保护垫、管道、可以藏进管道的玩具。

游戏过程

1. 把管道打开,管道一端铺上保护垫,另一端放上玩具,请幼儿翻滚过垫子,双手双脚着地爬过隧道,到对面拿一个宝物。

2. 让幼儿翻滚过垫子,葡匐爬行穿越隧道。停在隧道中间,教师在外面触摸幼儿身体部位,然后猜猜,说:"我摸到你的膝盖了吗?"教师可以不时假装猜错。

3. 幼儿在穿越过后,要带一件较大的宝物从对面穿越回来,要边带玩具边爬行,教师可以不断鼓励幼儿。

游戏益处

爬行和翻滚使肌肉与关节产生压力刺激本体觉;手掌和手臂支撑身体的重量可以给本体觉提供刺激;爬行可增强身体两侧协调,改善前庭系统的一些功能。

## 身体姿势类游戏:百变身姿

适合年龄

4～6岁。

游戏目标

通过变换身体姿势,提高对身体的控制能力。

游戏准备

木偶,场地要求宽敞、地面平整。

游戏过程

1. 将木偶扭成各种幼儿能做到的姿势,要求幼儿模仿,并坚持一会儿。

2. 也可以由幼儿提出各种建议动作,其余幼儿一起模仿。

游戏益处

通过变换身体姿势,提高对身体的控制能力,刺激幼儿本体觉的发展。

## 感统器械类游戏:好玩的绳子

适合年龄

4～6岁。

游戏目标

通过与绳子的互动动作,提高幼儿身体的稳定性和平衡能力。

游戏准备

麻绳、吹泡泡工具、滑板。

游戏过程

1. 在地上把绳子摆成直线、蛇形、圆圈、8字形。幼儿可以两腿分跨在绳子两边,往前、往后沿着绳子走。

2. 走钢丝。幼儿可以像走钢丝一样赤脚踩在绳子上,往前和往后走都可以。

3. 将绳子一端固定在滑板一端,一名幼儿趴在滑板上,另一名幼儿通过两手交替拉着绳子向自己移动。

4. 教师在游戏中关注幼儿的合作,注意强调趴在滑板上的安全事项。

游戏益处

在绳子上行走可以增强动作调节、姿势稳定度及本体觉的功能；脚部可感觉绳子的厚度、弧度和材质，有助于触觉的培养发展。

## 四、视觉游戏指导

### （一）视觉失调的行为表现及原因

视觉能让人们辨识景物、预期什么东西"正朝我们过来"，并准备回应。视觉障碍妨碍基本的眼睛活动能力或复杂的视觉处理技巧，视觉失调主要表现为：闭上一只眼或者蒙上一只眼的时候，看不清物体，或者出现斜视的情况；在看电视或看老师的时候，总是歪着头；很难看到一个正在移动的物体，例如，看不到乒乓球台面上来来去去的乒乓球，也看不到一行一行的字；不能领会自己读的文字，同时很快就失去了兴趣；在读书或写字的时候，经常会看不到某些字词；在纸上很难写出笔直的一行文字，要么斜向着纸张的上方，要么斜向着纸张的下方；对物体的空间判断失误，经常撞到家具上，从楼梯上跌落，或者经常在路上摔倒；经常分不清楚左右、前后和上下；经常看不到自己正在读的文字；在做家庭作业的时候经常出现疲劳感；经常不愿意参加某项群体活动或经常逃课。

视觉障碍主要受遗传因素、生物因素、后天环境的影响而形成，父母及家族中有视力异常者，子女视力发病率明显增高[1]。缺碘、维生素 A 或铅中毒也会影响视功能正常发展。父母在幼儿视觉发育关键期没有提供足够的视觉刺激，电视、网络媒体的近距离观看等都会导致视觉障碍。

### （二）视觉游戏指导

视觉练习能帮助幼儿整合视觉与其他感觉系统，如触觉、听觉和动作的信息，通过视觉训练可以改善视觉技巧，预防与学习相关的视觉问题。

手眼协调是视觉功能的重要体现，可以通过手眼协调的练习使视觉能力得到提升。手眼动作的协调是指人在视觉配合下，手的精细动作的协调性。幼儿手眼动作的协调是随着神经系统的发育成熟而逐渐灵活的。例如，幼儿在一开始学习吃饭时，常常不能准确把食物送进嘴里，总是撒出来，而随着手眼协调能力的提高，逐渐可以顺利完成这一动作，分豆子、夹珠子、穿线板、穿珠子等游戏都可以使幼儿的手眼协调能力得到练习。

追视就是对某一个特定的目标，利用眼球移动的方式不断进行追踪，如视线随着母亲手中左右移动玩具而相应移动。有视觉障碍的部分幼儿会表现出视觉很难追随一个移动中的物体。此外，目测距离也是视觉的一项重要功能，如在过没有斑马线的马路时，可以追视移动的汽车并能估测汽车离我们的距离，而选择何时穿过马路；在接别人抛来的物品时，也需要追视和目测距离，才能准确接住。追视和测距的能力可以通过多次的练习和生活经验而逐渐熟练。

此外，在视觉训练中，通常会采取辨色能力训练（如基本色、混合色、近似色训练）、视敏度训练（如距离知觉、形状知觉、方位知觉等训练）来进行视觉障碍干预。

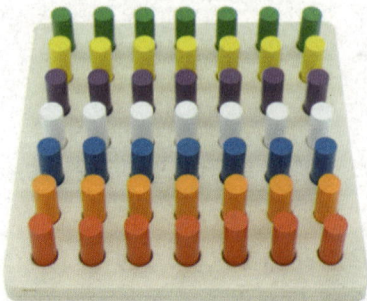

图 8-3-1 插棍

常用的视觉训练器械有立体魔镜、88 轨道上下转盘、插棍（图 8-3-1）、串珠等。

---

[1] 李明. 儿童弱视致病因素[J]. 医学研究杂志，2007(07)：108—109.

下面分别呈现追视练习类游戏、手眼协调类游戏、感统器械类游戏的案例。

**案例链接**

### 追视练习类游戏：沙包炸弹

**适合年龄**

5～6岁。

**游戏目标**

通过投掷和躲避沙包，能够准确测量和估计沙包的方向与速度。

**游戏材料**

沙包一个。

**游戏过程**

1. 规划游戏场地，两边各画上白线，中间留场地。

2. 讲解游戏规则：将幼儿按性别分成两组，一组负责丢沙包"炸弹"，一组则避免被沙包砸中。丢沙包的人要站在白线以外，保障躲避者有足够的空间；躲避者则必须在白线区域内，避免离场地太远。若躲避者被沙包"炸弹"砸中，则出局，剩余躲避者继续游戏，直到全都出局，两组交换角色，继续游戏。若躲避者将沙包接住，则可救活一名出局者。

3. 注意事项：提醒幼儿躲避时避免相互碰撞。

**游戏益处**

躲避者要追视和目测沙包，视觉得到练习；同时，还要灵活躲避不被沙包砸中，前庭觉和本体觉得到刺激。丢沙包者需要瞄准躲避者丢沙包，手眼协调、臂部肌肉都可以得到练习。

### 手眼协调类游戏：去钓鱼

**适合年龄**

4～6岁。

**游戏目标**

通过评估如何伸长、放低和举高鱼竿，使视觉得到练习。

**游戏准备**

1. 制作鱼的材料：硬纸板、回形针、剪刀、水彩笔。

2. 制作鱼竿的材料：大约一米长的棍子和线，磁铁。

3. 篮子。

**游戏过程**

1. 教师带领幼儿制作小鱼。先在硬纸板上画一条小鱼，再用剪刀将其剪下，用水彩笔装饰。在鱼嘴处固定一枚回形针，之后将所有鱼散在地上。绳子一端固定在棍子上，另一端系上磁铁。

2. 钓鱼。用磁铁吸住回形针便钓上一条鱼，然后把钓来的鱼放进篮子里。

**游戏益处**

制作小鱼的整个过程，能改善视觉的整体发展。幼儿评估如何伸长、放低和举高鱼竿，找出控制鱼竿的方法以及避免磁铁晃来晃去，都能加强身体知觉、本体觉。

### 感统器械类游戏：立体魔镜

**适合年龄**

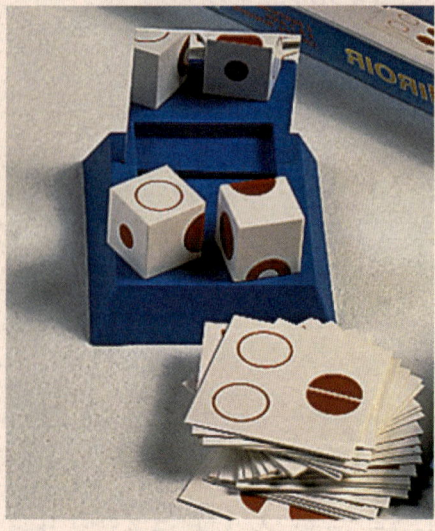

图8-3-2 立体魔镜

3～6岁。

**游戏目标**

通过镜面、形状及距离调节等增强幼儿了解成像原理和图案对称性，增强思考及动手能力。

**游戏准备**

立体魔镜若干(图8-3-2)。

**游戏过程**

1. 独立游戏：根据卡片图案，操作立体方块，使镜中的图像与卡片上的一致。

2. 双人游戏，两人一起挑战同一张卡片，看谁最先完成。

[游戏益处]

锻炼视觉功能以及手眼协调性。

## 五、听觉游戏指导

### (一) 听觉失调的行为表现及原因

听觉是接受声音的能力，人类天生就有这种能力，不论听得见或听不见，这项能力无法靠学习获得。能听到声音，并不保证能理解所听到的声音，理解的能力并非与生俱来，而是随着整合前庭觉的能力而获得的。随着与环境的有效互动，幼儿渐渐学会如何解读听到的声音，发展出听觉处理技巧。下文小正的案例呈现了听觉失调的行为表现及原因。

**案例链接**

小正在班级里显得有些格格不入，他总是游离在集体的外面。在吃茶点时，老师总是要提醒他来用茶点，而且还要老师提醒很多次。在听到老师的提醒后，又会自行离开，需要老师再次提醒。说话时磕磕绊绊，音调也有些奇怪，平时说话也是要费好大的力气才能说出一句话，很少主动表达。

思考：小正行为背后的原因是什么？作为保教人员该如何帮助他？

小正的听觉失调阻碍了他对听到的东西做出适当的反应，并由此影响到语言表达能力，因而不太会说话、咬字不清、句子结构不成熟。人类的听觉神经形成比较早，成熟又比较晚，因此先天听觉神经发育不良和后天生活环境等因素都会影响幼儿听觉的发展。听觉失调的具体表现：上课易分心，需要别人重复；不听从或混淆教师的指令，常侧头听别人说话；通过看学习比通过听学习更容易理解；常无故打断别人说话；无法确定教室的声响出处；在构音上有困难，语音不清，缺乏变化，不自知说话声音过大或过小，常常不理解老师所说的话。

### (二) 听觉游戏指导

听觉失调者需要学习和练习在听到声音后，大脑对声音进行解读并指挥身体做出反应，可以通过玩乐器、音乐游戏等提高幼儿的听觉能力。此外,听觉失调儿童往往语言表达能力较弱,需要借助一些语言小游戏来进行练习。

每个人说话的声音、每一种乐器发出的声音,都有各自独特的音色。辨别不同的音色对患有听觉处理失调的幼儿可能很不容易,声音配对游戏可以让这件事情变得愉快又有趣。

下面分别呈现辨别音色类游戏、辨别声音的开始与结束的游戏案例。

**案例链接**

### 辨别音色类游戏：青蛙找老婆

**适合年龄**

4～6岁。

**游戏目标**

1. 学唱歌曲《青蛙找老婆》。

2. 通过倾听,学习辨别不同人的声音。

**游戏准备**

歌曲《青蛙找老婆》。

**游戏过程**

1. 教师与幼儿一起学习歌曲《青蛙找老婆》。

2. 一名幼儿上前扮青蛙,背朝大家唱:"池塘里有只青蛙它在找老婆,它看见一只乌龟它就这么说:'呱呱,呱呱,请你嫁给我。'"教师每次指定一名幼儿回答:"我不是一只青蛙请你看明白,我只是一只乌龟跟你配不来,阿不,阿不,跟你配不来。"唱完后,请扮演青蛙的小朋友听声音猜猜刚才是哪个小朋友回答的。

3. 幼儿模仿乌龟、猫咪、公鸡的叫声。

4. 提高游戏难度:下面的幼儿只能发出动物的叫声,扮青蛙的幼儿凭借动物叫声猜测发声者。

**游戏益处**

快乐有趣的游戏情境让幼儿乐此不疲,不断变化的游戏难度让幼儿的听觉辨别能力得到练习。

### 辨别声音的开始与停止：音乐呼啦圈

**适合年龄**

4～6岁。

**游戏目标**

通过练习听辨口令,辨别声音的开始与停止,并据此迅速调整身体动作。

**游戏准备**

分组游戏,每人一个呼啦圈;歌曲。

**游戏过程**

1. 将所有的呼啦圈排成一个圆圈,每个幼儿面前放一个。

2. 游戏规则:跟随音乐,每个人都从一个呼啦圈走向另一个呼啦圈,沿同一个方向绕着圆圈走。当音乐停止时,每个人都要找到一个呼啦圈站在里面。

3. 播放音乐,开始游戏,由易到难。

当音乐停止时,在最近的呼啦圈内站住;从一个呼啦圈跳到下一个呼啦圈;倒着走进行游戏；每次音乐停止时，教师拿走一个呼啦圈，想办法跟其他人一起分享剩下的呼啦圈，所有参加者仍继续玩游戏。

**活动益处**

倾听音乐何时开始、何时停止，并迅速做出相应动作，能改善听觉辨别能力；绕着圆圈走动能改善动作协调性、前庭觉和本体觉；分享呼啦圈则能提升社交技巧。

本书中列举的例感觉统合游戏多数来源于传统游戏，适用于所有幼儿，可以应用在幼儿园日常游戏活动中。感统失调严重的幼儿需要到专业的诊疗机构进行诊断，并开展一对一的专业辅导。

## 》》模块小结

通过本模块的学习，了解了感觉统合、感觉统合失调的概念、不同类型感觉统合失调的行为表现及原因，学习了感觉统合治疗与训练对幼儿的重要作用，知道了感觉统合的游戏组织与指导方法。希望学习者在今后的生活与工作中，提高对感统失调幼儿的关注与敏感度，能适时为幼儿提供帮助与指导，促进幼儿的健康成长。

### 思考与练习

1. 什么是感觉统合与感觉统合失调？
2. 前庭觉失调的行为表现主要有哪些？保教人员可组织哪些游戏使幼儿的前庭觉得到锻炼？
3. 常用的感统器械有哪些？它们分别有哪些作用？
4. 在感统游戏的组织过程中保教人员应注意什么？

习题测试

### 聚焦考证

材料：小班张老师经过观察发现，小明和甘甘上楼时都没有借助扶手，而是双脚交替上楼梯。下楼时小明扶着扶手双脚交替下楼梯，甘甘则没有借助扶手，每级台阶都是一只脚先下，另一只脚跟上慢慢下。

问题：

(1) 请从幼儿身心发展角度，分析小班幼儿上下楼梯的动作发展特点。
(2) 分析两名幼儿行为表现的差异及可能存在的原因。

# 主要参考文献

［1］陈鹤琴.家庭教育[M].上海：华东师范大学出版社,2006.

［2］李季湄,冯晓霞.《3—6岁儿童学习与发展指南》解读[M].北京：人民教育出版社,2013.

［3］刘焱.幼儿园游戏与指导[M].北京：高等教育出版社,2012.

［4］丁海东.学前游戏论[M].济南：山东人民出版社,2001.

［5］刘焱.儿童游戏通论[M].福州：福建人民出版社,2015.

［6］梁周全,尚玉芳.幼儿游戏与指导[M].北京：北京师范大学出版社,2011.

［7］邵爱红.幼儿园室内外建构游戏指导[M].北京：中国轻工业出版社,2016.

［8］邢悦鑫.基于绘本阅读的幼儿建构游戏指导研究[D].长沙：湖南师范大学,2018.

［9］邱学青.学前儿童游戏[M].南京：江苏教育出版社,2008.

［10］伍友艳,陈金菊.幼儿园游戏[M].长春：东北师范大学出版社,2015.

［11］华爱华.幼儿游戏理论[M].上海：上海教育出版社,1998.

［12］姜晓燕.学前儿童游戏教程[M].北京：教育科学出版社,2012.

［13］钟怀琴.浅谈教师对幼儿角色游戏行为的观察及介入[J].教师,2021(12)：105－106.

［14］贺洪利.基于"前店后坊"式的幼儿园角色游戏活动探索[J].当代家庭教育,2021(09)：79－80.

［15］唐洪.角色游戏与幼儿社会性发展的关系[J].今日教育(幼教金刊),2021(05)：38－39.

［16］李昕然,赵越.新时期幼儿园角色游戏中教师指导策略探究[J].智力,2021(12)：187－188.

［17］李琳.幼儿园角色游戏材料投放的误区及解决路径分析[J].新课程,2021(27)：52.

［18］陶梦娇.中班幼儿角色游戏中教师的指导策略研究[J].读写算,2020(34)：41－42.

［19］李钦.游戏材料的不同投放方式对幼儿角色游戏行为的影响[D].上海：华东师范大学,2013.

［20］魏洪玉.材料结构及投放方式对中班幼儿专注力的影响研究[D].石家庄：河北师范大学,2018.

［21］王冬英.角色游戏中幼儿自主解决矛盾的引导策略[J].中学课程辅导(教师教育),2020(07)：74.

［22］浙江省教育厅教研室组织编写.幼儿园经典表演游戏[M].杭州：浙江人民出版社,2016.

［23］夏宇虹,胡婷婷.学前儿童行为观察与指导[M].长沙：湖南师范大学出版社,2019.

［24］郑爽.让皮影偶拥有"法术"的挑战之旅[J].学前教育,2021(17)：38－40.

［25］邱金凤,周子莉.幼儿游戏与指导[M].北京：首都师范大学出版社,2019.

［26］杨枫.学前儿童游戏[M].北京：高等教育出版社,2014.

［27］莫云娟,任捷.幼儿园游戏活动指导[M].长沙：湖南师范大学出版社,2021.

［28］邹敏,张承宇,孙丽影.幼儿园游戏[M].北京：中国人民大学出版社,2015.

［29］华洁琼,杨丹,孙雁.幼儿园教育活动设计与实践[M].长沙：湖南师范大学出版社,2019.

［30］徐志国.学前儿童行为观察与解读[M].南京：南京师范大学出版社,2017.

［31］〔美〕劳拉·E.贝克.儿童发展［M］.吴颖,吴荣先,译.南京：江苏教育出版社,2002.

［32］李明.儿童弱视致病因素［J］.医学研究杂志,2007(07)：108－109.

［33］〔美〕卡洛尔·斯多克·克朗诺威兹.感统游戏［M］.周常,译.北京：中国发展出版社,2017.

［34］丁伟,金瑜.儿童心理行为及其发育障碍　第17讲　当代儿童心理发展理论简介(二)［J］.中国实用儿科杂志,2003,18(05)：313－315.

［35］彭茜.幼儿园游戏化课程的理论与实践［M］.广州：广东高等教育出版社,2018.

**图书在版编目(CIP)数据**

幼儿游戏活动指导/刘美琴,崔梅主编.—上海:复旦大学出版社,2022.8(2023.9重印)
ISBN 978-7-309-16185-4

Ⅰ.①幼… Ⅱ.①刘…②崔… Ⅲ.①学前教育-游戏课-职业教育-教材 Ⅳ.①G613.7

中国版本图书馆 CIP 数据核字(2022)第 093633 号

**幼儿游戏活动指导**
刘美琴 崔 梅 主编
责任编辑/赵连光

复旦大学出版社有限公司出版发行
上海市国权路 579 号 邮编:200433
网址:fupnet@ fudanpress.com http://www.fudanpress.com
门市零售:86-21-65102580 团体订购:86-21-65104505
出版部电话:86-21-65642845
杭州日报报业集团盛元印务有限公司

开本 890×1240 1/16 印张 12.5 字数 352 千
2023 年 9 月第 1 版第 2 次印刷

ISBN 978-7-309-16185-4/G·2358
定价:48.00 元